Friedrich Liesenberg

Die Stieger Mundart

Friedrich Liesenberg

Die Stieger Mundart

ISBN/EAN: 9783742896179

Hergestellt in Europa, USA, Kanada, Australien, Japan

Cover: Foto ©ninafisch / pixelio.de

Manufactured and distributed by brebook publishing software
(www.brebook.com)

Friedrich Liesenberg

Die Stieger Mundart

Die Stieger Mundart,

ein Idiom des Unterharzes, besonders hinsichtlich
der Lautlehre dargestellt,

nebst einem etymologischen Idiotikon.

Von

Dr. phil. **Friedrich Liesenberg.**

Göttingen.

Vandenhoeck & Ruprecht's Verlag.
1890.

Einleitung.

Dass die erforschung der mundarten für die wissenschaft der deutschen gesamtsprache, zum teil auch für die geschichte, namentlich die kenntnis der älteren stammesverhältnisse, und die kulturgeschichte einen nicht geringen wert hat, ist längst allgemein anerkannt. auch ist ein grosser teil dieses reichen schatzes der lebenden volkssprache bereits gehoben. in grösseren wörterbüchern[1]) wie in einer stattlichen anzahl von idiotiken[2]) für grössere und kleinere landschaften, in zeitschriften[3]) und jahrbüchern, z. b. den Frommannschen, in grammatiken[4]) einzelner dialekte und vielen, jährlich sich mehrenden monographien[5]), be-

---

[1]) ausser Schmellers, von Frommann in zweiter auflage besorgtem, unerreichbaren bairischen wörterbuche nenne ich als ganz bekannt das mittelniederd. von Schiller und Lübben, das Bremische für das niederd., Vilmars idiotikon für Kurhessen, Schmidts schwäbisches und Lexers kärntisches wb.

[2]) es verdienen besonders erwähnt zu werden: für das Schweizerische Stalders älteres und Staub und Toblers jüngeres, Birlingers schwäbisch-augsburgisches idiotikon, Höfer für die oesterreichische mundart, für Wien speciell Soritza und Castelli, für das Tirolische Schöpf und Hofer, Reinwald und Spiess für das Hennebergische, Schmidt für das Westerwäldische, Müller und Weitz' Aachener idiotikon, Hönigs wb. der Kölner md. und Weinholds beiträge zu einem schlesischen wb.; für die einzelnen zweige des niederdeutschen sind die betreffenden arbeiten von Richey, Schütze, Strodtmann, Berghaus, Woeste, Stürenburg, Schambach und Danneil am meisten bekannt.

[3]) in neuerer zeit scheint die regste thätigkeit der verein für nd. sprachforschung zu entfalten, wie dessen Korrespondenzblatt und Jahrbuch beweisen.

[4]) so hat Schmeller die bairischen mundarten grammatisch dargestellt, Weinhold die bairische und alemannische historisch behandelt, die laut- und wortbildung und die formen der schlesischen mundart gegeben und Nerger eine grammatik der Meklenburgischen geliefert.

[5]) als muster dieser art seien aus der grossen menge nur hervorgehoben: K. Regel, „Die Ruhlaer Mundart" und Winteler „Die Kerenzer Mundart in ihren Grundzügen dargestellt;" letztere hauptsächlich mit vorwiegender berücksichtigung der lautphysiologie.

sonders programmen, liegt derselbe bearbeitet vor. die übersicht, einteilung und abgrenzung der deutschen mundarten im allgemeinen ist danach ziemlich bekannt. das gesamtgebiet zerfällt zunächst in die beiden hauptteile des ober- oder hochdeutschen und des niederdeutschen, die sich besonders durch die verschiedene stufe der lautverschiebung von einander unterscheiden. das hochdeutsche gliedert sich wieder in das eigentliche oberdeutsche und in ein mitteldeutsches gebiet; zu jenem gehören die beiden grossen stämme der bairisch-oesterreichischen und schwäbisch-alemannischen, zu diesem die fränkisch-hessischen und die thüringisch-obersächsich-schlesischen dialekte.[1] eine ins einzelne gehende, erschöpfende gliederung und abgrenzung jedoch wird wahrscheinlich nicht eher möglich sein, bis die einzelnen dialekte und deren hauptsächlichste specialmundarten genau grammatisch und namentlich in hinsicht auf die lautlehre untersucht und dargestellt sein werden. am wenigsten ausführlich sind in dieser beziehung die mittel- und niederdeutschen behandelt. erst dann würde sich auch eine vergleichende grammatik aller lebenden dialekte, eine der lieblingsbestrebungen Schleichers, danach aufstellen lassen. ob dies allerdings jemals in befriedigender weise erreicht wird, möchte fraglich sein. denn gerade die grammatik und besonders die lautlehre ist nicht der leichteste teil der arbeit und thatsächlich ist sie auch lange nicht in dem masse gefördert wie die lexicographie. das sollte jedoch eher zum angreifen solcher aufgaben ermuntern als davon abschrecken. denn wenn auch nur wenige wie Schmeller und Weinhold grosse gebiete grammatisch und dazu historisch darzustellen vermögen, so werden doch viele wenigstens die ihnen vertrauteren gebiete von kleinerem umfange zu behandeln im stande sein. was sich in

---

[1] Bernhardis und Kieperts „völker- und sprachenkarte von Deutschland und den nachbarländern" geben nebst der abgrenzung des gesamten deutschen sprachgebietes gegen das Romanische und Slavische diese übersicht und einteilung in grossen zügen, Wenker stellt in seinem „sprachatlas von Nord- und Mitteldeutschland" die gebiete und teile des Nieder- und Mitteldeutschen im speciellen dar. von den zahlreichen abgetrennten sprachgebieten deutscher zunge gehören die grössten dem Niederdeutschen, nämlich die baltischen provinzen, an, die mundarten der Siebenbürger Sachsen dem Rheinfränkischen und die der Deutschen in Oberungarn dem Oberdeutschen.

dieser beziehung auf beschränktem gebiete leisten lässt, zeigen als treffliche beispiele Regels und Wintelers darstellungen der Ruhlaer und Kerenzer mundart in verschiedener weise.

Nach des ersteren vorbilde nun hat es verfasser vorliegender abhandlung unternommen, von der sehr eigentümlichen mundart seines heimatortes Stiege, eines fleckens von 1500 einwohnern auf dem Unterharze im Kreise Blankenburg, dem südlichsten teile des herzogtums Braunschweig, eine genaue grammatische darstellung, namentlich der lautlehre, nebst einem etymologischen idiotikon zu geben. allerdings bemerkt Regel im eingang seines vorwortes sehr richtig: „aus dem gesamtgebiete einer sprachlichen landschaft die mundart einer einzelnen bevorzugten gemeinde herauszulösen und einer eigenen eingehenden betrachtung zu unterwerfen, ist jedenfalls für den forscher ein ebenso reizvolles als lohnendes geschäft, weil es ihn in den stand setzt, ein wirklich individuell ausgeprägtes idiom in seiner ganzen natürlich erwachsenen eigenartigkeit vollständig zu erkennen und an seinen eng und sauber abgegrenzten erscheinungen mit grösserer sicherheit als bei der zusammenfassung mannigfach verschiedener einzelidiome einen klaren einblick in die geheimnissvolle werkstatt des rastlos schaffenden sprachgeistes zu gewinnen; aber wer eine solche studie als umfangreiche monographie der öffentlichkeit übergeben will, der bedarf dazu noch einer besonderen berechtigung, welche allein die sprachwissenschaftliche bedeutsamkeit der bei einer so speciellen forschung gewonnenen ausbeute zu gewähren vermag." wie aber verfasser glaubte hoffen zu dürfen, dass diese ausbeute, wenn auch bescheiden, so doch wenigstens nicht schlechter und geringer als bei den meisten specialmundartlichen monographien sein werde, so meinte er andrerseits sich auf dieses enge gebiet beschränken zu müssen, um in ermangelung genauer kenntnis eines grösseren bezirkes wenigstens vollständige richtigkeit des gewählten beschänkteren verbürgen zu können. ausserdem aber schienen ihm bei seinem unternehmen noch zwei umstände besonders bedeutsam und rechtfertigend. von diesen besteht der eine darin, dass der ort der zu behandelnden mundart gerade hart an der grenze des hoch- und niederdeutschen sprachgebietes liegt. diese sehr wichtige hauptsprachscheide durchzieht Deutschland bekanntlich von der holländisch-belgischen grenze ab in ostnordöstlicher richtung bis nach Posen zum slawischen gebiete. nach Kieperts karte ungefähr bei Düren östlich von Aachen beginnend, überschreitet sie bei Bonn den Rhein, läuft nördlich von Siegen bis zur nördlichsten strecke der Eder, erreicht, Kassel etwas südlich lassend, (im gebiete von Kurhessen giebt Vilmar sie im vorworte zu seinem wörterbuche des näheren an), die Weser ungefähr grade bei Münden am zusammenfluss der Werra und Fulda, geht von hier südlich an Göttingen vorüber quer über den Harz, dessen südöstlichen teil dem hochdeutschen zuweisend, bis Bernburg an der Saale, jenseits derselben bis Aken an der Elbe, rechts von dieser an Wittenberg und nördlich bei Lübben an der Spree vorbei bis zur Oder bei Fürstenberg und verläuft dann schliesslich in derselben richtung bis an das gebiet des slawischen nachbars in der provinz Posen. im einzelnen bedarf diese grenze noch mannigfach einer genaueren bestimmung und berichtigung, wie sie teilweise schon versucht und auch sicherer bestimmt ist. so hat eine nicht unwichtige strecke dieser linie neuerdings B. Haushalter in dem schriftchen: „die Sprachgrenze zwischen Mittel- und Niederdeutsch von Hedemünden an der Werra bis Stassfurt an der Bode" [1] genauer festgelegt und dann zugleich in einem sich daran schliessenden schriftchen [2] die mundarten des Harzes auf der mitte dieser strecke zu gruppieren unternommen. aus der jedem der beiden werkchen beigegebenen betreffenden karte sieht man nun, wie dies auch der verfasser vorliegender abhandlung nach spezieller kenntnis seiner heimatlichen sprachverhältnisse bestätigen kann, dass der ort Stiege, dessen idiom hier dargestellt werden soll, an der Hassel, einem nebenflüsschen der Rapbode, und unfern der Quelle der Selke und ungefähr in der mitte zwischen Ilefeld und Blankenburg gelegen, einer von den nördlichsten Grenzorten des mittel- resp.

---

[1] erschienen in Halle a. S. 1883 im verlage von Tausch & Grosse. für die strecke dieser grenze im Harze, welche dem verfasser dieses speciell bekannt ist, kann derselbe die richtigkeit der resultate von Haushalters untersuchungen nur bestätigen.

[2] „Die Mundarten des Harzgebietes"; vom Verein für Erdkunde zu Halle am 28. Februar 1884 gekrönte Preisschrift. Halle a. S. Tausch & Grosse 1884.

hochdeutschen sprachgebietes ist; mit Allrode und den orten des
ehmaligen stiftes Walkenried, nämlich Hohegeiss, Zorge, Walkenried und Wieda bildet er zugleich den einzigen teil des herzogtums Braunschweig, in dem nicht niederdeutsch gesprochen wird.
Daher ist es hoffentlich nicht uninteressant und ohne einigen
nutzen, jene räumlich genau fixierte grenze zwischen zwei haupt-
sprachgebieten an einem bestimmten punkte in einer specialstudie
hinsichtlich der sprache selbst, besonders der lautverhältnisse,
recht genau und deutlich zur anschauung gebracht zu sehen.
es wird sich an einem solchen beispiele klar ersehen lassen, wie
weit die vollständige verschiedenheit des Mittel- und Niederdeutschen in ihrer unmittelbaren berührung [1]) doch geht und in
wiefern ähnlichkeit und übergang statt finden. dies dürfte auch
deshalb noch von besonderem interesse sein, weil vielleicht, wie
auch Haushalter anzunehmen scheint, hier das Mitteld. das
Niederd. erst verdrängt hat, wie es anerkanntermassen demselben
die ganze gegend vom südöstlichen Harze bis zur Saale und von
der Helme und unteren Unstrut im süden bis zur unteren Bode
im norden, also die landschaft der alten gaue Nordthüringen,
Schwaben- und Hassegau mit dem Friesenfelde, allmählich ab-
erobert hat. [2]) Stiege und Allrode würden dann als die äussersten
nordwestlich bis ins gebiet der oberen Bode vorgeschobenen
posten des siegreich vordringenden rührigeren Mitteld. anzusehen
sein, wodurch viele übereinstimmungen mit dem Niederd. um so
leichter ihre erklärung fänden.
Andrerseits aber liegt für diesen versuch auch noch darin
eine gewisse berechtigung, dass bis jetzt noch keine von den
mannigfaltigen und sprachlich doch in vielen beziehungen merkwürdigen mundarten des Harzes eingehender behandelt ist, die

---

[1]) fortwährende gegenseitige einwirkung findet natürlich statt, aber
trotzdem bleibt der unterschied und die scharfe grenzscheide schroff und
für die bevölkerung selbst aufs deutlichste wahrnehmbar und von ihr lebhaft
empfunden bestehen.

[2]) dass der kampf hier noch fortdauert zu ungunsten des nd. beweist
das nach Haushalter gemischte gebiet von Aschersleben, wo einige dörfer,
die nachweislich vor 20—30 Jahren noch rein nd. waren, schon gänzlich,
andere erst zum teil vom md. eingenommen sind; vgl. desselben oben ange-
gebenes schriftchen „die Sprachgrenze etc." s. 16—18 und die karte.

hier dargestellte aber zugleich als vertreterin einer grösseren
gruppe derselben gelten kann. abgesehen nämlich von dem grösseren rein nd. gebiete im norden und nordwesten des gebirges
sowie der rein obordeutschen sprache der sog. 7 bergstädte, des
Oberharzischen, das Haushalter mit dem Obersächsischen des
Erzgebirges identificieren zu müssen glaubt, lassen sich nach ihm
wohl mit recht drei hauptmundarten des Mitteld. am süd- und
südostrande des Harzes unterscheiden. während dieses ganze gebiet nämlich im konsonantismus im ganzen mit dem Thüringischen
übereinstimmt, sich von diesem aber ausser anderem durch den
acc. $=$ dat. mich, dich (thüring. m'r, d'r) unterscheidet und als
früher nd., später vom md. gewonnenes gebiet verrät, hebt sich
doch zunächst im osten die sprache der gegend von Mansfeld
und Eisleben von dem übrigen durch die sog. bairische diphthon-
gierung (altes î $=$ ei, û $=$ au) als eine besondere mundart, von
Haushalter das Mansfeldische genannt, sehr deutlich ab. der
Unterharz aber hat freilich mit dem südrande, der gegend von
Nordhausen und der goldenen Aue bis zur Hainleite und nach
Frankenhausen hin, von wo südwärts das eigentliche Thüringische
beginnt, dieselbe mundart, die man passend Nordthüringisch ')
genannt hat, lässt sich aber doch wieder davon als nördlichster
und idiomatisch ²) etwas unterschiedener teil als eine sondereinheit,
das Unterharzische, abtrennen und zusammenfassen. ³) sein bezirk
würde also von der grenze gegen das nd. im norden und westen

') Dr. Mart. Schulze hat ein kleines idiotikon und eine kurze grammatische übersicht desselben in Nordhausen herausgegeben.

²) Haushalter findet den charakteristischen unterschied desselben darin,
dass in der mundart des Unterharzes nicht mehr wie im Nordthüringischen
der infinitiv mit ge nach hilfsverben des modus gebraucht wird; derselbe
ist zutreffend und wichtig, aber weder allein zur abtrennenden statuierung
einer besonderen mundart ausreichend noch auch der einzige wirklich vorhandene.

³) dieses gebiet dann noch weiter gliedern zu wollen, hält Haushalter
nach seinen informationen zwar für ein vergebliches bemühen, die möglich-
keit dazu ergibt sich aber bei genauerer untersuchung und kenntnis sehr
bald. richtiger unterlässt man eine solche deshalb, weil eine zu weit fortgesetzte teilung ebenso leicht den überblick erschwert und verwirrt als auch
meistens ohne sonderlichen wert für die wissenschaftliche forschung ist.

bis an den südrand des gebirges und im osten bis an das Mansfeldische reichen; die wichtigsten orte darin sind: Walkenried,
Sachsa, Wieda und Ellrich im westlichen drittel oder dem gebiete
des flüsschens Zorge; Ilefeld, Stiege, Allrode, Günthersberge,
Strassberg in der mitte, die alte grafschaft Hohnstein, den Braun-
schweigschen anteil, das quellgebiet der Selke und einen teil der
grafschaft Stolberg umfassend; letzteres städtchen würde grade
auf der grenze desselben und des eigentl. Nordthüringischen liegen
und den übergang dazu darstellen; endlich Alexisbad, Mägde-
sprung, Harzgerode, Pansfelde, Molmerswende und Wippra, das
Selke- und Wippergebiet oder der östlichste Unterharz. das
Stieger idiom nun kann im wesentlichen, obwohl es in einzelnen
lauterscheinungen wieder eine eigene stellung einnimmt, als vertreterin dieser Unterharzischen mundart angesehen werden, und
die darstellung desselben übergibt verfasser hiermit fachleuten
und liebhabern als einen kleinen beitrag zur erforschung der
mundarten, insonderheit derer des Harzes.

Erster teil: die lautlehre.

A. die vocale.

1. ihr bestand im vergleich zum mhd. und nhd.

a) die einfachen kurzen vocale.

1. a.

Die alte ursprüngliche kürze a ist in unserer mundart durch verdunkelung, dehnung oder beides zugleich vollständig verändert. der laut selbst allerdings ist nicht verloren gegangen, da er auf einem andern als seinem eigentlichen gebiete wieder erscheint. in seinem ursprünglichen bestande jedoch ist er in den bei weitem meisten fällen der starken neigung zur verdunkelung, welche den meisten mundarten im gegensatz zur hochdeutschen schriftsprache eigen ist,*) aber auch auf diese seitens der gebildeten je nach ihrer landschaftlichen herkunft mehr oder weniger stark übertragen zu werden pflegt, anheimgefallen und hat dadurch jenen dunkleren nach o zu klingenden laut angenommen, wie man ihn besonders in Thüringen und Süddeutschland hört; ich werde ihn mit å bezeichnen. er ist derselbe laut wie in den englischen wörtern what, was, quantity, wash, quarrel, wander, swan und ähnlichen und derselbe laut als kürze wie er im Schwedischen å, z. B. åtta, åker, åter, und im Englischen a vor ll, lk, ld und

---

*) Regel, die Ruhlaer Mundart, s. 20; ob diese neigung jedoch, wie Regel dort meint, nur „auf dem der volkssprache natürlich inwohnenden bedürfnis kraftvoller derbheit des klanges im gegensatz zur feineren rede der gesellschaft der gebildeten beruht", will ich dahingestellt sein lassen; lautgesetze haben wohl mehr physiologische gründe.

1

lt als länge erscheint. indem dieser laut jedoch in unserer mundart mehr vom a behalten hat und durchaus nicht als reines o
klingt, stellt er sich nur als eine gewisse, wenn auch sehr merk-
bare trübung oder vertiefung des ursprünglichen hellen a dar
und bildet so eine mittel- und übergangsstufe von diesem zum
reinen o. aus der zahllosen menge der vorhandenen beispiele*)
seien folgende angeführt:

åchte ad)t; åcker, ålle, åmmån Amtmann, åndere, ångest
Angſt, ånken ſtöhnen, ån an, åppel Apfel, ârj arg, ârwait Arbeit,
åsche, åst, påcke Bade, Wange, påcken baden, pål°ken Balfen,
pånse Heu = oder Getreideboden und beſonders das darauf aufge-
ſdichtete Heu und Getreide; pänt Band, pårwes barfuß, pränt
Brand, dåsz das, fålln fallen, fången, fånne Pfanne, fåsz Faß,
flås Flachs, jånz ganz, jatze Gaſſe, jråp Grab, hål°p halb,
håndel, hånt Hand, hårt hart, als adv. ſehr; kål°p Kalb, kår'm
flagen, kåtze, kräft, krånk, låchen, länge, lånk lang, lånt, måchen,
mårt Marft, nårre Narr, råchen, rånt Rand, såche, såchte leiſe,
langſam, schånne Schaube, såt ſatt, adv. genug, schlånge Schlange,
schnårken ſdnarchen, sårk Sarg, schpån ſpannen, schtåm Stamm,
schtånt Staub, schtårk ſtarf, vertåm verbammen, tånne, trächt,
wårme warm, wåssen wachſen, wåsz was, wåszer Waſſer, zånge,
zånken. so erscheint dieses å auch regelmässig in den praeter.
der rückumlautenden verben: petåkte bededte, prånte brannte,
trånte trennte, kånte fannte, nånte nannte, rånte rannte, råkte
von recken reichen, såzte ſetzte, schmåkte ſdmedte, schtålte
ſtellte, schtåkte ſtedte, wånte wandte, verzålte erzählte, sowie in
den verkürzten praet. der auf d oder t ausgehenden sw. verba
(obgleich deren präsens å hat) wie: ich påtte ich babete, låtte,
labete, schåtte ſchabete, und in den partic. praet. dieser verba
ebenfalls: jepåt, jelåt, jeschåt: gebabet, gelaben, geſchabet.

in den wörtern: fad'm Faben, jåwel Gabel, jråm Gram,
Aerger, håwer Hafer, täwäk Tabaf, ist der neuhochdeutschen
dehnung gegenüber die ursprüngliche kürze gut erhalten.

---

diese erscheinung der verdunkelung des alten kurzen a ist
so durchgreifend, dass sich keine ausnahme davon findet; nur in
wenigen fällen ist sie ohne ersichtlichen grund sogar bis zu vollstän-
digem o fortgesetzt, nämlich in: op ab, older baš Alter, oldern
altern, hómaischel Ameiſe, und in: schwum ber Schwamm, sogar
bis zu u, was, wie mir scheint, auf die einwirkung des vorhergehenden w zurückzuführen ist, wie dieses ja auch im nhd.
Argwohn, mhd. arcwân, und in kommen wahrscheinlich die
verdunkelung bewirkt hat.*)

andrerseits nimmt die mundart auch an der im nhd. durch
den einfluss des accentes so stark eingerissenen dehnung der alten
kürze zu â teil, jedoch dann ohne verdunkelung gleich dem nhd.,
z. b. âdlär Adler; â'n ahnen, mhd. mich anet; ârt Art, nhd. art,
sich âr'n ſich arten, gebeihen; mhd. arten; âwer aber, nhd. aver,
aber; pâd'n baden, mhd. baden; pâne Bahn, mhd. bane, ban;
pârt Bart, ahd. bart, ahd. part; jrâde gerade, mhd. gerat, gerade; hâgel, mhd. hagel; hâse, mhd. hase; klâg'n, mhd. klagen;
lâde Kiſte, mhd. lade; lâd'n, mhd. laden; lâk'n Laken, mhd.-
lachen; mâg'n, mhd. mage, ahd. mago; mâl'n molere, mhd.
maln; tâfel, mhd. tavele, tabele; trägen, mhd. tragen; tâl Thal,
mhd. tal; wâl Wahl, mhd. wal; wâse Baſe, mhd. base; fâter,
mhd. vater; zâl Zahl, mhd. zal; schâd'n, subst. und verb., mhd.
schaden. auch im sg. praet. der 2. und 3. klasse der ablautenden
verba ist wie im nhd. das â des pl. durch analogie eingetreten
und zu â geworden: âsz aß, prâch brach, frâsz fraß, jâp gab, lâk
lag, sâz ſaß, sâk ſah, schsprâch ſprach, trât trat, (mhd. asz, brach,
verasz, gap, lac, sah, sasz, sprach, trat.) dagegen ist in: trâne
f. Thräne, und hân haben, das â wohl durch ersatzdehnung für
den ausgefallenen consonanten entstanden, mhd. trahene, haben, hân.

diese dehnung geht zum teil sogar noch über den umfang
des nhd. hinaus (wie wir oben umgekehrt einige kürzen bewahrt
fanden), z. b. ân, âne adv. an, besonders in compos.: ânplik,
Anblick, ântâcht Andacht, ânfank Anfang, ângrîfen angreifen, nân
hinan, rân heran, herauf, trân daran; ârme arm; ârmôut Armut,

---

*) im sg. praet. der 1. ablautenden klasse der verben ist das u jedoch
offenbar nicht aus a getrübt, sondern durch analogie aus dem pl. in den
sg. eingedrungen, wie umgekehrt im nhd. siehe unten bei der conjugation.

neben ârmôut; pât Bab; kârte Karte; plât Blatt; plâster
Pflaster.

endlich ist das alte a durch verdunkelung und dehnung zugleich in einigen fällen zu ô geworden. dies ist besonders der
fall zur ersatzdehnung für ausgestossene consonanten wie in:
pôle balb, hôl'n halten, de ôl'n pl. die Alten, schlôn schlagen, vgl.
mhd. slân, nd. bâle, hâlen; oder andrerseits wenn eine liquida
mit noch einem consonanten folgt: ôlt alt, 'n ôlder ein Alter;
pôrte Barte, Beil; jôrn Garn; jôrten Garten; kôlt kalt; schwôrte
Schwarte, Haut; schmôlz Schmalz; sôlz Salz; wôrten warten;
wôrzke Warze; vgl. engl. bold, cold, -fold, to hold, old.

schliesslich sei noch bemerkt, dass in: prächte brachte, tächte
bachte das â wie im nhd. a aus altem â verkürzt ist, mhd.
brâhte, dâhte.

---

2. I.

Das ursprüngliche kurze i ist im ganzen in demselben umfange wie im mhd. und ahd. erhalten, nur durch weiter ausge-
dehnte brechung*) zu ï hat es eine gewisse einbusse erlitten.
1. erhaltenes i: pilt Bild, pingen binden, pin, pist bin, bist;
'n piszchen ein wenig; plingeschlink Blindschleiche; plint blind;
prink erhöhter freier Platz im Dorfe; tink Ding; fingesten
Pfingsten; fitch oder fitchen Flügel, Fittich; fringen drehen und
durch Drehen auspressen; jelinge gelinde; jewis gewiß; hingene
hinten; kringel rundes Gebäck; krink Kreis; kwischen zwischen;
linge die Linde; rinken Ring; schingen schinden, plagen; schpin'
spinnen; schwinge geschwind; sil°wer Silber; tischer Tischler;
wilpert Wildbret; wingen winden; sehr gut ist die alte kürze
bewahrt im pron. demonstr. diser, dise, disz, pl. dise und in der
conjugat. wie: hil°fst, hil°ft, hilfst, hilft, tritst, trit, tritst, tritt;
hê is er ist, aber auch wo das nhd. gedehnt hat, z. b. in der
2. und 3. p. sg. ind. und 2. sg. imp. einiger ablaut. verba der

---

*) über die neuere auffassung der brechung, mhd. ë, goth. aí, siehe
Gr. Wb. IV, 2, 2005.

2. und 3. klasse: dû sist, hê sit, ſieĥſt, ſieĥt, sik ſieĥ; dû list,
hê list, lieſt, er lieſt; lis lieb; esz jeschit geſĉieĥt; lik lieg; auch in:
du jifst, hê jift, giebſt, giebt, jip gieb, ist es stets kurz, während das
nhd. beides hat: bu giebſt ober gibſt; ebenso scheint mir in: dû
kimest, he kimet (ahd. quimist, quimit) das i das ursprüngliche
zu sein; ob aber auch in jistern geſtern, und in kĕrmisse bie
Ŕirmeŝ, wage ich nicht zu entscheiden, da jenes schon ahd.
(gĕsteron, gĕsteren) ē hat und nur im goth. gistradagis noch i
zeigt, dieses im mhd. wahrscheinlich schon ē (kirchmesse).
2. gebrochen erscheint das i ausser den auch im nhd. vorhandenen wörtern noch in folgenden: pĕrke Ŝirke, pĕwern beben,
prĕngen bringen, (und so im ganzen praesens), ērd'n oder ērn
irben, fēdel und fēdeln Ĵiebel, ſiebeln;*) jĕwel Ŝiebel, hēn ĥin,
hērsch Ĥirſĉ, hērte Ĥirte, goth. hairdeis, kĕrche Ŕirĉe, kĕrmisse
Ŕirmeŝ, kĕrre kirr, zaĥm, kĕrn kirren, kĕrsche Ŕirſĉe, krēngel
runbeŝ Ŝebäď (neben oben angeführtem kringel), met mit, nēder
nieber, quĕrel Ɋuirl, quĕrl'n quirlen, schennepein Ŝĉienbein,*)
jeschērre baŝ Ŝeſĉirr, schēwer Ŝĉiefer, auĉ Ŝĉerbe; schlēd'n
Ŝĉlitten, schmet Ŝĉmieb, schmēd'n ſĉmieben (neben schmēd'n),
schtērne Ŝtirn, schtēwel Ŝtiefel, wēder wieber, derwēder bawiber,
verwērn verwirren, wērre Ŝirre, vgl. schon ahd. wērra; wērt
Ŝirt, zwērn Ʒwirn. in der mehrzahl der fälle findet sich die
brechung also vor r (entsprechend dem goth., wo sie (ai) vor r
und h eintritt), seltener vor d oder t, w und n. dazu kommen
dann aber noch alle pl. praet. und part. praet. der ablaut. v. der
î-klasse: sē pēszen, jepēszen, ſie biſſen, gebiſſen; jrēſſen, jejrēſſen,
griffen, gegriffen; lēd'n, jelēd'n, litten, gelitten, mēd'n, jemēd'n,
mieben, gemieben, rēdn, jerēd'n, ritten, geritten, rēszen, jerēszen,
riſſen, geriſſen, schlēchen, jeschlēchen, ſĉliĉen, geſĉliĉen, schlēſſen,
jeschlēſſen, ſĉliſſen, geſĉliffen, schmēszen, jeschmēszen, ſĉmiſſen,
geſĉmiſſen, schnēd'n, jeschnēd'n, ſĉnitten, geſĉnitten, schrēten
oder schrēd'n ſĉritten. durch falsche analogie hat diese brechung
dann sogar noch den sg. dieser verba ergriffen, während im nhd.
wenigstens noch der i-laut erhalten ist, wenn auch die kürze die

---

*) zu der brechung in fēdel und schēnnepain vergleiche was bei Wei-
gand, D. Wtb. zu diesen wörtern seite I, 529 und II, 571 gesagt ist.

alte länge ei verdrängt hat (also pēsz, mhd. beisz, jrēf, greif, lēt, leit, mēt, meit, rēt reit, etc.)*)

dagegen erscheint das i nicht gebrochen in den beiden verben jiln gelten, und schiln ſchelten (und ihrem ganzen praesens: ich schille, schilst, schilt, pl. schiln, schilt; jille, jilst, jilt, jiln, jilt) sowie in den schon angeführten jistern und kērmisse. vielleicht gehören diese fälle zu den Gr. Wb. IV, 2, 2005 u. 2006 angeführten für „das in den mundarten um sich greifende verdünnte i statt e jeglicher art;“ dazu würde für unsere mund. auch die daselbst angeführte form ilder = aller, z. b. der ilderpeste ber allerbeſte, zu setzen sein.

3. das erst im nhd. wieder erscheinende i im auslaute des declinationsthema von Bräutigam und Nachtigall ist in unserer mundart wie im mhd. zu e geschwächt: predejám, mhd. briutegome, ahd. brútigomo; nâchtejál, mhd. nahtegale, ahd. nahtigala; s. Gr. Wb. IV, 2, 2006 und 2007.

4. einige kurze i der mundart sind jedoch nicht ursprünglich, sondern kürzungen aus î: in-, nhd. ein- in compos., wo auch schon mhd. in neben în erscheint, z. b. infáln einfallen; nin hinein, rin herein, piehte Beichte, mhd. bihte aus begihte; lichte adj. u. adv. leicht, mhd. lîhte; in villichte vielleicht ist zugleich das alte i (ahd. filu) bewahrt, während viele sonst vêle heisst; witer, witst comp. u. superl. von wit weit (über diese kürzung siehe unten bei der comparation); wisz weiß, mhd. wîsz. diese kürzungen scheinen durch nd. einfluss eingedrungen zu sein, vgl. bichte, lichte, wit bei Schambach, Wörterbuch der niederdeutschen Mundart, s. 24, 123, 301. überhaupt scheint mir die mundart in der strengen conservierung des reinen i dem nd. näher und in auffallendem gegensatz zu stehen zu der im Thür. und Henneb. so stark verbreiteten neigung, dass i durch steigerung zu äi, brechung zu ē, verdunkelung zu ö und dehnung zu î zu verändern, wie Regel, die Mundart von Ruhla, diese erscheinungen für jene behauptet und für das Ruhl. s. 15a; 17, 18, 25 e und

---

*) die unter obigen nicht mit ·· bezeichneten wörter haben den laut des mhd. e.

41 nachweist; schon am südrande des Harzes, in den grafschaften Stolberg und Hohnstein, bemerkt man das auftreten jener erscheinungen, während unsere mundart ihrem sonstigen charakter nach doch eben mehr dem Thür. als Nd. angehört.

---

3. u.

dieser laut zeigt im ganzen dieselben verhältnisse wie das eben behandelte i; er ist nämlich

1. durchgängig gut erhalten z. b. in wörtern wie: funken, hunger, hundert, kumer, krum, kunst, kuppe, luft, lumpen, lunge, lust, nutzen, ruck, runzeln, runt, schlucken, schulze, schutz, suppe, trunk, uns, wunt, wunder, zucker, zunge, die ganz mit dem nhd. übereinstimmen; ferner: punt das Bund z. b. Stroh, punt bunt, pruch Bruch, prum' brummen, prust Brust, puckel Buckel, truck Druck, auch eine Art Zeug, vertrusz Verdruß, tum dumm, tunst Dunst, funt Fund, flusz Fluß, Rheumatismus, opjunst Mißgunst, Neid, jesunt gesund, humel Hummel, hunt Hund, jumfer Jungfrau, junk jung, jusz Guß, klucke Glucke, Bruthenne, kucken gucken, schauen, ruppen rupfen, schtump Stumpf, truncus; schtump adj. stumpf, schtrump Strumpf, schtumel abgehauenes oder übriggebliebenes Endstück, schtunne Stunde, schult, pl. schuln Schulden, schulder Schulter, sump Sumpf, sunne Sonne, trumel, trumeln Trommel, trommeln, ungene unten, unger unter, un und, wunne die Wunde. ebenso ist das ursprüngliche u sehr gut im pl. praet. u. part. praet. der 1. klasse der ablaut. verba erhalten, z. b. mê fungen, jefungen, wir fanden, gefunden, hul*fen, jehul*fen helfen, geholfen u. s. w., welche man junten am betr. o. sehe; desgleichen mit dem mhd. übereinstimmend in den praet. sw. rückumlautender verba wie: tricken brücken, ich trukte brückte, ricken rücken, rukte, erwischen erwuschte, während bei jenen im nhd. der vokal a des sg. in den pl. gedrungen und das part. nur teilweise (gelungen, gefunden ɔc.) das u bewahrt hat und letztere den rückumlaut u überhaupt nicht mehr haben.

2. wie unter obigen beispielen sunne, trumel u dem nhd. gegenüber erhalten haben, so tritt nun andrerseits jedoch in

unserer mundart weitere brechung des u zu o ein, besonders vor
r mit folgendem consonanten, parallel der brechung des i zu ë;
z. b. potter **Butter**, porch **Burg**, porsche **Burſche**, torscht,
torschtig, **Durſt**, burſtig, jorjel **Gurgel**, korz furz, schtowe **Stube**,
torm **Turm**, worm **Wurm**, worscht **Wurſt**. ferner tritt die
brechung wie im nhd. stets im pl. praet. der ablaut. iu-klasse
ein, jedoch mit überwiegender bewahrung der kürze; s. unten
bei der conjug.

3. zuletzt finden sich auch mehrere u, die aus ursprünglicher länge gekürzt sind und zwar sowohl aus û als auch aus
dem diphthong uo, wie im nhd. **Mutter**, **Futter**, mhd. muoter,
vuoter; nämlich: puch **Bauch**, hus **Hauſ** (aber dat. hûse), kumes
kaum, lutter **lauter**, suſſen ſaufen, uf auf, uſſe adv. auf; plume
Blume, schtunt, schtun ich ſtand, wir ſtanden, usz auſ, usze adv. auſ,
uszer außer, puszen außerhalb, truszene **braußen**; vgl. mhd. bûch,
hûs, kûme, lûter, sûfen, ûf; bluome, stuont, stuonden, ûsz. auch
im zusammengezogenen praet. sw. v. auf ûten wird verkürzt:
esz lutte eſ läutete, hê tutte er blieſ auf dem **Horne**, von lid'n
unt tût'n.

im ganzen zeigt sich auch hier wieder im gegensatz zum
Thüring., wo, wie Regel, R. M. s. 16,b; 17; 19; 20, 2 und 3;
38 und 42 angibt, steigerung, brechung und dehnung eingerissen
sind, eine grössere, dem nd. verwandtere vorliebe für erhaltung
des u, was besonders auch rein dialektische wörter wie: flunsche
dickeſ Maul, fuchtel **Peitſche**, kuldern rollen, kul•k **Kolf**, schuppern
reflex. **ſchaudern**, und solche zeigen, die ahd. mhd. und nhd. o
zeigen: furt fort, vul voll, hunig **Honig**, schtuppel **Stoppel**,
uffe **offen** und andere.

----

t. e.

der kurze e-laut zeigt in allen drei arten, in welche er bekanntlich seiner entstehung nach zerfällt (mhd. e umlaut aus a,
ë gebrochen aus i, tonloses e aus velleren vocalen, besonders in
endungen, abgeschwächt), sehr eigentümliche, für die mundart
charakteristische eigenschaften.

1. der umlaut aus a, welcher nhd. durch e, später gewöhnlich durch ä ausgedrückt wird, ist entweder rein als e erhalten oder erscheint als helles, unter 2 gleich näher zu besprechendes a.

der umlaut e aus a ist am häufigsten und regelmässig im pl. der subst., in adj., die von subst. abgeleitet sind oder umgekehrt, in der comparation und in abgeleiteten verben (goth. auf jan.)

beispiele: a) pl. von subst.: âmt, emter; äppel, eppel; âst, este; pål Ball, pelle; pål°ch Balg, peleje Bälge; pånk Bank, penke; pånt Band, penger; prânt Brand, prenne; fâsz, feszer, Faß, Fäſſer; jânk Gang, jenge; jâns Gans, jense; jâst, Gaſt, jeste; hânk, Abhang, henge; hânt, Hand, henge; krâft, krefte; lâm Lamm, lemer; lânt, Land, lender; mân Mann, mender Männer; rânt, Rand, render; schâtz, Schatz, schetze; schtâl, schtelle; schtäm, schteme Stamm; wânt, Wand, wenge, Wände.

b) adj. von subst. und umgekehrt: ångest Angſt, engestlich; fläs, Flachs, flessen flächſen; krâft, kreftig; lâst, lestig; nârre, nersch (neben narsch und nârsch) närriſch; schânne Schande, schentlich; schtäm, schtemig ſtämmig, unterſetzt; wâks, weksern Wachs, wächſern; wâszer, weszerig; jlât glatt, jlette die Glätte; hârt, herte die Härte; schtârk, schterke; schwârz, schwerze die Schwärze; wârme warm, werme die Wärme.

c) comparation: jlât, jletter (neben jlatter); länge, lenger; lânk lang, lenker; schtark, schterker, neben schtarker; schwârz, schwerzer und schwarzer; wärme, wermer und warmer.

d) verba: tämp m. kurzer Atem, tempen erwürgen, erdroſſeln; fâd'm Faden, infedmen oder infe'm einfädeln; lâster, lestern ſpotten; nârre Narr, nern necken, hänseln; schânne Schande, schen' ſchänden; schwânz, schwenzeln; wälze, welzen, welzern wälzen, rollen.

auch wenn das â zu â oder ô gedehnt war (wovon später)' erscheint im umlaut gewöhnlich die ursprüngliche kürze: plät Blatt, pletter; fâne Fahne, fenrich; jläs Glas, jleser; rät Rad, reder; ärme Arm, ermel; kôlt kalt, kelder; ôlt, elder, de eldern.

im ganzen stimmt, wie man sieht, dieser umlaut mit dem nhd., nur in der comparation zeigt sich schon neben e jener

andere umlaut a (hell und rein zu sprechen), wofür die beispiele
sich am besten unter 2 anschliessen.

2. das aus i gebrochene ĕ ist nur teilweise erhalten, nämlich
wie im nhd. in: ēr-, der untrennbaren partikel, ĕsse fumarium,
mhd. ĕsse, ahd. ĕssa; ĕsz eš, goth. ita; fērne f. die Ferne, mhd.
virre, ahd. fĕrrî; jĕrschte Gerſte; mhd. gĕrste sw. f., ahd. kĕrstä;
hĕl·m Helm, mhd. hĕlm, goth. hilms; kĕrwe die Kerbe, mhd.
kĕrbe, kĕrp; lĕdig lebig, mhd. lĕdic, lĕdec; verlĕschen, ahd. irlĕscan;
nĕwel Nebel, mhd. nĕbel, ahd. nĕbul, nĕpol; pĕlz der Pelz, mhd.
bĕllîz, ahd. pĕlliz; pĕrle, ahd. pĕrula, pĕrala etc.; schĕl·m der
Schelm, nhd. schĕlme, schĕlm, ahd. scĕlmo; schĕrwe die Scherbe,
mhd. schirbe, ahd. scirpî; schmĕrle f. u. schmĕrlink m., mhd.
smĕrle u. smĕrling; schĕrz, mhd. schĕrz; schmĕrz, mhd. smĕrze,
ahd. smĕrzo; sĕnef Senf, mhd. sĕnef, sĕnf, ahd. sĕnaph, sĕnaf.

in den weitaus meisten fällen jedoch erscheint dies ĕ als
ein helles, ganz wie in den romanischen sprachen klingendes,
feines a. durch diesen merkwürdigen laut erhält die mundart
einen starken ersatz für den laut des ursprünglichen reinen a,
welchen wir oben durch die verdunkelung zu â in seinem eigentlichen gebiete verloren gegangen sahen, obgleich dieses für ē
stehende a nicht genau derselbe laut ist, sondern noch etwas
heller klingt; ja dieser laut, der besonders in seiner dehnung
(hier immer durch ā im gegensatz zu â bezeichnet), die ihn, wie
wir weiter unten sehen werden, dem nhd. parallel (in Leben,
beben, ſchweben ꝛc.) in ziemlichem umfange ergriffen hat, der
mundart so eigentümlich ist, verleiht ihr eine höchst charakteristische, neben jener oben besprochenen allgemeinen verdunkelung
des a zu â um so mehr hervorstechende und durch den gleichlaut
mit romanischem langen a fast fremd erscheinende klangfarbe.
auch gehört dieser laut deshalb zu den schwer für den nicht
einheimischen zu erlernenden. wie haben wir uns aber die entstehung dieses lautes zu denken? auch im nd., z. b. barg der
Berg, bargen bergen, allern, ellern erlen, alneus, (s. Schamb. s.
7; 16) erscheint er, ebenso im bairischen (s. Schmeller, Wb. s.
VIII, á) und gewiss auch sonst noch in den dialekten. man
könnte sich denselben nun einfach als eine weitere entwickelung
oder stufe, eine art ausweichung des gewöhnlichen ē denken, wie

auch im französischen (gendre aus gener, genre-genus, tendre-tener, cent-centum, rendre-reddere, rendere; vendre-vendere, lentlentus, pendant, im partic. praes. auf ent, adv.-ment aus mente etc.) derselbe lautentwickelungsgang vorzuliegen scheint dann würde die entwickelungsreihe sein: i, ë, a resp. ã. jenes i aber, das im ahd. noch das gewöhnliche ist, hat in der indogerm. ursprache wiederum ein a als vorgänger, so dass dann die ganze reihe der lautveränderungen aut den ursprünglichen gleichsam wieder zurückgekommen wäre. da jedoch in unserer mundart das fragliche a zugleich neben e als umlaut von ä erscheint, so ist vielleicht noch folgende erklärung möglich. der durch ein in der folgenden silbe stehendes i bewirkte sogenannte umlaut des a zu e ist doch offenbar nur eine assimilation der in ihrer tonhöhe zu sehr abweichenden oder ungleichen laute a und i, eine art ausgleichung ihrer lautlichen differenz und scheint mir nicht ohne weiteres, unvermittelt eingetreten zu sein, sondern zunächst durch abschwächung des a infolge der assimilierenden kraft des i sich vorzubereiten und durch die mittelstufe eines gleichsam erweichten a sich allmählich zu vollziehen. diese zwischenstufe würde unser helles a sein. sehr beachtenswert ist nämlich, dass es, während wir oben den umlaut e wie im ahd. vorherrschend fanden, nur in deminutivformen und vor den kehllauten ch, k, ck und vor liquidae sich findet. seine von dem eigentlichen a aber abweichende und es schon zu den hellen lauten e und i stellende beschaffenheit documentiert es aufs untrüglichste dadurch, dass das am häufigsten darauf folgende ch nicht den gutturalen laut wie nach gewöhnlichem a, sondern den rein palatalen, dem j näher stehenden laut hat wie in ich, Licht, lächeln.*)

wir würden uns danach also dieses a als erste stufe des umlautes von a, als ein gleichsam noch nicht voll entwickeltes e denken, weil es entweder in weniger häufigen formen (deminutiven und comparativen) vorkommt oder durch die dem a-laute

---

*) damit dies deutlich hervortritt in wörtern der mundart und keine verwechselung mit dem gutturalen ch, das wir nach dem nhd. nach a, o, u zu sprechen gewohnt sind, eintritt, habe ich in den fällen, wo unser a = nhd. ä oder ë ist, darauf folgendes palatales ch durch ch angedeutet.

verwandteren kehllaute geschützt ist, so dass die reihenfolge der laute nicht wäre: a (ursprünglich), e (umlaut), a (ausgewichener umlaut), sondern 1. a; 2. a (erweicht und etwas heller); 3. e (voller umlaut).

wenn nun diese auffassung erlaubt ist, so würde andrerseits das für ā stehende a, um das es sich eigentlich hier handelt, auch nicht als aus ē durch ausweichung hervorgegangen zu betrachten sein, sondern umgekehrt sich als der ursprünglichere, weder zu ē getrübte oder gebrochene, noch zu i verdünnte laut darstellen. dies würde zusammentreffen mit der auffassung der brechung wie sie in Gr. Wb IV, 2, 2005 nach Scherers ausführungen (zur geschichte d. d. spr. 7 ff. u. anderw.) angenommen und besprochen wird.

wie viel wahrscheinlichkeit jedoch die hier gegebene erklärung des für ā stehenden a-lautes hat, gebe ich competenterer beurteilung anheim; mir lag nur daran, mir irgend eine einigermassen befriedigende vorstellung der entstehung dieses mir immer merkwürdig und unverständlich erscheinenden lautes zu machen.*)

gehen wir nun zu den beispielen für denselben über.

a) a = mhd. ā: aszen eſſen, pach $\mathfrak{Pech}$, pacher $\mathfrak{Becher}$, paln beſſen, parch $\mathfrak{Berg}$, verparjen verbergen, pasem $\mathfrak{Beſen}$, plach $\mathfrak{Blech}$, prachen brechen, das, gen. v. där, dâsz, (dēr, das), demonstr. und relat. = nhd. dessen, besonders in: âlder das ſogar; traschen dreſchen; fachten fechten, fader $\mathfrak{Feber}$, fal $\mathfrak{Fell}$ (während fâl = $\mathfrak{Fall}$), falt $\mathfrak{Feld}$, fanster $\mathfrak{Fenſter}$, flachten flechten, flak $\mathfrak{Fleck}$, frach frech, fraszen freſſen, verjaszen vergeſſen, jalt $\mathfrak{Gelb}$, hal•fen helfen, halle hell, harze $\mathfrak{Herz}$ (vgl. denselben laut im engl. heart), knacht $\mathfrak{Knecht}$; lach lech, durch $\mathfrak{Ritzen}$ $\mathfrak{Flüſſigkeit}$ laſſend; verlachen durch $\mathfrak{Trockenheit}$ $\mathfrak{Ritze}$ bekommen (vergl. lēck, lēchzen und lēch Weig. d. Wb. I, 1079), lader $\mathfrak{Leder}$, larn lernen, praet. larnte, part. jelarnt; lawer $\mathfrak{Leber}$, maln melben, maszer $\mathfrak{Meſſer}$, kwaksil•wer $\mathfrak{Queckſilber}$, kwalle $\mathfrak{Quelle}$, sich rachen ſich rächen, racht recht, rast $\mathfrak{Reſt}$, sakse ſechs, sal•west ſelbſt, saln oder salten ſelten; samel $\mathfrak{Semmel}$, saszel $\mathfrak{Seſſel}$, jesatzen geſeſſen, schlacht

*) denn wenn man es einfach eine ausweichung des ē zu a nennt, so ist doch das nur eine unbestimmte bezeichnung eines lautvorganges, den man nicht näher erklären kann.

ſchlecht, schpacht Specht, schpak Speck, schprachen ſprechen,
schtachen ſtechen, schtalze Stelze, schwaln (neben schwiln)
ſchwellen, vertarb'n verberben, wak weg, walle Welle, walt Welt,
erwarb'n erwerben, wasseln wechſeln, wark Werk, watter Wetter,
zalt Zelt; einige wie erwarb'n, erwerb'n, zwerich und zwarich
schwanken. ich habe möglichst viel beispiele gegeben, um zu
zeigen, wie regelmässig und durchgreifend dieser lautvorgang ist
und wie sehr er die mundart charakterisiert.

b) a = e, nhd. ä, umlaut aus â = nhd. a:
âcker, pl. ackersch bie Aecker, ârch, arjer, arg, ärger, subst.
arjer Aerger; pâch Bach, pache Bäche; pâcken backen, packer
Bäcker; prâcht, prachtig prächtig; tâch, tacher Dach, Dächer;
erpârm' erbarmen, erparmlich erbärmlich; fâch, facher und fecher
Fächer; fâlte, falteln fälteln; jefanknis und jefenknis Gefängniß;
jânz, janzlich, ganz, gänzlich; jâtze Gaſſe, jatzchen Gäßchen;
jemâch gemach, bequem, jemachlich gemächlich; hâmer Hammer,
hamerchen Hämmerchen; kâmer Kammer, kamerchen; kânne,
kannechen Kännchen; lâchen, lacheln lächeln; lâppen, lapchen
kleiner Lappen; mâcht, machtig mächtig; mân Mann, mander-
chens, komiſche, beſonders verſpottende Stellungen und Sprünge;
mannechen Männchen; nâcht, nachte Nächte; nâcken, hârtnackig
hartnäckig; namlich nämlich; Sâkse Sachſe, saksch ſächſiſch;
schwâch, schwacher ſchwächer; tânz, tanzchen, tanzeln, Tänzchen,
tänzeln; tâppen zufaſſen, zôutapsch täppiſch, unfein.

3. das tonlose, in ableitungs- und flexionssilben aus älteren
volleren vocalen schon im nhd. zahlreich abgeschwächte e endlich
ist noch erwähnenswert, weil es in viel grösserem umfange als
im mhd. erhalten ist und daher wie manche andere erscheinungen
unserer mundart mit den charakter der altertümlichkeit verleiht.
am häufigsten findet es sich gut erhalten:

a) bei adj. u. adv.: âne an, mhd. ane, ahd. = ana; pôle balb
ahd. baldo, mhd. balde; fêle, ahd. filu; feste, ahd. fasti, nhd.
veste; dies ist auch adv. = fasto und vertritt das fehlende ſehr;
jrêne, ahd. gruoni, mhd. grüene; halle, adv. u. adj., mhd. hëlle,
adv.; hingene hinten, ahd. goth. hindana, mhd. hindene, hinden;
imme um, ahd. umbi, mhd. umbe; kêle, ahd. kuoli, mhd. küele;
kleine, ahd. kleini, mhd. kleine; ofte, ahd. ofto, mhd. ofte; ôwene

oben, ahd. obana, mhd. obene; reine, ahd. reini, mhd. reine; rîche,
ahd. rîhhi, mhd. rîchi; schaene ſchön, ahd. skôni, mhd. schoene;
sêsze ſüß, ahd. suoszi, mhd. süesze; schwinge ſchnell, mhd. geswinde,
swinde; schtille, ahd. stilli, mhd. stille; wârme scheint e nach
analogie angenommen zu haben, da es mhd. warm, ahd. waram
lautet; truszene, ahd. ûszana, goth. utana; ungene, ahd. untana.
b) bei subst., sei es sw. m. auf o: hâne, ahd. hano, mhd.
hane; nârre, ahd. narro, mhd. narre; oder in alten stämmen auf
us: sône Sohn, goth. sunus, ahd. sunu; osse Ochs, goth. auhsus,
ahd. ohso, mhd. ohse; ferner steht es regelmässig bei den subst.
fem. gen. auf unge u. nisse, ahd. unga, nissa; auch auf a z. b.
pâne Bahn, ahd. pana, mhd. bane, und besonders bei den neutr.
auf i: pette, ahd. petti, mhd. bette; hemme Hemde, ahd. hemidi
mhd. hemede; schticke, ahd. stuccki, mhd. stücke; auch im
stamme ist es meistens erhalten: hânef, ahd. hanaf, mhd. hanef;
jingelink, mhd. jungelinc; sënef, ahd. senaph, mhd. senef, und
schliesslich

c) sehr oft in der endung ete des praet. sw. v.: hê klâwete
er klebte; läwete lebte, lêwete liebte, lôwete lobte, mäwete weinte
kläglich; hê mêjete sich op er müßte ſich ab; he mengete er
mengte, rêjete sich regte ſich, schträwete ſtrebte, schtrengete sich ân
ſtrengte ſich an; schwäwete ſchwebte; sê sejete ſie ſeihte. der
daktylische resp. trochäische rythmus dieser und der obigen
formen scheint mir der grund für die erhaltung des e zu sein.
dass ein tonloses e als halbvocal zur erleichterung der aussprache
zweier aufeinander folgender consonanten oft eingeschoben wird,
ähnlich dem ahd. a, z. b. in aram, waram, davon unten bei den consonanten.

---

5. o.

das kurze o ist ebenfalls gut erhalten, nicht bloss gleich
dem nhd. in wörtern wie: pok Bock, polzen Bolzen, Procken der
Brocken, flok Pflock, fol•k Volk, foppen necken, holz Wald, horken
horchen, klocke Glocke, kloppen klopfen, kop Kopf, korn Roggen,
lop das Lob, mol•ken Molken, orjel Orgel, orntlich ordentlich,
ornunge Ordnung, ort (als Werkzeug des Schuhmachers auch) ôrt),

schtoppen ſtopfen, wol•f Wolf, wol•ke Wolke und anderen, sondern auch in manchen, wo im nhd. gedehnt ist, z. b. pod'm
ber Boben, hof Hof (dat. howe u. hôwe), howel Hobel, jrob
jrower grob, masc. grober, kole Kohle, sole Sohle!, wol wohl.
in vielen fällen allerdings ist auch wie im nhd. die durch den
accent verursachte beliebte dehnung eingetreten, z. b. pôde Bote,
pôg'n Bogen, hôl hohl, kôl Kohl, lôb'n loben, nôte Note, ôb'n
oben, ôb'n Ofen, wô'n wohnen, môsch Moos, tôr das Thor; in
partic. praet. anjepôrn angeboren, jeflôgen, jelôgen, jezôgen, die
im ahd. und mhd. noch kurz sind. ja in einigen fällen noch
über das nhd. hinaus findet sich die dehnung: schpôrn ber Sporn,
tôrn Dorn; fôrt (neben furt) fort; in dôrt bort scheint es mir
contraction aus ahd. darôt zu sein.

bisweilen ist kurzes o der mundart aus altem ô verkürzt:
ponne Bohne, schon ſchon, worüber unter ô ausführlicher, und
dass einige o durch brechung aus u entstanden sind, wurde schon
unter u gesagt. die nhd. boch, noch lauten dâch und dûch, nâch;
dâch steht als entgegnende bejahung auf zweifelnde fragen = doch
gewiss, sonst dâch; die debnung könnte also durch den nachdruck,
mit dem das wort gesprochen wird, bewirkt sein. woher aber
der â-laut, da sonst alle älteren formen o haben? (mhd. doch,
ahd. thoh, doh, goth. thaúh; ahd. noh, mhd. noch).

〰〰〰〰〰〰

b) die einfachen langen vocale.

1. â.

das alte û hat oben so wie das kurze wesentliche einbusse
durch verdunkelung und zwar gewöhnlich bis zu reinem ô erlitten, wovon die beispiele unter 5, ô gegeben werden; intakt ist
es nur in einer beschränkten anzahl von wörtern geblieben,
nämlich in subst. und im pl. praet. der 2. und 3. klasse der
ablaut. verba. dadurch aber, dass es durch analogie aus letzterem
auch in den sg. eingedrungen ist, oder dieser durch den accent
die dehnung angenommen hat wie bei einer reihe anderer deh-

nungen aus a, hat die mundart gleich dem nhd. einen gewissen
ersatz des verlorenen lautes gewonnen. in einigen wenigen fällen
ist wieder die in unserer mundart beliebte kürzung eingetreten.
dass das für ë, e und ae stehende helle ä von â ganz verschieden
ist, wird unter 7, ä näher behandelt. beispiele:

1. â ist erhalten in: âl ber **Aal**, ahd. mhd. âl; pâre **Bahre**,
mhd. bâre, ahd. pâra, bâra; frâge, mhd. vrâge; frâsz, mhd. vrâsz;
jâwe **Gabe**, mhd. gâbe; jnâde **Gnade**, mhd. genâde, ahd. kinâda;
jrâf, mhd. grâve, ahd. grâvo, grâveo; klâr, mhd. clâr; krâm mhd.
krâm; kwâl bie **Qual**, mhd. quâle, kwâl; ahd. quâla, chwâla;
lâge, ahd. lâga; mât f. baß **Mähen**, mhd. mât n. u. f.; schprâche,
ahd. sprahha, mhd. sprâche; schtâl, **Stahl**, ahd. stahal, mhd.
stahel, stâl; schtrâl, mhd. strâl m. und strâle f.; schwâger, mhd.
swâger; Schwâwe, mhd. Swâbe; jefâr, mhd. vâre, gevâre; tât, ahd.
tât, dât, mhd. tât. — pl. praet. der 2. abl. klasse: prâchen,
kâmen, nâmen, schprâchen, schrâken, schtâchen, trâfen, trâschen;
der 3.: mê âszen aßen, pâd'n baten, jâb'n gaben, verjâszen ver=
gaßen, lâsen, mâszen, jenâsen, sâgen **faßen**, sâtzen faßen, trâd'n
traten, wâren **waren**. dass in der conjugation und in fremdwörtern
wie pârât bereit, prâf brav, mârâkl **Scheusal**, schpâss **Spaß**,
schpitâkl **Lärm**, das â erhalten ist, scheint mir nicht auffällig;
warum aber jene oben angeführten subst. gegen die regelmässige
verdunkelung zu ô es festgehalten haben, dafür weiss ich keinen
grund anzugeben.

2. durch dehnung aus a wie im nhd. ist â entstanden in:
âd'l **Abel**, ârt, â'n **ahnen**, âwer aber, pâde **Pate**, pâd'n baben,
pâr bar; fâl **fahl**, gelb; fâne **Fahne**, fâr'n, fârt, **fahren**, **Fahrt**,
hâgel, hâne **Hahn**, hâse, jâg'n, jrâde gerade, kâl **kahl**, klâge,
klâg'n, lâde, lâd'n, **laben**, lâm **lahm**, mâg'n, mâl'n **mahlen**,
mâ'n **mahnen**, nûrunge **Nahrung**, schâd'n **Schaden** und **schaden**,
schlâch **Schlag**, schpârn sparen, wârn **wahren**, beachten, hüten;
pewârn bewahren, jewârn erblicken, zâl **Zahl**, zâm **zahm**, zân
Zahn, zârt zart. zum teil greift diese dehnung noch weiter um
sich als im nhd.: ân präp. an; âne an, adv., ârme arm, âr'm
Arm, ârmôut **Armut**, pât **Bab**, jrâs **Gras**, kârte **Karte**, nân
hinan, hinauf, rât **Rab**, tâch **Tag**, sâge **Säge**, mhd. sage.

3. gekürzt ist altes â zu ä in: jämer Jammer, mhd. jämer,
ahd. jâmar und prämpêre Brombeere, mhd. brâmber, ahd. brâm-
bere, und wie dieses wort im nhd. zugleich das â zu o verdunkelt
hat, so unsere muud. od'm Atem, ahd. âtum, odm'n atmen, oder
Aber, ahd. âdara, losz laß, mhd. lâsz und lot laßt, imp. pl., mhd.
lât, lâszet.

<hr />

2. 1.

Dieser laut, der ja „in den meisten deutschen mundarten fort
lebt und bald mit grösserer bald geringerer consequenz vom
volke gesprochen wird" (Gr. Wb. IV, 2, 2010), während das Hochdeutsche durch das Meissensche die steigerung ei dafür allgemein
angenommen hat, ist auch in uns. mund. von allen längen am
besten erhalten, nur teilweise gekürzt oder gesteigert.*)

1. für das erhaltene aus der grossen zahl der wörter nur
folgende beispiele: gen. sg. des pron. pers.: mîne, dîne, sîne und
das possess.; inf. u. praes. der 5. klasse der st. v.: pîszen beißen,
plîb'n bleiben, jrîfen greifen, lîd'n leiden, mîd'n meiden, penîd'n
beneiden; fîfen pfeifen, rîb'n reiben u. s. w., pî bei, pîl Beil,
prîs Preis, fîle Feile, fîne fein, flîsz Fleiß, jîz Geiz, jlîch gleich,
îd'l prôt eitel Brot, île Eile, îs'n Eisen, îwer Eifer, kîl Keil,
kîm Keim, klister Kleister, krîschen kreischen, schreien, krîte Kreide,
lîch u. u. liche f. die Leiche, lîm Leim, lîn Leinsamen, lîp Leib,
lîrn leiern, lîste Leiste, nît Neid, rîch Reich, rîche reich, Rîn der
Rhein, rîs Reis, schîn Schein, schît Holzstück, schîwe Scheibe,
schlîm Schleim, schpîse, Speise, schrîwer Schreiber, schtîf steif,
schtrîpe Streifen, Prunschwîch Braunschweig, schwîn schweigen,
schtîn steigen, sît seit, sîte Seite, tîch Teich, wîle Weile, wîn
Wein, wîse weise, wîsen weisen, zeigen, wîser Bienenkönigin, wît
weit, zît Zeit.

2. auffällig verkürzt ist i zu i ausser in den oben unter i
angeführten wörtern noch in: pinô beinahe, im imp. sg. von sîn:
sik sei; schtik uf steh auf, von schtîn steigen, aufstehen; plip
bleib, von plîb'n; krik fasse, von krîn kriegen, lit leibe, rit reite

<hr />

*) im Mansfeldischen schon zeigt sich jene sogenannte bairische vokal-
verschiebung, welches sich dadurch vom Unterharzischen und Nordthüringischen scheidet; siehe B. Haushalter, Die Mundarten des Harzgebietes.

(neben l1de u. rîde), schrip ſchreib, trip treib, während sonst diese
verben ihr î im ganzen praes. bewahren. ebenso verkürzen die
3. p. sg. u. 2. p. pl. indic. u. imp. dieser verba, wenn der
stamm auf d oder t endigt: hê, j1 lit er, ihr leibet; hê, j1 mit
er, ihr meibet; rit reitet, ſchtrit ſtreitet. diese letztere verkürzung
ist offenbar hervorgerufen durch die contraction der t-laute, was
wir auch später bei sw. v. finden werden.

3. höchst bemerkenswert ist nun aber die in einigen wörtern eingetretene steigerung des î. nämlich in den wörtern: mhd.
br1, dr1, fr1, vrîlich, vr1en und allen auf 1e wird das 1 in uns.
mdt. zu ei, welches jedoch nicht dem gewöhnlichen nhd. ei (gesprochen = ai) gleich ist, sondern so gesprochen wird, dass man
das e deutlich für sich hört, also é-i fast wie äi, wie man ei in
Ostpreussen und den Baltischen provinzen sprechen hört. dieses
éi, welches ich durch ăi oder éi wiedergeben will, ist offenbar die
übergangsstufe von 1 zu der gewöhnlichen steigerung ei, die
unsere nhd. schriftsprache durch die mundart, welche Luther ihr
zu grunde legte, bekommen und allgemein den meisten mundarten
gegenüber dadurch angenommen hat. diese „diphthongische auf-
lösung" stimmt auch genau zu der Gr. Wb. IV, 2, 2009, II und
2010 gegebenen darstellung von dem ursprunge und der entwickelung des nhd. ei oder ai aus î. so haben wir also: prēi
Brei, frēi frei, frēilich freiſich; wenn noch e oder â auf das ursprüngliche î folgt, so wird das i in ēi zu j: treje brei, drîe;
frejât Heirat, mhd. vrîât; hekseréje Heçerei; schpêlderéje Spieſerei
u. so alle wörter auf îe.*)

4. wenn einzelne wörter sonst langes î haben, welches nicht
ursprünglich ist, so haben wir darin die bei allen älteren kürzen
durch den accent hervorgerufene dehnung zu sehen, die so zahlreich das nhd. ergriffen hat und für das gedehnte i durch ie
oder ih bezeichnet wird. meistens sind es eben auch nur wörter,
welche auch zugleich im nhd. diese anorganische länge haben.
dahin gehören: jîr, jîrig, Gier, gierig, mhd. gir, ahd. kirî, girî;
k1selschtain Kieſeſ, mhd. kisel, ahd. chisil; rîse Rieſe, mhd. rise,
ahd. riso; schîl'n ſchieſen, vgl. mhd. schēl, schilch, schilhen;

---

*) dass dieses ăi auch für mhd. iu, nhd. eu oder äu vorkommt, wird
später besprochen werden.

schîne ocrea, Schiene, mhd. schine, ahd. scina; sich ânsêdeln sich ansiebeln, ainsîdlär Einsiebler, mhd. sidelen, ahd. sidaljan; sich Sieg, mhd. sige, ahd. sigu, sigo; schtrîjel f. Striegel, mhd. strigel m., ahd. strigil; zîmlich ziemlich, vgl. mhd. adv. zimelîche und zêmen, ahd. zêman; unjezîfer, mhd. ungezibele, ahd. zêpar, zêbar.

schliesslich kann î die verdichtung sein aus ahd. io, ie, mhd. ie, das nhd. auch durch ie gegeben, aber uur als langes i gesprochen wird; z. b.: jrîsz Gries, mhd. griesz, ahd. kriosz, griosz; fîwer, ahd. fiebar, mhd. fieber, sîch siech, sîchen siechen, sîchhus Hospital; mhd. siech, ahd. sioh, goth. siuks; ebenso schtîr Stier, hîr hier, zîr'n zieren u. a. (s. Gr. Wb. IV, 2, 2010 u. 2011). hierin stimmt also die mundart auch mit dem nhd.

---

3. û.

Bei û zeigen sich ganz genau entsprechende erscheinungen wie bei î; im allgemeinen ist der reine alte laut wie im nd. streng bewahrt, nicht wie nhd. zu au gesteigert; in einigen fällen tritt verkürzung, in einigen eine dem êi von î hier entsprechende mittlere steigerung zu ou ein; neu entsteht û aus altem uo oder iu in einer beschränkten anzahl von wörtern.

1. û = nhd. au zeigt sich erhalten: prûchen brauchen und gebrauchen, prûne braun, prûsen brausen, prût Braut, pûer u. pûr Bauer, dû du, fûl faul, fûst Faust, hûchen hauchen, hût Haut, klûb'n klauben, krûs kraus, krût Kraut, lûr'n lauern, lûs Laus, lûschen lauschen, mûl Maul, mûr, mûre Mauer, mûs Maus, rûm Raum, schmûs Schmaus, schnûsze Schnauze, schtrûch Strauch, schtrûz Strauß, schûm Schaum, schûr Schauer, sûr sauer, sûsen sausen, trûr, trûrig, trûr'n Trauer, traurig, trauern, trûwe Traube, tûken tauchen, tûer'n bauern, tûm' Daumen, tûschen tauschen, ûsz aus, nûsz hinaus, rûsz heraus, zûn Zaun und sonst ganz regelmässig.*)

2. die kürzungen sind unter u, 3, bereits angeführt.

---

*) ausserdem in vielen wörtern von rein dialektischer bedeutung oder anwendung wie : jûchen, kûle, kûz u. a., deren erklärung im idiotikon.

3. wie die steigerung von î zu ëi, so ist hier merkwürdig die von û zu ou,*) da der grund nicht ersichtlich ist,**) weshalb sie grade in den wenigen wörtern eintritt; es sind nämlich nur: pou m. der **Bau**, mhd. bû; ânpou der **Anbau**; jlou adj., mhd. glou, -wes, **glänzend, hell**; louter, (daneben verkürzt lutter), **lauter** mhd. lûter; jrousen jrousig, das **Grausen, grausig**, mhd. grûs; tousent **tausend**, mhd. tûsent; vertrout **vertraut**; schwankend zwischen û und ou ist prouch, jeprouch m. der **Gebrauch**, die **Sitte.** folgt auf diesen laut g, welches in unserer mundart ein älteres w (auch sonst, wie unten bei den consonanten gezeigt werden wird), vertritt, so wird das u in ou kaum noch gehört, so dass das ganz kurz gesprochene ou fast wie o klingt: põugen oder poggen **bauen**, mhd. bûwen; jlõuge (jlogge) koln **glühende Kohlen**, jlogge ãuggen **helle Augen**; (vgl. goth. glaggvus, bei Luther Dan. 10,6 ein gluu Ertz), troggen **trauen** u. comp.: zôu-, mis-, ver-, ânvertroggen; sogge die **Sau.**

4. û entspricht einem mhd. uo in: lûder das **Luder, Aas** (eine schelte), mhd. luoder; mûs, mûst, mhd. muos, das **Mus,** einge= **kochtes Obst**; schnûr, mhd. snuor, die **Schnur**; schôr, schôfschûr die **Schaffschur**, mhd. ahd. scuor; wût, mhd. wuot, ahd. wuoti, die **Wut**; und einem ahd. iu in den wörtern: krûchen **kriechen,** rûchen rie**chen**, schûb'n **schieben** und vielleicht in schûl'n **verstoßen** seitwärts **spähen.** hier wird das û wahrscheinlich verdichtung durch überwiegen des u in den beiden diphthongen uo u. iu sein. im übrigen kommt endlich û als dehnung aus u wie im nhd. vor, z. b. in ûrsäche **Ursache**, ûrôlt **uralt**, in flûge im **Fluge**, jûgent **Jugend**, tûgent **Tugend**; ausserdem in fremdwörtern für lat. û, franz. ou oder u wie in nâtûr **Natur**, kûr die **ärztliche Behand= lung**, muntûr die **Dienstkleidung, Montur**, plessûr **Wunde,** = blessure und anderen.

---

*) dieses ou, ein dunkles au, ist diphthong und scheint mir dem mhd. ou ganz gleich zu sein, im bairischen und sonst auch vorkommend.

**) liegt er vielleicht in dem w oder s, das in einigen dieser stämme auf û folgt? aber warum dann nicht bei andern stämmen mit ûw oder ûs dieselbe erscheinung?

4. ê.

1. als ursgrünglicher laut ist ê nur spärlich, ungefähr in folgenden wörtern erhalten: êlîte Eheleute, êre Ehre, êr'n ehren, êrlich ehrlich, verêr'n ſchenken, bedicieren, kêre bie Kehr, Wen= dung, kêrn kehren, lêre bie Lehre, kingerlêre bie Katechiſation ber Schulkinder im Nachmittagsgottesbienſt, lêrer, lêr'n Lehrer, lehren; mêr'n und vermêrn vermehren, vermêrunge Vermehrung, sê See, sêle bie Seele. gewöhnlich aber geht altes ê regelmässig in ae über: aer eher, wanaer? wann?; aersch(t) erſt, jeßt erſt; der aerschte erſte; maer mehr; 's maerschte bas meiſte; Raes Anbreas, schnae Schnee, schtaen ſtehen, mhd. stên u. s. w. auch jene oben mit ê angeführten haben teilweise nebenformen mit ae und nur einfluss des nhd. scheint das ê zu halten oder einzudrängen.

2. dagegen erhält dasselbe einen grossen Zuwachs von meh- reren seiten her; denn es ist

a) dehnung aus ë oder e wie im nhd., z. b. aus ë (soweit dasselbe nicht zu ä, welches unter 7 behandelt wird, geworden ist) in: pêre bie Beere, mhd. bër, bir, nebst comp. präm-, prumpêre Brombeere, schtrûze- oder attepêre Erbbeere; pêrn, mhd. bërn heben, ufpêren aufheben; dazu pêre f. bie Tragbahre; êsel, mhd. ësel; jêr'n gähren, mhd. jësen; (daneben järn, auch = fermentescere); rêjen, ànrêjen regen, anregen, anrühren, mhd. rëgen; jeschên, mhd. geschëhen; schêrn (neben schaer'n) ſcheeren, tondere; sêjeln ſegeln, mhd. sëgelen?; sên ſehen, mhd. sëhen; wêrn, durare, in ber Zeit ſich hinziehen, mhd. wërn; jewêrn concedere, gewähren. in jeschên und sên soheint es allerdings ersatzdehnung für das geschwundene h zu sein.

aus e ist es gedehnt in: êlenge, subst. und adj. Elend, ſehr krank; êre (neben acre) bie Ähre, mhd. eher, äher, ahd. ahir, n.; hêb'n heben, ahd. hefjau; mêr bas Meer, mhd. mer, goth. marei; nêrn, ernêrn, nähren, ernähren, mhd. nern; kwêl'n quälen, mhd. queln; schwêr'n jurare, mhd. swern; wêl'n wählen, mhd. weln; wên' (= gewöhnen), bas Kind (auch junge Tiere) von ber Mutter entwöhnen; jewên' gewöhnen; wêr'n wehren, mhd. wern; opwêr'n abwehren, sich wêrn ſich verteibigen; êd'l ebel (aber ed'lhof = Rittergut); lên legen, ahd. lagjau; (hier ist es wohl ersatzdehnung für g); rêde Reben, rêd'n reben, mhd. rede; sên'

fich fehnen; tén' behnen; in der 2. und 3. p. sg. der ablaut.
a-klasse aus dem umlaut e: dû fêrscht bu fährst, hé fêrt er fährt;
jrêwest gräbst, jrówet gräbt; mêlst, mêlt, bu mahlst, er mahlt
(daneben auch wie nhd. mälst, mâlt); trójest, trêget, trägst, trägt.
b) noch zahlreicher erscheint ê durch die regelmässige verdichtung des nhd. ie zu ê, mag dasselbe aus mhd. i gebrochen
oder gedehnt sein oder auf ahd. iu, io, ie, mhd. ie zurückgehen.
péne Biene, mhd. bin, bine; frêde, frêd'n, Frieden, mhd. vride,
ahd. frida; vêle viel, ahd. filu, mhd. vil; fê Bieh, jlêt Glied,
lôn liegen, auggenlêt Augenlib, palpebra; réje Reihe, mhd. rige,
ahd. riga; schpêl ludus, multitudo; mhd. spil; schpêl'n fpielen;
schmêd'n fchmieden; schtôl Stiel; schwêrvâter, -mutter etc.
Schwiegervater 2c.; sêp Sieb, mhd. sip; sêb'n fieben; sêjel
sigillum, sêjeln sigillare; trêp (neben trîp) Trieb; wêde als Band
gebrehte Rute, mhd. wide, ahd. witu; länkwêrig (auch länkwîrig)
langwierig; wêse Wiese; zêl Ziel, zêln zielen; knê Knie, lêp lieb,
lêwe Liebe, lêb'n lieben; verlêr'n verlieren; schpêsz Spieß, ahd.
spiosz; pitrêjen betrügen; tên' bienen, tênst Dienft; têf tief.
seinen ursprung aus ie (i) verrät dieses ê noch durch seinen anklang an den i-laut, wodurch es sich von dem ursprünglichen
reinen ê (unter 1), welches dem ae näher liegt, unterscheidet,
obgleich die nüance so fein ist, dass sie dem nicht daran ge-
wöhnten ohre entgeht.

c) endlich erscheint ê noch als stellvertretender oder ver-
flachter umlaut für ae, ô und uo (mhd. ae, oe und üe, nhd. ö
und ü, worüber weiter unten), so dass der laut, wenn auch nicht
als ursprünglicher, so doch als mannigfacher ersatz für andere
laute der mundart in grossem umfange eigen ist.

5. ô.

ô ist gut erhalten und dazu reichlich vermehrt durch dehnung von o und regelmässige verdunkelung des â; nur selten ist
es selbst zu o gekürzt.
1. altes ô findet sich in: ânpôsz Amboß, mhd. anebôsz; plôsz
bloß, adj. und adv.; pôsheit Bosheit; pôszel Regelkugel, pôszeln

Kegel schieben; ahd. pôszun stoßen; prôt Brot, flôk Floh, mhd. vlôch, vlö; ahd. flôch; frô froh; frôntênst Frondienst; jrôsz groß; hôch hoch; hôn Hohn; hôrte praet. von haer'n hören, mhd. hôrte von hoeren; klôster Kloster; krône; lô in: lichterlô pren' hell auf= lodern; lôn Lohn, lôn' lohnen; lôs, adj., lôse adv.; lôz das Los; lôsen losen; lôt das Lot; môr der Mohr; nôt die Not; rôr das Rohr; rôt rot; ôr das Ohr; ôstern; schôte, mhd. schôte, die Schote; schôn' schonen; schôsz gremium; schtôsz, schtôszen Stoß, stoßen; schtôrte (neben schtârte) praet. von schtôrn, schtaern stören, schtrô Stroh, schtrôm Strom, sôren, versôren vertrockenen, umkommen, mhd. sôr und versôre; tôr der Thor, mhd. tôre; trôst Trost. von den sg. des praet. der abl. iu-klasse haben nur 4 die länge bewahrt: flôk flog, frôr fror, verlôr verlor und zôk zog; flosz, vertrosz, josz, schosz haben wie nhd. verkürzt, dazu auch pot ich bot; wie die letztern auch: ponne die Bohne, mhd. bône, und: schou, jam (mhd. schône entsprechend). bei den fremd- wörtern flôr dünnes, durchsichtiges Gewebe, bes. Trauerflor, kôr der Chor und das Corps, pôte oder fôte die Pfote und rôse die Rose kann das ô auch als organisch angesehen werden, da ihnen im mhd. auch schon ô (â bei pâte) eigen ist.

2. aus kurzem o durch dehnung wie im nhd. ist ô zahlreich neu entstanden. pôde, mhd. bote, ahd. poto; pôgen, mhd. boge; hôl, mhd. hol; kôl, mhd. kol, köle, ahd. kol, koli, kolo von caulis; lôb'n, mhd. loben; môsch, mhd. mos von muscus; nôte, mhd. note, lat. nŏta; aber in notêrn notieren ist die kürze er- halten; ôb'n, ôwene, mhd. oben, obene, ahd. obana; compos.: pôb'n, pôwene, mhd. boben, bobene; ôb'n, mhd. oven, ahd. ovan, ofan; goth. auhns; ôwest, mhd. obesz, ahd. obasz; ôder, mhd. oder, od, ode; schpôr'n pl. die Sporen, mhd. spor sw. m.; ahd. sporo; sg. schporn und schpôrn; tôr, mhd. tor, goth. daur; jewônhait, mhd. gewonheit; wôn', wônunge, pewôn', inwônder, mhd. wonen; ferner in vielen partic. praet.: jepôrn, jejôrn, jeschwôrn, jepôgen, jelôgen, verlôrn, jeflôgen, jefrôrn, pe-, pitrôgen, jezôgen. in sône, got. sunus, ist es aus u entstanden, in pôrte, mhd. barte, aus a. auch in tôrn, mhd. dorn, tôrnig, dornec, ahd. dornag; jesôd'n gesotten, die im nhd. die kürze erhalten haben, dehnt unsere mundart. sie erhält dann ô ausserdem

3. mit grosser regelmässigkeit aus à durch verdunkelung oder senkung: ôb'nt Abenb, mhd. âbent; plôsen blaſen, mhd. blâsen; plôse bic Blaſe; prôd'n braten und prôd'n m., mhd. brâte, sw. m., dô ba, mhd. dâr, mit allen compos.: dôrim, mhd. dârumbe, âldôrim eben barum, dôrin bort hinein, dômet bamit, dôhen bahin, dôzôu baʒu, dôfêr bafür u. s. w.; hôr baß Haar; mhd. hâr; jô ja, mhd. jâ; jôr baß Jahr, mhd. jâr; verjôrn verjährt, mhd. verjâre werbe alt; lôszen, mhd. lâszen laſſen; jelôsz Gelaß, m. u. n., mhd. gelâsz, gelaesze; verlôsz m. Zuverläſſigkeit; môl, mhd. mâl; dômôls bamalß, dôzemôl bamalß; môlzit Mahlʒeit; vêrtemôl n. Veſperbrob; môln, mhd. mâlen, got. mâljan; ânmôln anſtreichen, opmôln photographieren; môl'der ber Maler, mhd. mâlaere; môsz baß Maß, mhd. mâsz; es ist Maß als altes Gefäß, Inſtrument ʒum Meſſen, Blechgefäß für Waſſer; jlitmôszen pl. bie Glieber, mhd. lidemâsz, baß Glieb; in ewermôsze, im Uebermaß, ſehr viel; môsze f., mhd. mâsze st. f. in: de môsze nâm' baß Maß ʒu Klei-bungsſtücken nehmen; uszermôszen außerorbentlich; môutmôszen conicere, mhd. muotmâsze, ungefähre Schäßung; nô adj. nahe, mhd. nâche, nâ; dernô, barauf, mhd. dernâch; nôchen, nôchent nachher, mhd. nâchen adv. in ber Nähe, nâhent, nâhet; nôt f. bie Naht, mhd. nât; nôtel Nabel, mhd. nâdele, got. nêthla; rôt m. ber Rat, mhd. rât; rôd'n raten; schlôf, schlôfen, mhd. slâf, slâfen; schlôn ſchlagen, mhd. slân; schtrôfe, schtrôfen, mhd. strâfe, strâfen; opschtrôfen ber Reihe nach ʒu mehreren Leuten, beſonders um ʒu betteln ober Gelb einʒutreiben, herumgehen; schôf Schaf, schtrôsze, strâsze; tôcht, Docht, tâht, dâht; jetôn gethan; wôr verus, wâr; wôge libra, wâge; wôgen audere; auch zôn, neben zân, ber Zahn erhält ausser der dehnung noch trübung; die wörter, welche diese im nhd. (ô, geschrieben oh, für â) haben, gehören natürlich auch dazu: ône, mhd. âne, ohne; mônt Monb, mhd. mâne; môn-tâch, mhd. mântac, Montag; mônât m., mhd. mânôt ber Monat; môn Mohn, mhd. mahen, mân; schlôt, mhd. slât; wôge unda, mhd. wâc m.; ârchwôn Argwohn, mhd. arewân.

diese verdunkelung des â zu ô ist nach Gr. Wb. I, 1 niederdeutsch: „es ist ein vorzug hochdeutscher sprache, das a, kurzes wie langes, rein darzugeben. niederdeutsche volksdialekte sprechen hingegen unser langes a wie o aus, jahr, klar, wahr wie

jor, klor, wor, und diesen laut zeigen die nur leise oder gar nicht
von o abweichenden schw. å, dän. aa in år, aar." jedoch scheint
mir diese verdunkelung, wo sie in den dialekten vorkommt, nicht
sehr auffällig, da ja auch schon im mhd. (s. Mhd. wb. 1, 1,a.)
„die aussprache des langen a ein tiefes, dem engl. aw ähnliches
â gewesen zu sein scheint und daher auch dort schon nicht selten
ô geschrieben wird." ob aber nur niederdeutsche volksdialekte
diese aussprache völlig durchgeführt zeigen, möchte ich bezweifeln,
da einerseits das nd. oft das reine â noch zeigt, (s. Schambach,
die wörter jâr, mâl, slân, slâpen etc.), sogar stark bewahrt,
andrerseits oberdeutsche mundarten auch â zu ô verdunkeln, vgl.
z. b. Regel, s. 5 und 22.

-----

6. ae.

ae ist im mhd. der umlaut aus â; im nhd. bezeichnet ä,
wenn es lang ist, aber nicht bloss diesen mhd. laut, sondern
auch den gedehnten umlaut des früher kurzen a und ersetzt
ausserdem verschiedentlich das im nhd. ebenfalls erst gedehnte
mhd. ë. in der aussprache wird dann diese verwirrung noch
grösser dadurch, dass eben dieses gedehnte ë daneben noch
häufiger e geschrieben und je nach den gegenden wie langes â
oder wie ê gesprochen wird. in unserer mundart ist der umfang
des ae leicht darzulegen. dasselbe ist nämlich

1. an seiner ursprünglichen stelle teilweise erhalten; zunächst
in den einzelnen wörtern: jaerlink, ein 1 Jahr altes Rind; vgl.
mhd. jaerec; jemaesze n. Maß oder Gefäß, besonders für Flüssigkeiten; vgl. mhd. mesz hinsichtlich der bedeutung und adj. gemaesze
betreffs der form; saen säen, mhd. sacjen, saegen, saen; schaere
Schere, mhd. schaere, schaer; ahd. scârî; schwaer schwer, mhd.
swaere, ahd. swâri; schwaere f. die Schwere, mhd. swaere, ahd.
swârî; schwaerlich schwerlich, mhd. swaerlîche, ahd. swârlihho;
peschwaer'n beschweren; traen drehen, mhd. draejen, draen; ahd.
drâhan, drâjan. dann regelrecht im conj. praet. der 2. und 3.
ablaut. klasse: ich praeche, kaeme, naeme, schpraeche, traefe,
aesze, laese, saeje, saetze, traede etc. = ich bräche, käme, nähme,

fpräche, träfe, äße, läfe, fäße, fäße, träte. im übrigen aber wird der lange umlaut ä regelmässig zu ä, worüber im folgenden artikel.

2. tritt ae neu ein teils für ê, wie unter diesem laute schon angegeben ist; ausser den dort bereits angeführten beispielen seien noch erwähnt: jaen gehen, mhd. gên; klae Slee, mhd. klê, ahd. chlêo; aerjistern vorgeſtern; verschaerschte fürs erſte b. h. für die nächſte, für ziemlich lange Zeit; maerschtens oder maerschtentails meiſtens. — andrerseits ist ae der regelmässige vertreter von oe: paese böfe; haer'n hören, gehören, gehorchen; jehaerig gehörig, tüchtig; de ânjehaerigen die Verwandten; laesen löfen; schaene ſchön adj. und adv.; schaenhait Schönheit.

für gedehntes ē dagegen kommt es nur vor in saesze Senfe, mhd. sēgense und schaern ſcheren, mhd. schêrn, wo jedoch schêrn daneben hergeht.

7. ā.

Dieser laut ist der merkwürdigste und eigenartigste unter den langen vocalen der mundart. er ist die länge zu dem unter 4 e besprochenen a, ein sehr helles, hoch klingendes, gedehntes a, dem franz. a-laute, z. b. in der endung oir (avoir, devoir) gleich oder in dem laute ai, wenn er mouillirt ist (faillir, Versailles, émail, détail), also sehr verschieden von dem gewöhnlichen â, das fast ebenso viel tiefer unter ä liegt als ô unter â. infolge dieser eigentümlichen beschaffenheit ist er für die mundart, wie schon oben zu seiner entsprechenden kürze a bemerkt wurde, sehr charakteristisch und gewöhnlich für die benachbarten Niederdeutschen schwer zu erlernen. was seine entstehung betrifft, so habe ich oben versucht, ihn als den noch nicht völlig durchgeführten umlaut darzustellen und nach jener annahme müssten wir, wie a sich als vertreter des umlautes e zeigte und daneben des nhd. ē, erwarten, dass ā als die correspondierende länge für ae, resp. gedehntes e (nhd. ä oder ch, e) und ē (nhd. e, ä) erschiene. dies ist thatsächlich der fall und mit grosser regelmässigkeit durchgeführt. wir haben demnach:

1. ā = mhd. ae, z. b. ânjenāme angenehm, vgl. mhd. genaeme; pekwāme adj. und adv., mhd. bequaemo, ahd. biquâmi; bequem,

adv. leicht; fâl'dr, Fehler, fâl jaen fehl gehen, fâl'n fehlen, vgl. mhd. vaele f., franz. faillir; fâln pfählen, mhd. phaelen; jârig jährig, mhd. jaerec; jepârdc Gebärde, mhd. gebaerde, ahd. kipârida; jefârlich gefährlich, mhd. gevaerlich; jnädig, genaedec, ginädic; krämer Krämer, mhd. krâmaere, krämer; krämechen ein kleiner Besitz, Haus mit wenig Acker und Wiesen; nächer, nächste näher, der nächste, von nô nahe; mhd. nâch, nâ, nâher, naeher, naehest, ahd. nâh, nâhiro, nâhist. näle (neben nâle) pl. von nâl Nagel, ὅννξ, mhd. nagol, negole, contr. nâl, also würde umlaut ac sein; râtsel Rätsel; ahd. wahrscheinlich râtisal; sälig selig, mhd. saelec; schäfer Schäfer, mhd. schâfaere; schmälich ingens, viel, stark; mhd. smaehelich, ahd. smâhelîch, nhd. schmählich; schpäde spät, mhd. spaete, ahd. spâti; schträflich sträflich, mhd. strâf-, straeflich; schwäjerschen die Schwägerin, mhd. swaegerinne; tater Thäter, tätig thätig, fleißig; mhd. taetec, ahd. tâtîc, tätig; westfälsch westfälisch, ahd. subst. Westfâlo; dann die endung är, mhd. aere, nhd. er, ler für masc., soweit sie nicht wie im nhd. zu er verkürzt ist: kelnär Kellner, kinstlär Künstler, nêtlär Nabler, Spengler; traestlär Drechsler; aber lêrer wie nhd. lehrer, während mhd. noch lêraere.

2. ä steht für mhd. a, umgelautet e; meistens, wo es nhd. als gedehntes ä erscheint, namentlich in adjekt.: änlich, mhd. anelich, ähnlich, jrämlich, mhd. gramelich, gremelich grämlich; kläjlich, mhd. klegelich, ahd. chlagalîh kläglich; rätlich, ahd. rätlîh rätlich; unsäjlich, mhd. unsagelîch, unsegelich, unsäglich; schätlich, schedelich, ahd. scadalîh, schädlich, täjlich, tegelich, takalîh, tagalîh, täglich; zärtlich (neben zêrtlich), mhd. zartlich, zertlich zärtlich; pehäwig behäbig, vgl. mhd. habec, hebec, häbig; in diminutivformen: ärmechen ein kleiner Arm, pärechen Pärchen, mhd. pâr, par; pärtchen Bärtchen, jläs-chen Gläschen, jräs-chen Gräslein; bäs-chen Häslein, mächen Mädchen (t ist ausgestossen), nälechen ein kleiner Nagel, von nâl, contrah. aus nagel; näleken Nelken, vgl. negelkîn, näs-chen Näschen v. nase, ahd. nasa Nase; in pluralen: päder Bäder, von pât das Bad; parte Bärte von pârt; jläser (neben jleser) Gläser, v. jläs; jräser (neben jreser) v. jrâs Gras; in comparativen: âr'm arm, ärmer (neben ermer) ärmer, der ärmeste (neben ermste) der ärmste; schmälder

(neben schmälder) von schmâl ſchmaľ, mhd. smal; in subst. und
anderen wörtern: ärnt, ärnte f. bie Ernte, är'n ernten, mhd. arnen;
pewajen bewegen, mhd. bewegen; ſäjen ſegen, mhd. vegeu, zu
fager gehörig; fârte bie Fährte, Spur, mhd. vart, verte; jeſärte
ber Gefährte; mhd. geverte, ahd. kifarto; flujel Flegel, von
flagellum; fräwel, übermütig, frevel; subst. fräwel ber Frevel,
fräwelu freveln, Holz ſtehlen; mhd. vrevel, vrävel, ahd. fravalî
Uebermut; bäjen (danebeu hêjen), hegen, mhd. hegen, ahd. hekjan,
hegjen; jäjen gegen, mhd. gegen, ahd. kakan, gagan, gegin;
jajent Gegend, mhd. gegene; jäjer Jäger, mhd. jegere, jeger, ahd.
jagari, jagir; kläjer ber Kläger, mhd. klager, kleger; lä'm lähmen,
mhd. lemen, ahd. lemjan; schnäweln ſchnäbeln, mhd. snebelen;
träjer Träger, mhd. tragaere, ahd. trakari, tragari; zä'm zähmen,
mhd. zemen, zemjan.*)

3. ä für mhd. ë, nhd. meistens gedehntes e, ä in grosser
anzahl: äb'n eben, ëben, ëbene, ahd. ëpan, goth. ibns; äre Erbe,
ërde, ërda, airtha; päb'n beben, biben, pipên, bibên; päd'n beten,
jepät Gebet, bëten, pëton, bidan, gebët, kipët; pär Bär, bër,
përo; entpär'n entbehren, entbërn, inpëran; där, pron. demonstr.
is, ea, id; dän acc. sg. masc., där dat. sg. fem., dän' dat. pl.
mhd. dër, dën; pefäl'n befehlen, bevëlhen, pifëlahen; färt Pferd,
phërt, parafrid; fläjen pflegen, phlëgen, pflëgen; jäd'n jäten, jëten,
gëten, jëtan, gëtan; jeläjen gelegen, opportunus, gelëgen, kilëkan,
gilëgan; jeläjenhait Gelegenheit; jän geben, gëben, këpan, gibau;
jejän gegebeu; häjer Häher, hëher f. hëhara; verhäl'n verhehlen,
hëln, hëlan; häl'dr Hehler, hëlaere, hëler; här her, hëre, hër;
hëra; härt Herb, hërt, engl. hearth mit demselben laute; härt f.
grex, hërt, hërta, hairtha; jä'n gähnen, gëuen, ginen, kinên; käle
Kehle, kële, chëlâ; käwer Käfer, këwer, chëver, këvere, chëvere;
kläb'n kleben, klëben, chlëpên; kwär quer, twêr; lab'n leben, lëben;
lëpên; läs'n leſen, lësen, lësan; mäl Mehl, mël, mëlo; märn in
Flüſſigkeiten mërn, märte gemiſchte Flüſſigkeit, mërâte, mërâta,
mërda; näb'n neben, nëben, enëbene; nä'm nehmen, nëmen, nëman,

<hr>

*) in sän ſagen beruht die form nicht auf ſagen, ahd. sagên, sondern
auf der nebenform, sekjan, segjan, seggen, die besonders im nd. die gewöhnliche iſt; auch in fremden wörtern kommt ä vor: säwel Säbel, säweln grob
ſchneiben, sabel, slawisch sabla; täjen Degen, franz. dague, ital. daga.

niman; rän Regen, rēgen, rēgan, rign; rä'n regnen, rēgeneu,
rēganôn, rignjan; räwe Rebe, rēbe, rēpa; säjen Segen, saj'n
ſegnen, sēgen, sēgan, sēgenen; schtaj Steg, stēc; schtäl'n ſtehlen
stēln, stēlan; schtrab'n ſtreben, strēben, strēven; schwäh'n ſchweben
suēben, suēpēn; schwäre Schwäre, Geſchwür, swēre, swēr, m.
swēro; schwärt Schwert swērt, suērt; schwäwel Schwefel, swēvel,
suēbel, suēpol; träd'n treten, trēten, trētan; wäb'n weben, wēben,
wēpan; linnewäwer Leinweber, wēbaere; wäj Weg, wēc, wēch,
vigs; wäjen präp. wegen, von — wēgen; wäjen (daneben wējen)
wägen, wēgen, wēkan; wär wer? wän wen? wēr, wēn? wär'n
werden, wērden, wērdan, vairthan; wärt Wert und wert, wērt u.
vairths; wäsen Weſen, wēsen; zäne zehn, zēhen, zēhan, taihun.
auch wo im nhd. die kürze erhalten ist, wird oft gedehnt: prät,
präder, (neben pretter) Bret, Bretter; brēt, prēt, prētir; jäl gelb,
gēl, kēlo; jär'n gerne, gērne, kērno; kärn, Kern, kērn, chērn;
näst Reſt, nēst, nist; schtärn Stern, stērne, stērno.

dieses a für ē, wenigsens das kurze, scheint auch im nd.
verbreitet zu sein und begegnet nicht selten im mnd., vgl. z. b.
Weigand, I, 146 zu Bär; ob es jedoch bloss als eine senkung
des ē zu a aufzufassen ist, wie es an jener stelle bezeichnet ist,
möchte ich nach den obigen ausführungen der entstehung dieses
lautes bezweifeln. wie es sich damit aber auch verhalten mag,
die angeführten zahlreichen beispiele werden hinlänglich gezeigt
haben, wie regelmässig und umfangreich die merkwürdige erscheinung für unsere mundart ist, so dass sie gewiss verdient,
auch in anderen dialekten genauer beobachtet und beleuchtet zu
werden; so z. b. scheint sie nach Schmeller im Oberpfälzischen
auch ziemlich stark vorzukommen.

c) Die diphthonge.

1. ai, got. ai, mhd. ahd. ei.

Dieser diphthong ist in seinem bestande wesentlich erhalten,
d. h. natürlich im mhd. u. ahd. umfange, da das alte î nicht
wie im nhd. zu ei geworden ist. seine aussprache ist die eines

geschlossenen ai, weshalb ich auch diese schreibung vorziehe, wie
sie auch z. b. Schmeller für das bairische streng durchführt und
sie für die mundarten zur genaueren unterscheidung von ei zu
empfehlen ist. auch das nhd. ei wird ja in den meisten gegenden
Deutschlands, zumal in den oberdeutschen, wie ai gesprochen.

1. einige beispiele für altes ei: ai! interj. mhd. ei, eiâ; ai
n., pl. aijer, ba§ Ci, mhd. ei aus egi, ahd. pl. eigir; aijen, aijen-
tôum, aijentîmer eigen, Cigentum, Cigentümer; ainder, aine, ainsz,
einer, eine, eine§; âlaine allein, mhd. aleine; prait breit, paide
beibe, pain Bein, aiche bie Ciche, mhd. eich, eih; flaisch ba§
Fleisch, jaist Geist, jemaine bie Gemeinbe, mhd. gemeine, ahd.
kimeinî, got. gamainei; hailig heilig; haile heil, ganz; hail'n
heilen; haime zu Hause und nach Hause; haisch heiser, mhd. heis,
heise, ahd. heis, heisi; haisz heiß, ahd. mhd. heisz; haiszen
heißen; die endung hait in vielen fem. sowie auch kait: jewônhait,
klainigkait, jerachtigkait; klait, pl. klaider, Kleib; klaine klein;
kaind'r keiner, niemanb; wolfaile wohlfeil, mhd. veile, veil, ahd.
feili; fai feige, schüchtern, mhd. veige, lait Leib, laitlich leiblich,
ziemlich; laim ber Lehm, mhd. leime, ahd. leimo; maiste sup.
meiste (neben maerschte), maister, Meister; main' meinen, mai-
nunge; laisten ber Leiften, laisten leiften; nai nein; raine rein,
raise Reife, 2 Cimer Waffer, bie auf einmal getragen werben;
sail ba§ Seil, schlaife bie Schleife; mhd. sleife, sleipfe; schtain
Stein, schtraich ber Streich, schwaisz Schweiß, mhd. sweisz,
ahd. sweisz; tail ber Teil, waich, mhd. weich, ahd. weih; ich
waisz ich weiß, waizen Weizen, zaichen ba§ Zeichen und alle
ableitungen dieser wörter. bei diesem vokale unterscheidet sich
die mundart also scharf vom nd., welcher meistens ei zu ê verdichtet hat.

2. nur an einer stelle ist das alte ei geschwunden, nämlich
im sg. praet. der ablaut. î-klasse, da diese verben durch einfluss
des pl. ei zu e verkürzt haben: ich schrep schrieb, plep blieb,
let litt, resz riß u. s. w., wie sie unten bei der conjug. genauer
aufgeführt werden. daran schliessen sich die einzelnen wörter:
emer Cimer, eimber; enzeln einzeln, letter Leiter, mhd. leiter,
ahd. hleitara, welche die verkürzung, wie es scheint durch nd.
einwirkung, haben eintreten lassen.

3. andrerseits hat der ai-laut einen gewissen zuwachs erhalten durch die verflachung des umlautes von mhd. ou, nhd. au, denn dieser wird regelmässig hier durch ai wiedergegeben. daher haben wir ihn im pl. der subst.: paum, paime Baum, Bäume, traum, traime, Träume; in subst.: kaifer ber Käufer, laifer ber Läufer, mhd. loufaere, raiwer ber Räuber, mhd. roubaere, traimer ber Träumer, fraide bie Freube, mhd. fröube; in adjekt: unjlaiwig ungläubig, jelaifig geläufig, schtaiwig ftaubig, (auch schtauwig), traimerig träumerifch); in verben: jlaib'n glauben, mhd. gelouben, ahd. kaloupjan, (Luther auch noch gleuben), petaib'n betäuben, raichern räuchern, schtaib'n, esz schtaiwet ber Staub fliegt; und endlich in der 2. und 3. p. sg. der conjug.: dû kaifst, hê kaift bu läufft, er lauft, dû laifst, hê laift läufft, läuft.

---

2. au. got. au. ahd. mhd. ou.

Auch dieser diphthong hat sich, da û nicht gleich dem nhd. zu au gesteigert ist, im umfange der alten sprache erhalten; und zugleich ist auch die mundart wie bei ai rein oberdeutsch, da das alte ou niemals in ihr zu ô wie im nd. werden kann. beispiele: auch auch, betont: unbetont au lautend; paum Baum; jlauwe Glaube; von demselben stamme: erlaub'n, erlaupnis, ûrlaup; haufen m., ahd. houf (neben hûfo); kauf, kaufen; lauch, mhd. louch, ahd. loub; laufen; laup Laub; lauwe Laube, mhd. loube; raup, raub'n rauben; rauch, rauchen; raufe Futterleiter; mhd. roufen, got. raupjan, raufen raufen; saum ber Saum; schaup Strohbund, mhd. schoup, schoub, ahd. scoup; schtaup Staub; tau ber Tau, mhd. tou; taufe, taufen; taup taub, toup; traufe bie Traufe, mhd. trouf m.; traum; zaum; zauwer, pezauwern bezaubern, mhd zouber, ahd. zouper. in: hau baß Heu ist der umlaut unterblieben; got. havi, ahd. hawi, howi, mhd. höuwe, höu, aber auch houwe und so älter nhd. haw; s. Weig. I, 806.

wenn au in wörtern der mundart für mhd. û erscheint, so kann das nur auf einfluss des nhd. beruhen, der besonders durch die schule, die beamten und die schriftsprache geübt wird, wie derselbe ja bekanntlich in allen mundarten und in der

neueren zeit mit steigender stärke sich äussert. nichts desto-
weniger ist es doch nur ein sporadisches auftreten dieses au und
seine unechtheit deutet sich durch das schwanken mit û an; dahin
gehören z. b.: hauch und hûch der ,Ḧaud); hauwe, hûwe die
Ḧaube; jaul Ḧaul, jaum der Ḧaumen, welches aber wahrscheinlicher
ou schon mhd. hat; klause und klûse die Ḧlauſe, Ḧinſiebelei;
laune und lûne die Ḧaune; rau'n, rû'n, gewöhnlich pract. corrum-
piert rânte, (offenbar verwechselt mit rennen), zuraunen; schlauch
und schlûch der Ḧchlaud).

eigentümlich ist aber, dass au, wenn g (das entweder ursprünglich oder der vertreter für mhd. ahd. w ist), darauf folgt,
sich verkürzt, was von einem diphthong unwahrscheinlich zu sein
scheint; jedoch bleibt es wirklich der reine geschlossene au-laut,
nur kurz hervorgestossen; ich will diese kürze durch verdoppelung
des g ausdrücken. es gehören dazu folgende wörter (die mhd., resp.
ahd. formen setze ich einfach dahinter): augge, ouge, ougô; got.
augâ; fraugge, vrouwe, vrowe, frauwâ, vgl. got. frauja m.; hauggen
ḧauen, houwen, hawan, howan; altn. höggva, schw. hugga dän.
hugge zeigen ebenfalls den kehllaut; laugge, louge, longa;
mauggen, miauen, mauen, mâwen; jenaugge genau, md. genouwe,
genauwe. in: schtraugge, schtrauggen Ḧtreu, ſtreuen, strönwe,
ströuwen, strewen, strewjan, straujan und tauggen tauen, ahd.
doan, engl. thaw, altn. dögg, schw. dagg, dän. dug, ist der umlaut wie oben bei heu unterblieben und in kauggen tauen, täuen,
steht wie im nhd. das au für altes iu.; mhd. kiuwen, chiuwan.

---

3. ôu, mhd. uo, ahd. uo, ua, got. ô, md. û.

Das alte uo ist in seinem bestande wesentlich erhalten, hat
jedoch eine umwandlung des lautes in der weise erlitten, dass
nicht das u vor o klingt, sondern sein erster teil wie ein langes
ô lautet, dem ein ganz kurzes u nachschlägt, so dass ein unge-
übtes ohr nur ô zu hören glauben kann; jedoch ist dieser infolge
dessen etwas schwierige und eigene laut keineswegs identisch mit
dem eigentlichen ô, scheint sich aber sehr mit dem got. ô zu
berühren. er soll hier stets durch ôu gegeben werden. so findet

sich der laut in: plôut Blut, bluot, pluot; pôuch Buch, buoch, puoch; pôusze Buße, buosze, puosza; prôuder, bruoder, pruoder; flôuch ber Pflug, phluoc, fluoc; flôut Flut, vluot; fôure Wagenlabung; vnore, fuora; fôusz Fuß; jôut gut, guot, kuot; jrôusz Gruß, gruosz; hôuf Huf, hôufschmet, hôufschlâch Huffchmieb, Huffchlag; aber verkürzt in: huwîsen Hufeisen; hôusten Husten, huoste, huosto; hôut Hut, huot; hôut bie Hut, huote; hôun Huhn, huon; kôuchen Kuchen, kuoche, chuocho; kôu Kuh, kuo, chuo; rôu Ruhe, ruowe; rôufen, rufen, ruofen, hruofan; schôuk Schuh, schuoch, senoh, scuah; sehôule bie Schule, schuole; schôuster Schuhmacher, schuochstaer; tôuch Tuch, tuoch, tuoh, tuach; tôun thun, tuon; zôu zu, zuo. ebenso ist der laut regelrecht festgehalten in den ablaut. verben der a-klasse, sowohl sg. als pl.: ich pôuk buf, fôur fuhr, jrôup grub, hôup hob u. s. w., wie sie unten bei der conjug. vollständig aufgeführt werden. im nhd. ist bekanntlich jenes alte uo gewöhnlich wie schon im md. zu û verdichtet: Blut, Buch u. f. w.; dies geschieht auch hier, wie schon unter û bemerkt wurde, in einigen wörtern, jedoch so, dass einige beide formen: ôu und û, noch neben einander zeigen, und nur wenige bloss û haben, so dass man daran den allmählichen übergang sehen kann. so hat man: môust und mûst bas Mus, muos, Obstbrei; rôuder und rûder Ruber, schnôur und schnûr Schnur, schtôude und schtûde bie Stute, wôut und wût bie Wut; dagegen nur: pûwe Bube, flûr Flur, jrûwe bie Grube, lûder bas Luber, rûm ber Ruhm, obgleich auch von diesen vielleicht dieses oder jenes schwankt. pêche bie Buche, zeigt durch seinen umlaut, dass es nicht auf mhd. buoche, ahd. puohha zurückgeht, sondern zu den nd. formen sich stellt: ags. bôc. f. u. bêce n.; engl. beech, altn. beyki, dän. bög m. u. f., schw. bok, bôk f. und ndl. beuk. schliesslich ist wie im nhd. Mutter, Futter, muß, verkürzung des u eingetreten in denselben wörtern: futter, mutter, musz, plume Blume, pluome und posem Busen, buosem, puosum, welches im nd. und vielen mundarten (engl. bosom ebenfalls) die verkürzung zeigt (auch Luther hat bosem); jenunk hat wegen des eingeschobenen n verkürzt, mhd. genuoc; genung ist vielverbreitete dialektform, auch bei Goethe oft; fider bas Fuber endlich, mhd. vuoder, fuodar, mit seinem umlaut scheint auf ein fuodir zurückzugehen.

4. got. iu, ahd. iu, io, ia, ie; mhd. ie.

Diesen diphthong hat unsere mundart als solchen gar nicht bewahrt, wie auch das nhd. ihn nur noch in der schrift (ie) fest-hält, in der aussprache dagegen entweder zu î verengt oder zu i verkürzt. wir haben drei fälle dafür zu unterscheiden. nämlich:

1. wird ie am häufigsten zu ê verdichtet, wie schon unter ê s. 22 gesagt ist. den dort gegebenen beispielen sind hinzuzufügen: pêd'n bieten, pêjen biegen, flêje $\mathfrak{F}$liege, flêjen fliegen; frême bie $\mathfrak{P}$frieme; frêr'n frieren; jêszon gießen; lêt, pl. lêder $\mathfrak{L}$ieb; nêre $\mathfrak{N}$iere, nêt'n nieten, jenêszen genießen, nêszpruch $\mathfrak{N}$ießbrauch, rê'm der $\mathfrak{R}$iemen, schêszen schießen, schlêszen schließen, schmêjen schmiegen, meistens reflex.; schprêszen sprießen, sêch (selten neben sîch) siech, trant; têf tief; têp $\mathfrak{D}$ieb; compos.: schtältêp $\mathfrak{S}$tehlbieb, tautologisch gebildet wie nhd. $\mathfrak{D}$iebftahl; vertrêszen verbrießen, têr $\mathfrak{T}$ier, zên ziehen; im artikel fem. sg. und der pl. dê = die; ebenso sê fie, pron. pers. fem. sg. und der pl. ferner: prêf $\mathfrak{B}$rief, mêde $\mathfrak{M}$iete, schpêjel $\mathfrak{S}$piegel, zêjel $\mathfrak{Z}$iegel, die fremder herkunft sind, wenn auch ganz heimisch geworden.*)

2. ie ist gleich î, uhd. ie, in: pîst bie erfte unreine $\mathfrak{M}$ilch der $\mathfrak{K}$uh nach bem $\mathfrak{K}$alben, mhd. biest, ahd. piost; comp. pîst-potter, pîstmelich $\mathfrak{B}$ieftbutter, $\mathfrak{B}$iestmilch; fîr $\mathfrak{F}$euer; hîte heute, île $\mathfrak{E}$ule, nîne neun, lîte bie $\mathfrak{L}$eute, rîse $\mathfrak{F}$ischreuse, schichen scheuchen, schîne $\mathfrak{S}$cheune, unjehîr bas $\mathfrak{U}$ngeheuer; ebenso stets als umlaut für û, mhd. iu: hût bie $\mathfrak{H}$aut, pl. hîte $\mathfrak{H}$äute; lûs $\mathfrak{L}$aus, pl. lîse; mûs $\mathfrak{M}$aus, pl. mîse; prût $\mathfrak{B}$raut, pl. prîte; rûm $\mathfrak{R}$aum, pl. rîme; zûn $\mathfrak{Z}$aun, pl. zîne.

3. in einigen fällen hat das iu seine diphthongische natur bewahrt, nämlich als ëi, resp. ej, welchen laut wir oben unter î aus diesem laute in bestimmten fällen sich entwickeln sahen. so erscheint er auch hier, wenn auf iu ein w in der älteren sprache folgt und im nhd. eu steht: nëi, nejet neu, mhd. niwe, niuwe; ahd. niwi, niuwi, got. niujis; reje bie $\mathfrak{R}$eue, riuwe, riwe, hriwa, hrewa; riuwen, hriwôn; trëi treu, trëiharzig treuherzig; treje bie $\mathfrak{T}$reue; mhd. triuwe, ahd. triwi, triuwi treu; auch schëi

---

*) in: paer $\mathfrak{B}$ier ist io, ie zu ae geworden; mhd. bier, ahd. pëor, pior; und in schtifvater, -sôn, -mutter etc. $\mathfrak{S}$tiefvater $\mathfrak{x}$c. ist es gekürzt.

ſchen, mhd. schiech; schejen ſchenen, ópschëi Abſdjen, opschéilich abſdjenlidj, hat ëi für ie.

dagegen wird altes iu zu u und i verkürzt in: fuchte feudjt, mhd. viuhte und frint ber Freunb, pl. fringe, mhd. vriunt. durch das nhd. eu, welches, wie wir also aus all diesem sehen, den die mundart redenden ganz fremd ist, mag es auch wohl kommen, dass bisweilen wörter mit ursprünglichem iu, nhd. eu, durch ai wiedergegeben werden, wie z. b. in schtaier, schtaijer Steuer, mhd. stuire, unjehaier, unjehaijer adv. ungeheuer, auch fraint statt frint, pl. frainde. dies geschieht besonders von den des nhd. nicht mächtigen bei dem versuche, beamten oder fremden gegenüber das mundartliche in hochdeutsch zu übertragen.

~~~~~~~~~~~~

2. Die veränderungen der vocale.

Nachdem wir den bestand des vocalismus unserer mundart im vergleich mit der älteren sprache und dem nhd. so überschaut und dargelegt haben, können wir um so leichter die wichtigeren abweichungen und veränderungen desselben, soweit sie nicht schon in dem bisherigen erörtert werden mussten und sind, im zusammen- hange vorführen. diese veränderungen, welche in den mundarten zum teil sehr starke abweichungen von der hochdeutschen schrift- sprache bewirken und ihnen meistens ihren eigentümlichen charakter und besondere klangfarbe verleihen, sind aber gewöhnlich die verkürzung, dehnung, verdunkelung, trübung oder brechung, senkung oder ausweichung der ursprünglichen vocale zu anderen, oft neuen, in der schriftsprache nicht vorhandenen lauten, und zum nicht geringsten teile zuletzt der umlaut, der ja, im ahd. beginnend und im mhd. und nhd. immer stärker um sich greifend, nicht bloss ein wichtiger und unentbehrlicher faktor in der flexion und wortbildung für unsere sprache geworden ist, sondern auch dadurch eine immer grössere mannigfaltigkeit in das vocalsystem gebracht hat. in den mundarten ist dieselbe oft so gross, dass in manchen 20—25 vocale erscheinen (vgl. z. b. Regel, Mundart

3*

von Ruhla), eine fülle und mannigfaltigkeit, welche der geographischen und ethnographischen unseres vaterlandes auf dem gebiete der sprache mit ihren stammesdialekten und deren unzähligen specialmundarten getreu entspricht.

a) Die verkürzung.

Dass auffällige kürzung alter längen unserer mundart sehr geläufig ist, hat sich fast bei jedem oben besprochenen langen vocale schon gezeigt; bei allen fanden sich einzelne fälle davon in auffälliger weise, ohne dass man einen genügenden grund dafür einsieht. zur leichteren übersicht seien dieselben hier noch einmal angedeutet resp. ausgeführt.

1. die kürzung des â zu â (nhd. a) entspricht meistens einer solchen im nhd.: plätter bie Blatter, mhd. blâtere, ahd. plâtara; ich prächte brachte, brâhte, tächte dachte, dâhte, jâmer Jammer, jâmer; nâpper Nachbar nâchgebûre, kürzt sogar beide längen; râche Rache, râche; wâffe Waffe, wâfe; ja ja (neben jô, mhd. jâ), wenn die bejahung in wenig nachdrücklichem oder andrerseits in unwilligem, abweisendem tone gegeben wird; dû hest und hê het bu haft, er hat, hâst, hât, scheint zugleich umlaut zu haben. â wird zu o in: odem Atem, âtem, oder Aber, âdarn, no präp. nach, mhd. nâch.

2. î wird zu i: lichte, villichte leicht, vielleicht, mhd. lihte; pichte Beichte, mhd. bîhte; tichte bicht, mhd. dîhte; wit, comp. witer, weiter; wisz weiß, wîsz. besonders häufig und regelmässig aber ist diese kürzung in der conj. der st. v. mit î im stamme. denn die 2. und 3. pers. sg. des praes. und 2. sg. imp. ist fast immer kurz; s. unten bei der conj.

3. û fanden wir schon oben zu u gekürzt in: puch Bauch, hus Haus, kumes kaum, kûme, chûmo, lutter lauter, suffen saufen, uf auf; zu e infolge des umlautes in: predejâm Bräutigam; auch die umlaute sind dann meistens kurz: hiser bie Häufer, piche Bäuche, sifst, sift fäufft, fäuft.

4. ô zu o: ponne Bohne, schon fchon; hochzît Hochzeit, hôchgezîte; wie im nhd. ist der umlaut von ô zu e gekürzt in:

hôch, comp. hecher, subst. hechte die Höhe, hôhida; jrôsz, jreszer, größer, auch wie nd. jretter, superl. jretste der größte.

5. ai zu e: emer Eimer, enzeln einzeln; fortel Vorteil, forteln Fortschritte machen, geförbert werden; klaid'n kleiben, gut stehen in: dû kletst, esz klet du kleibest, es kleibet.

6. die eigentümliche kürzung von au vor g und ou wurde oben unter au und û besprochen.

7. iu zu i oder e in: pittel Beutel, mhd. biutel; fertel Viertel; lêp lieb, comp. liwer lieber, sup. ân liwesten am liebsten; imer immer, mhd. iemer; kritze das Kreuz, mhd. kriuze; ninzig neunzig, mhd. niunzec; schtif- Stiefbruder und andere compos., mhd. stiuf, stief.

8. uo, resp. dessen umlaut üe zu u, resp. i: posem Busen, plume Blume, fuchte feucht, viuhte; frint Freund; futter Futter; fittern füttern; hinder pl. Hühner von hôun Huhn; lichten leuchten, mhd. liuhten; mutter, mhd. muoter; hê' plut, plutte er blutet, blutete von plôud'n bluten; schtunt, schtun stand, standen, mhd. stuont, stuonden.

---

b) Dehnung oder verlängerung der vocale.

Dehnung alter kürzen ist eine der haupteigentümlichkeiten des nhd. im vergleich zum mhd. und zwar besonders in einsilbigen wörtern und in zweisilbigen mit offener erster silbe, hervorgerufen durch den accent. an dieser aufgabe der ursprünglichen kürzen nimmt auch unsere mundart, obgleich sie nicht selten jene auch bewahrt hat, reichlich anteil und stimmt darin meistens mit dem nhd. überein, wenn auch der gedehnte vocal bisweilen ein anderer ist. gleichfalls übereinstimmend mit dem nhd. ist die allgemeine dehnung des sg. praet. der ersten drei ablaut. klassen der verba, die entweder wie bei den ein- und zweisilbigen wörtern auch durch den accent oder durch die wirkung der analogie vom plural her eingedrungen ist. weiter als das nhd. setzt dagegen unsere mundart die dehnung gewöhnlich noch fort vor liquida cum muta: pôrte Barte, kôlt kalt, ôlt alt, schmôlz Schmalz, sôlz Salz, wôrt'n warten u. a. regelmässig tritt deh-

nung auch ein als ersatz für ausgestossene consonanten: de äre
Erbe, sich àr'n sich arten, gebeihen, von art; präm der Bregen,
das Gehirn, mhd. brēgen, pôle balb, nd. bâle; hân haben und
praes. ich hâ, pl. mê hân, jî hât, sê hân; jan geben, lên liegen
und legen; lòt laſſet, mhd. làt für lâszet, mât Magd, mhd. maget,
machen Mädchen, kail Kegel, mhd. kegel; rän Regen, rä'n regnen,
rail Riegel, mhd. rigel, ahd. rigil; der ôlc der Alte, de ôlsche
die Alte; sän ſagen, saesze Senſe, mhd. sēgense, schlôn ſchlagen,
mhd. slân; schwîn ſchweigen, swîgen; schtîn ſteigen, stîgen; krîn
kriegen; vôl Vogel. oft stehen sogar gedehnte und erhaltene
formen in ein und demselben worte neben einander und helfen
dann bisweilen in der declination casus und num. leichter zu
unterscheiden, wie: plät Blatt, pletter; jràp Grab, iu jräwe im
Grabe; hof, uf'n hôwe auf dem Hofe; hus Haus, in hûse
im Hauſe.

c) Verdunkelung, brechung und ausweichung.

Von regelmässiger verdunkeluug haben wir zwei fälle gefunden, die des a zu ä und des â zu ô. so consequent diese
auch durchgeführt sind, so bleibt dieser lautvorgang, der in den
mundarten so ausserordentlich beliebt ist, doch eben auf diese
beiden fälle beschränkt, während z. b. Regel verdunkelung von
a zu ä, â zu å, â zu û, a zu u, i zu ü und û, î zu û, i zu ö
und e für die Ruhlaer mundart nachweist. für die unsere können
wir demnach immerhin eine gewisse massvolle mitte constatieren,
verbunden mit regelmässigkeit. dasselbe lässt sich von der
brechung behaupten, denn wenn wir auch eine ganze reihe von
fällen für brechung des i zu ē und eine gewisse anzahl für die
von u zu o anzuführen hatten, so erscheint die neigung dazu
offenbar sehr gering im vergleich zu dem Thüringischen und besonders Ruhlaischen, mit dem ich dank Regels vortrefflicher
arbeit besonders habe vergleichen können.

was endlich den übergang von ē zu a oder ä und den des
ae zu ä anlangt, so haben wir oben schon versucht, ihn als nicht
durchgeführten umlaut, resp. brechung darzustellen. sollte diese
annahme sich nicht halten lassen, so könnte man diese erscheinung

wohl nur als senkung oder ausweichung auffassen. auffällig ist dabei nur der eigentümlich helle a-laut, welcher kaum einer trübung des vertretenen lautes ähnlich sieht, während diese offenbar und zweifellos für das Ruhlaische anzunehmen ist, das nach Regel e und ē zu â und â trübt oder ausweichen lässt, allerdings merkwürdiger weise fast in denselben fällen, welche wir für unseren übergang von e und ē zu a zu verzeichnen hatten. übrigens ist bei uns von sonstigen ausweichungen, wie sie Regel noch beizubringen hat, keine spur vorhanden.

d) Der umlaut.

Von allen vokalen am schlechtesten sind nun aber in unserer mundart die umlaute erhalten, denn obwohl ihre durchführung streng und regelrecht, wie fast alle lauterscheinungen der mundart, ist, so ist von den lauten selbst doch nur e als umlaut von a rein bewahrt; die übrigen sind alle verflacht, so dass die u- und o-laute zu i- und e-lauten geworden sind. da für den gut erhaltenen umlaut von a zu e, und â (resp. ô) zu ae schon oben unter e und unter ae, sowie für den noch nicht ganz durchgeführten oder ausgewichenen umlaut von â zu a und ae zu ä unter e und ä genügende beispiele beigebracht sind, so bedürfen wol nur die übrigen noch näherer erläuterung und belegung durch beispiele.

1. ü, umlaut von u, wird regelmässig i: pikse Büchſe, pindel Bündel, plimechen Blümchen, plindern plündern, pricke Brücke, tum dumm, comp. timer, sup. timste und timeste, bümmer, bümmſte; tinne dünn, vgl. engl. thin; tichtig tüchtig; tricken drücken; ich tirfte bürſte; fuks Fuchs, pl. fikse; filn füllen, von full voll; flucht, flichtig flüchtig; hinder Hühner; hipsch hübſch; junk, comp. jinger, sup. jingeste, jünger, jüngſte; jingelink; junge, jingelchen Knäblein; jlicke, jlicklich, jlicken Glück, glücklich, glücken; jumfer, Jungfer, demin. jimferchen kleines Mädchen; kunst: kinste Künſte; kinstlich; verkinnigen verkünden; kiche Küche; sich kimmern ſich kümmern; knup Knopf, pl. knippe; knippen knüpfen; knipchen Knöpfchen; sich krim' ſich krümmen; licke Lücke; milder Müller; mitze Mütze; miszte müßte; nichter⁻

nüchtern; nusz Nuß, pl. nisze; nutzen, nitzlich, uunitze, nitzen»
nützlich, unnütz, nützen; ricken m. der Rücken; ricken rücken?
zericke zurück; ritteln rütteln; schichtern schüchtern, verschichtern
scheu, furchtsam machen; schitzen schützen; schliszel Schlüssel;
schprunk Sprung, pl. schpringe; schtrump Strumpf, pl. schtrimpe;
sump Sumpf, pl. simpe; sinne die Sünde, sinnigen sündigen;
wiln wollen, aus Wolle, von wulle die Wolle; winschen wünschen;
wunsch, pl. winsche die Wünsche; ich wiszte wüßte; zichtig
züchtig. auch ist dieser umlaut richtig durchgeführt, wo ihn das
nhd. nicht hat, in: jetillig gebulbig; imme um, ahd. umbi, mhd.
umbe, ümbe; schillig schulbig, mhd. schuldec; in: finewe fünf
kann man das i als das ursprüngliche betrachten, ahd. finf,
später funf.

2. dem i aus u entsprechend wird eben so regelmässig û
zu î, wie schon bemerkt wurde:

prûne braun, prînlich bräunlich; tû'm Daumen, tîmelink
Ueberzug für den Daumen; fûst Faust; pl. fiste; fîstchen
Fäustchen; kîle die Keule, mhd. kiule, md. kûle; krût Kraut,
pl. krîter, krîder; krûs kraus, sich krîseln sich kräuseln; kûz Kauz,
weiblicher Kopfputz, kîzchen Käuzchen; mûl Mund, mîlechen Kuß,
vgl. osculum, nhd. Mäulchen; natîrlich natürlich; schûm Schaum,
schî'm schäumen, sûr sauer, sîr'n säuern, den Brotteig machen;
sîrlich säuerlich; schtrûch Strauch, pl. schtrîcher; trûwe Traube,
trîwel m. Blüten= oder Fruchtbüschel von Hollunder, Kirschen,
Aepfel 2c.; tûwe Taube, tîwechen Täubchen; versî'm versäumen,
vgl. mhd. sûmen; so auch in der conjug. der verba mit û in der
2. und 3. sg. praes.: klûb'n klauben, dû klîwest, hê klîwet, klaubst,
klaubt; schrûb'n schrauben; schrîwest, schrîwet, schraubst, schraubt.

3. dagegen lautet mhd. uo (üe, nhd. ü), unser ôu, zu ê um:
plôut Blut, jeplête Geblüt; pôuch Buch, pêcher Bücher, pêchelchen
Büchlein; prôuder Bruder, pl. prêder; prêderchen Brüderchen;
pôusze Buße, pêszen büßen; flêjen pflügen; fêsze Füße, fêszchen
Füßchen; jête Güte; jrêszen grüßen; hête Hüte; kôu Kuh, pl.
kêwe Kühe; vgl. ahd. chuowi; rôufen rufen, dû rêfst, hê rêft,
rufft, ruft; schôuk Schuh; schêkchen, schêkelchen kleiner Schuh;
tôuch, têcher Tücher; ebenso erscheint dies ê als umlaut von ôu
bei dem conj. praet. der ablaut. a-klasse: hê pêke er würde

baden, fêre führe, jrêwe grübe, schlêje fd)lüge, trêje trüge und
den andern. schr richtig hat auch: sêchen fud)en, den umlaut,
der schon im mhd. stockt: suochen, eigentlich, aber selten sücchen;
ahd. suohhan, sôhhan = sôhi-an, da got. sôkjan; vgl. Weig. 11, 854
unter Sûche.

4. ô ist verflacht zu e: pok, pecke Bod, Böde; ponne
Bohne, pennechen fleine Bohne; torf Dorf, pl. terfer; flocke
Flode, fleckchen Flödchen; flok Pflod, pl. flecke; from, comp.
fremer frömmer; fremigkait Frömmigkeit; holz, helzern hölzern;
helzer Holzftüde ober Wälber; horn, hernder Hörner, hernechen
Hörnchen; klocke Glode, klekchen Glödlein; knochen; knechelchen,
knechern, knechel, Knöchlein, fnöchern, ber Knöchel; koch, kechin;
korn, kernder Körner; kost, pekestigen; loch, pl. lecher; terch-
lechern burchlöchern; locken, leckern burch Loden an fich ziehen,
verleiten; ofte, comp. efter; ort, pl. erter; rock, pl. recke Röde;
rolle, rellechen fleine Rolle; schlosz, pl. schleszer; schtok, schtecker
Stöde; socke, sekchen, socculus; tochter, pl. techter, dem.
techterchen; top Topf, teppe Töpfe; kop, pl. keppe, dem. kepchen
Köpfe, Köpfchen; troppen Tropfen, trepchen Tröpfchen; worzel
Wurzel, werzelchen; vol°k, Bolf, pl. vel°ker, vel°kchen Völfchen;
zop, Bopf, zeppe, zepchen, Böpfe, Böpfchen.

dieses e tritt als umlaut auch dann ein, wenn o brechung
von u ist, obgleich nhd. u steht, z. b.: porch bie Burg, perjer
ber Bürger; korz furz, comp. kerzer, sup. ber kerzste fürzer, ber
fürzefte; porsche ber Burfche, perschchen Bürfchchen, scherze bie
Schürze, vgl. schorzfal bas Schurzfell; schtewechen Stübchen,
von schtowe Stube; schedd'n fchütten, vgl. praet. schotte fchüttete;
worm Wurm, pl. wermer Würmer; worscht Wurft, pl. werschte;
schtorm Sturm, schterm' ftürmen, schtermisch ftürmifch; potter
Butter, pettern Butter mad)en; perschto Bürfte, weil es von
porschte, mhd. borst n. bie Borfte herkommt; schterzen ftürzen
von schtorz ber Sturz, nd. storten; ebenso weist terchten fürchten,
obgleich die furcht u hat, auf das nhd. vorhte, ahd. forahta,
vorhten und forahtan; ber ferschte ber vorberfte, gehörig zu vor,
vorne, fêr vor, vorne; daher auch ferscht ber Fürft, vgl. engl.
first; auch ewer über nebst seinen comp. newer hinüber, rewer
herüber, trewer barüber, trewene brüben, weist auf eine form

mit o, nicht mhd. uber, über, ahd. ufar, sondern auf ober, engl.
over. das adj. jolln golbcn hat wie im nhd. keinen umlaut, obgleich mhd. guldîn, ahd. kuldîn.

5. dem e = ö entspricht dann ebenso ê = ô, oe regelmässig:
plöse Blase, pléschen Bläschen; plôsz blos, offen, plêszo Blöße;
prôt Brot, prêdechen Bröbchen; tôn Ton, tên' tönen, pl. têne
Töne; dahin gehört auch der vorname Têne Anton, Antonius,
vgl. Tönnies; frô, frolich fröhlich; fôte Pfote, fötchen das
Pfötchen; jrôsz groß, jrêsze Größe; jôrten Garten, pl. jêrtens,
jêrtchen Gärtchen; hôn Hohn, hê'n höhnen, hênsch höhnisch; hôr
Haar, hêrechen Härchen; krône, krê'n krönen, krênechen Krönchen;
nôt, in nêten in Nöten; nôtel Nadel, nêtlâr der Spengler; ôr
Ohr, êr Öhr, êrechen das Öhrlein; rôr Rohr, rêrechen Spazier-
stock; rôse, rês'chen Röschen; rôt, comp. rêter; rête f. die Röte,
rêtlich rötlich; sône Sohn, pl. sêne; sênechen Söhnchen; schlôf
Schlaf, schlêfchen ein Schläfchen; schôf Schaf, schêfchen (neben
schäfchen) Schäfchen; schtêr'n stören, stôrjan; schtrôm, schtrô'm
strömen, zusammenlaufen; tôr, têricht töricht; vôl Vogel, vêlechen
Vöglein. hêtlich höflich ist dem nhd. nachgebildet, wie auch
kênig, kêniglich König, föniglich, statt des daneben gebräuchlichen
richtigeren kenig mit bewahrter kürze, vgl. kuning, kunig, konig.
in einigen fällen jedoch tritt ae statt dieses ê ein und zwar
scheinen das gerade die wörter zu sein, bei denen dieser jüngste
von allen umlauten (ö und oe erscheinen erst im 12. jahrh.),
zuerst auftritt, nämlich: paese böse, ahd. bôsi, pôsi; flôk Floh,
flac pl.; haer'n hören hôrjan, jehaer Gehör; laeseu lösen, got.
lausjan; naedig, naedigen nötig, einladen von nôt; auch zôu-
jepraedige Zukost, von prôt Brot, gehört dazu; raere Röhre, mhd.
rôre, rocre; schaene schön, ahd. scôni, mhd. schoene; schaenhait
die Schönheit.

6. dass endlich ai der regelmässige umlaut von au, mhd. ou
(öu) ist, glaube ich unter ai schon hinlänglich belegt zu haben.

fassen wir also das ergebnis über den umlaut zusammen,
so lässt sich kurz sagen, dass, wenn er auch fast ganz verflacht
ist, so dass kein neuer vocal zu den schon früher für die mundart festgestellten durch ihn hinzukommt, er doch wenigstens den
vorzug grosser regelmässigkeit zeigt.

Schluss.

Überschauen wir zum schluss den vocalismus der mundart in seiner gesamtheit, nachdem wir ihn in seinem bestande und den wichtigsten arten seiner veränderungen kennen gelernt haben, so würde sich derselbe übersichtlich, so darstellen lassen:

1. kurze vocale: å, i, u, e, o, a   summa 6.
2. lange   „   : â, î, û, ê, ô, ae, ä   „ 7.
3. diphthonge: ai, au, ôu; ëi, ău, ou, oŭ   „ 7.

danach ergibt sich für dieselbe der nicht unbeträchtliche reichtum von 20 vocalen, von denen jedoch die letzten 4 diphthonge nur spärlich vorhanden, gleichsam erst werdende halbdiphthonge sind oder unvollkommene spielarten der eigentlichen drei hauptdiphthonge. sehen wir deshalb von ihnen ab, so würde den bleibenden 16 lauten eine grosse klarheit und durchsichtigkeit nicht abgesprochen werden können.

B. Die consonanten.

1. Die liquidae.

Als laute an sich zeigen die vier liquidae l, m, n, r keine besonders abweichende und hervorstechende eigentümlichkeit; sie haben ihre regelrechte flüssige und reine aussprache, wie man sie an der hochdeutschen sprache für sie gewohnt ist. dagegen zeigen sie, wie sie schon nicht ohne einfluss auf die vocale sind (vgl. die oben erwähnte brechung von u zu o vor r, die dehnung des vorhergehenden vocals vor liqu. c. muta), aber einige bemerkenswertere besonderheiten in ihrem zusammentreffen unter sich und noch mehr mit den mutae. indem wir die wichtigeren erscheinungen, die sie in letzterem falle bewirken, für die besprechung der mutae vorbehalten, fassen wir die übrigen, meistens kleinere gebiete betreffenden eigentümlichkeiten der liquidae in folgende punkte zusammen.

1. wie in den meisten mundarten ist m am ende der wörter: Befen, Boden, Bufen, Faden, die es im nhd. zu n geschwächt

haben, erhalten: pasem, mhd. bĕseme, bĕsme, bĕsem; ahd. pĕsamo, bĕsamo; auch ndl. noch bezem, engl. besom; pod'm Boden, ahd. podam, podum; mhd. bodem und boden ; ndl. bodem, engl. bottom. posem Busen, mhd. buosom, buosen, ahd. puosum, puosam, ndl. bussem, engl. bosom. fad'm fa'm, Faben, mhd. vademe, vadem, ahd. fadum, engl. fathom. davon auch in: infedmen, infe'm einfäbeln.

ebenso ist n im inlaute erhalten in: munster das Muſter, munstern muſtern, wie nd. munster, ndl. monster, monstern, von monstrare.

2. apocope von n zeigt sich im pron. indef. me man, frz. on; sonst habe ich diese form in dialekten nie gefunden; sie scheint durch die tonlosigkeit des wortes bewirkt zu sein und hat so das wort deutlich von mån der Mann, mit dem es ursprünglich identisch ist, differenziert.

ausstossung von r im inlaute zeigen fodern, federn (mit umlaut) forbern, das schon bei Luther so erscheint (foddern) und bei vielen schriftstellern des 18. jahrh., wie nhd. Köber für Körber, s. Weigand, I, 590. ferner in mêser Mörſer, mêsern mörſern, wie nd. mŏser s. Schambach, 138; mhd. morsaer, morser, ahd. morsari von mortarium.

3. wie die ausstossung des r in mêser offenbar geschieht, um die wiederkehr derselben liquida in demselben worte zu vermeiden, so tritt oft wegen der gleichen schwierigkeit eine vertauschung von liquiden ein; pålwêr Barbier, pålwêrn den Bart ſcheeren, s. Gr. Wb. I, 1080 balbier, wie es schon bei H. Sachs erscheint; marteln quälen, (besonders vom quälen der tiere von kindern gesagt), martelär mutwilliger Tierquäler, auch mhd. martelaere und ahd. martalôn, s. Gr. Wb. VI, 2. ferner sûrampel Sauerampfer, rumex, lapathum, ahd. amphere, ampher. nilije für Lilie hat auch Schambach. dagegen ist umgekehrt l erhalten in klouggen Knäuel, welches richtiger nhd. Kläuel wäre (s. Gr. Wb. V, 1030 und 1363), weil hier die endung nicht el, sondern en ist. was schliesslich die angebliche vertauschung von m mit w im pron. person. 1. p. mê = wir anbelangt, (Gr. Wb. VI, 1359), so werden wir beim pronomen mehr davon sagen.

4. die bekannte metathesis oder versetzung der liquida hinter den wurzelvocal, die Gr. gr. 1² 244 u. 245, 275 u. 488 als eine in den nordwestlichen germanischen zweigstämmen nicht selten auftretende erscheinung behandelt, ist kaum erwähnenswert, da sie nur in den bekannten, auch ins nhd. gedrungenen wörtern: porn der Brunnen, pârnschtain der Barn=, Ziegelstein, vorkommt; in den mundarten wenigstens eben so häufig ist: wilpert das Wildpret, Wild und Wildfleisch. hierher scheint mir jedoch auch pel•ken, bölken, blöken, schreien zu gehören, als umstellung von blöken, ahd. plegan.

5. assimilation der liquida haben wir in: dû sätt du sollst, mhd. solt, engl. shalt und: dû witt du willst, engl. wilt, mhd. wilt; ferner wekker welcher (neben wel•ker); umgekehrt wird t zu l assimiliert in: tulln dulden, jilln gelten, jolln golden, malln melden, schilln schelten, schpelln spalten. b ist assimiliert zu m in: imme um, mhd. umbe, ümbe, ahd. umbi; n schliesslich assimiliert sich zu m vor b (wie gewöhnlich im mhd.) in hâmputte, hâmputje, Hainbutte, Hagebutte, Hambutte, mhd. hânbutte, Hämpardi Hagenberg (localname), bleibt aber unassimiliert in: ânpôsz der Amboß. dagegen ist mir in dem merkwürdigen worte: attepêre Erbbeere sehr zweifelhaft, ob r zu dem t-laute (der doch auch eigentlich d sein müsste), assimiliert ist, obgleich ich mir das wort vorläufig nicht anders zu erklären weiss.

6. einschub von n, der nach Gr. Wb. VII, 1 auf nasalierung beruht und namentlich im alleman., aber auch bair. begegnet, findet sich nur in dem auch sonst verbreiteten, in unserer mundart für „genug" allein gebräuchlichen: jenunk.

7. wenn l oder n von r nur durch ein tonloses e, das nicht gehört wird, getrennt ist, also eigentlich mit ihm unmittelbar zusammenstösst, so wird regelmässig zur erleichterung der aussprache ein d eingeschoben; so in subst. auf er: tênder oder têndr Diener, tondr Donner, kaldr Keller, koldr Koller, mîlder der Meiler, môlder der Maler, saildr der Seiler, talder Teller, zäldr Zahler; in comparat.: haldr heller, jäldr gelber, schmäldr schmäler, schnaldr schneller, schtildr stiller, tuldr toller; (diese formen sind natürlich auch masc. sg. posit. st. decl.); in den pronom: mîndr, dîndr, sîndr, jendr meiner, deiner, seiner, jener; im neutr. pl.:

hernder Hörner, kernder Körner; auch mender Männer, menderchens Capriolen; in verben: koldern kollern, kuldern nd. kullern, rollen, tondern donnern. dieser vorgang ist so natürlich, dass er unserer mundart mit dem franz. (gendre von gener, tendre, tener, vendredi, Veneris dies) und griech. (ἀνήρ, ἀνδρός, ähnlich β zwischen μ und λ in μέμβλωκα von μολ, ἀμβίύς von μαλ) gemeinsam ist.

8. die endung des inf. praes. eu mit dem tonlosen e erleidet contraction bei den verben, deren stamm auf n oder m ausgeht; da das e nicht gehört wird, so verschmelzen n'n und m'n zu einfachem n und m, jedoch so, dass man nach einem langen vocal das n resp. m fast als eine, wenn auch nur dumpf klingende, silbe oder wenigstens für sich gesprochenen laut hört; das n oder m wird gleichsam nur an die lange vorhergehende silbe angeschwemmt. ich bezeichne diese contraction der infinitivendung durch einen vor oder hinter n, resp. m gesetzten apostroph. also z. b.: pren' brennen, ren' rennen, schpän' spannen; tê'n dehnen, kân' kahnen, im Kahn fahren, ran' regnen; sê'n sehnen, wê'n gewöhnen, entwöhnen; prum' brummen, kem' kämmen, tem' dämmen, das Wasser durch einen Damm stauen; säm' sammeln, Heu ernten, mhd. samenen, ahd. samanôn; schtem', refl. sich stemmen, sum' summen, wem' heben; nä'm nehmen. endigt der stamm des verbs auf b, so klingt dieses mit dem n fast zu m zusammen, so dass sich schwer unterscheiden lässt, ob der laut b'n, b'm oder bloss m ist; Schmeller drückt ihn für das bairische durch bm aus; ich will ihn durch b'n geben, wodurch seine entstehung am klarsten angedeutet wird. kläb'n kleben, klûb'n klauben; läb'n leben, lîb'n lieben, lôb'n loben, schrîb'n schreiben, schrûb'n schrauben, schträb'n streben, wab'n weben und viele andere.

9. auch das zusammentreffen von l mit einem labial oder guttural macht unserer mundart schwierigkeit hinsichtlich der aussprache; so oft lch, lk, lp, lf und lw zusammenstossen, wird deshalb zur erleichterung derselben als hilfsvocal ein tonloses e, das an silbenwert dem hebräischen Sch°wa zu vergleichen ist, eingeschoben: pål°ch Balg, peleje Bälge; pål°ken Balken; kel°ch Kelch, kål°p Kalb, kel°wer Kälber; kul°k Kolk, Wasserloch; mal°ken melken, mel°ch Milch, mol°ken Molken, schwul°ke Welle

(vgl. Schwalg), wel•ker welcher, wol•ke Wolfe, vol•k Bolk,
vel•ker Völker; häl•p halb; hal•fen helfen; hil•fe Hilfe; el•fenpain
Elfenbein, wol•f Wolf. auch nach n in: fin•we fünf, fin•fte der
fünfte. dies ist dieselbe erscheinung wie im ahd., wo aram,
waram, achar, zahar, alah, suëval ein a zwischen liquida und
liqu. oder liq. cum muta einschieben. in mel•ch bie Milch war
ursprünglich u in der 2. silbe, got. miluks, ahd. miluch, milih.

2. Die mutae.

a) Die labiales.

Die wichtigsten lauteigentümlichkeiten der muten unserer
mundart betreffen bei allen, besonders aber bei den labialen und
gutturalen, die media und die aspirata nebst den spiranten; über
die tenues ist im ganzen wenig zu sagen. bei den labialen lässt
sich das bemerkenswerte zusammenfassen in solches über: 1. die
media; 2. die aspirata pf. und f; 3. die spirans w.

1. die früher bei den vocalen gegebenen beispiele werden
als auffällige erscheinung schon bemerkbar gemacht haben, dass
nie die labiale media (wie auch die dentale) im anlaute erscheint,
sondern stets dafür die tenuis steht; in der that steht darin die
mundart auf streng ahd. lautstufe und erhält dadurch ein sehr
altertümliches gepräge. das gesetz ist so streng durchgeführt,
dass auch keine einzige ausnahme zu verzeichnen ist und beispiele hier speciell noch beizubringen überflüssig erscheint, da sie
schon zahlreich dagewesen sind und noch bei andern lauterscheinungen sich bieten werden.

fast selbstverständlich ist es, dass auch im auslaute die
media nie steht, sondern als tenuis erscheint, wie dies im mhd.
und eigentlich auch im nhd. der fall ist, nur dass in dem
letzteren die media geschrieben, aber nicht gesprochen wird, da
die aussprache der mediae im auslaute, wie sie im engl. rein
und gut gewahrt ist, der deutschen zunge nicht geläufig ist.
tritt die media durch hinzukommende silben wieder in den inlaut,

so erscheint sie natürlich wieder (oder hier oft ihr stellvertreter w):
ich jâp gab, sê jäb'n gaben; hê jrôup grub, mê jrôub'n wir
gruben; laup das Laub; in lauwe im Laube; lêp lieb, comp.
liwer lieber; têp Dieb, pl. têwe Diebe; wîp Weib, pl. wîwer
Weiber; ich schrep ſchrieb, mê ſchreb'n ſchrieben; jrâp Grab, in
jrâwe im Grabe. das alte, noch im mhd. vorhandene p oder b
im auslaute nach m (tump dumm, kamp Kamm, krumb krum,
swamp Schwamm) ist zwar wie im nhd. verschwunden oder
assimiliert, die vorliebe für diesen auslaut aber oder die bequem-
lichkeit der aussprache hat in verbalformen mit auslautendem m
im praet. wie in den thüringischen mundarten und einzelnen
auch im Ruhlaischen die anhängung oder, wie Regel es passend
nennt, anschwemmung eines unorganischen p veranlasst: hê kâmp
er kam, nâmp nohm, schwump ſchwamm.

schliesslich hat die media b auch im inlaute durch erweichung
in die spirans w starke einbusse erlitten; es geschieht dies
regelmässig nach vocalen, oder genauer gesagt, zwischen zwei
vocalen: âwer aber; pîwel Bibel, pîwer Biber; jâwe Gabe, jawel
Gabel, ahd. gapala; hâwer Hafer, ahd. habaro, mhd. haber; hauwe
Haube; knâwe Knabe; lawer Leber, lêwer lieber, masc. pos.,
liwer comp. lieber; lauwe Laube, newel Nebel; ôwest Obſt,
obasz, obesz; râwe Rabe, schnâwel Schnabel, tûwe Taube; ewel
übel, vgl. engl. evil, ewer über (engl. over) mit vielen comp.:
newer hinüber ꝛc.

auch nach l wird b zu w erweicht, aber wohl erst infolge
des oben besprochenen hilfsvocals ᵉ, der vorher dazwischen tritt:
häl•we die Halbe, Hälfte, Seite; kel•wer Kälber; pâlwêr Barbier;
in den wörtern älwern albern, verb. ſich albern benehmen;
hêwamme Hebeamme, schwâl•we Schwalbe, schwâwel Schwefel,
können wir jedoch das w als ursprünglich ansehen, da auch das
mhd. hier schon v oder w zeigt (alewaere, heveamme, swalewe,
swêvel). ferner ist diese erweichung regelmässig in der decl.,
compar. und conjug. durch antritt der flexionssilben mit e: jrop
grob, masc. st. jrôwer, jrower mensche grober Menſch; lîp Leib,
in lîwe im Leibe; schtaup Staub, in schtauwe im Staube; trîp
Trieb, Sproß, trîwe Schößlinge; sêp Sieb, met'n sêwe mit dem
Siebe; hêp Hieb, hêwe Hiebe; ich plîwe bleibe, plîwest, plîwet,

bleibſt, bleibt; ebenso: jlaiwe glaube, jrâwe grabe, lёwe liebe,
läwe lebe, lôwe lobe, schrîwe ſchreibe, schûwe ſchiebe, schrûwe
ſchraube, trîwé treibe, vertarwe verberbe, erwarwe erwerbe, schwäwe
ſchwebe und immer in der 2. und 3. sg. praes. sowie im praet.:
jlaiwete glaubte, lёwete liebte, läwete lebte, lôwete lobte, weil e
in der endung vor t erhalten ist. sobald jedoch n in der endung
folgt, so bleibt b oder bildet wenigstens mit ihm jenen oben besprochenen laut b'n, der fast m ist: mё jlaib'n glauben, läb'n
leben, schtarb'n ſterben, lôb'u loben. so auch in andern wörtern:
ôb'nt Abend, ôb'n Dfen, ôb'n oben, trôb'n broben. da aber auch
dies also keine reine media mehr ist, so sehen wir, dass sie
unsere mundart eigentlich gar nicht hat, nie im an- und auslaut,
unvollkommen nur im inlaut. jenes ist rein ahd., dieses scheint
sie durch einfluss des nd. angenommen zu haben. als einzel-
heiten betreffs dieser erscheinungen seien noch hervorgehoben, dass,
obgleich die tenuis durch ihre verdoppelung gewöhnlich vor erweichung geschützt ist (knäppe der Müllerfnappe, knäppe adv.
faum, kåppe Kappe, kuppe Kuppe, lippe Lippe, läppen der Lappen,
schnäppen ſchnappen) doch sogar auch hier schon kriwwe neben
krippe, riwwe und rёwe neben rippe Rippe und duwwelt boppelt
nur mit erweichter form vorkommt. auch doppelte, dem nd. entsprechende media bb ist erweicht in verben wie: jraweln grabbeln,
kraweln, kriweln, frabbeln, friebeln, riweln reiben, raweln ſchnell
ſprechen, wiweln, wuweln ſich lebhaft bewegen und anderen. —
im gegensatz zu dieser erweichung ist in dem einen worte hipsch
hübſch das alte v, f (mhd. höfesch, hövesch) und nhd. b vollständig zur tenuis (wohl durch einfluss des folgenden sch) verhärtet. eine dem got. entsprechende verwandelung der media zu
f vor t zeigt: dû jifst, hê jift bu giebſt, er giebt (vgl. got. gaft
praet. 2. p. sg), offenbar durch nd. einwirkung. ausgestossen
endlich wird b ganz im praes. von hân haben und im praet.
assimiliert hådde = hatte, jehåt gehabt. in wåse ist b im anlaute durch die spirans verdrängt, mhd. base, nhd. Baſe, vielfach
auch Waſe, Tante.

2. die aspirata pf, f unterliegt ebenfalls durchgreifenden
veränderungen. im anlaute nämlich ist hd. pf, mhd. ahd. ph, pf,
überall wie im Thüringischen zu f abgeschliffen: fâffe Pfaffe,

fänne Pfanne, fänt Pfand, färre Pfarre, färt Pferd, fennig
Pfennig, fife Pfeife, fitze Pfütze, fläjen pflegen, fläjen pflügen,
flänze Pflanze, flauch Pflug, fote (auch pôte) Pfote, funt Pfund.
im in- und auslaute dagegen ist sie ebenso regelmässig, dem
nd. entsprechend zu p oder pp geworden *): âppel Apfel, kârpen
Karpfen, kloppen klopfen, knup Knopf, knippen knüpfen, kop Kopf,
krop Kropf, kupper Kupfer, huppen hüpfen, nâp Napf, rump
Rumpf, ruppen rupfen, scheppen schöpfen, schreppen schröpfen,
schtrump Strumpf, schtoppen stopfen, schtump stumpf, schimp
Schimpf, sump Sumpf, schtâmpen stampfen, tâpper tapfer, tämp
Dampf, tempen dämpfen, troppen Tropfen, wippel Wipfel, zippel
Zipfel, zop Zopf, zuppen zupfen, zâppen Zapfen u. s. w. in
krâmpf Krampf und kâmpf Kampf allein scheint die aspirata im
auslaute durch nhd. einfluss zu stehen. die einfache aspirata
im inlaute, besonders zwischen vocalen, wird auch, wie die media
gewöhnlich, in einigen fällen zu w erweicht; die wichtigsten
sind: frawel Frevel, fräweln freveln; hof, dat. hôwe der Hof;
pl. hêwe Ackerhöfe; îwer, îwerig Eifer, eifrig; kâwer Käfer hat
allerdings schon im mhd. und ahd. v: kêvere, chêvaro; schtîf
steif, masc. st. decl. schtîwer, comp. schtîwer; (vor en wird
wieder b gesetzt: acc. sg. masc. schtîb'n); wol•f, gen. wol•wes,
pl. wel•we Wölfe; die zahlwörter: finewe fünf, elewe elf, zwelewe
zwölf; und in pârwes barfuß wird f zu w auch nach r; tëiwel
Teufel; zwiweln zweifeln schwankt; daneben zwîfeln.
    3. die alte, im mhd. im inlaute noch erhaltene, nhd. aber
verschwundene spirans in den wörtern: blau, frau, grau, klaue,
käuen, pfau, trauen (das w ist hier vocalisiert und mit a zu au
geworden), hat sich in unserer mundart gut erhalten, aber (mit
dem bei den spiranten j, h. und w sehr häufigen wechsel unter
einander) als g: plau, masc. plaugger, mhd. blâ, blâwer; fraugge,
vrouwe; jrau, jraugger, grâ, grâwer; klaugge, klâwe; kauggen,
kiuwen, kouwen; fauggenfader, Pfauenfeder, pfâ, pfâwe; trouggen
trauen, trûwen, trouwen; in kêwe die Kühe ist sie rein erhalten, ahd.
chuowî; mhd. küeje; in treje die Treue und neje pl. neue als j;
dagegen in jäl gelb, wo sie nhd. zu b verhärtet ist, fehlt sie

---

*) oder vielmehr, richtiger ausgedrückt, altes p geblieben, d. h. nicht
zu pf, nach der lautverschiebung verschoben.

ganz; jälder, jäle, jälesz gelber, gelbe, gelbes; und gleich dem mhd. bewahrt in: fål'we falb, får'we Farbe, ferb'n färben; jewel'we Gewölbe, ål'wern albern, merwe mürbe, mhd. mürwe; herwe herb, mhd. harwe, herwe; mil'we bie Milbe, sålwai Salbei und schwål'we bie Schwalbe.

fassen wir also die wichtigsten punkte in bezug auf die labialen kurz zusammen, so ergibt sich:

1. die media steht nie im an- und auslaute, sondern dafür die tenuis; im inlaute zwischen vocalen wird sie meistens zur spirans w erweicht. in ganz einzelnen fällen wird sie f, p, oder fällt aus.

2. die aspirata ist im anlaute stets f, nie pf; im auslaute steht noch für pf stets p, im inlaute pp; biswoilen wird f im inlaute zu w.

3. die alte spirans w ist meistens als g (j) erhalten.

---

b) Die gutturales.

Auch bei den kehllauten handelt es sich vorzugsweise wieder um die media, daneben in weniger umfangreichen erscheinungen um die aspirata und spirans. dass die media besonders starken veränderungen unterworfen ist, liegt eben in ihrer beschaffenheit als media, so dass sie je nach den einflüssen ihrer nachbaren, besonders der vocale, und unter diesen wieder am meisten unter dem des i, nach beiden seiten, der tenuis oder aspirata, hingezogen und verändert werden kann. daher die ungemeine verschiedenheit ihrer aussprache und ausweichungen in allen deutschen mundarten und dem nhd., wie sie Gr. Wb. IV, 1106 und 1107—1110 sehr schön behandelt wird.

in unserer mundart ist nun vor allem höchst merkwürdig, dass, während die lippen- und zungenlaute im anlaute nach rein ahd. art nur als tenuis erscheinen, die gutturale media an jener „ausartung der palatalen aussprache" nicht nur teilnimmt (Gr. Wb. IV, 1107, c), sondern ihr vollständig verfallen ist, so dass dieses palatale g, dem j ganz nahe stehend, überall im anlaute erscheint, sei es vor vocalen, besonders dem i mit seiner sippe,

sei es vor consonanten, d. h. natürlich hier nur den liquiden.
diese erscheinung ist nicht bloss im gegensatz zu den labialen
und gutt. auffällig, sondern noch mehr, weil die nächste nach
süden gehende nachbarschaft, Grafschaft Stolberg, goldene Aue
u. s. w. schon die verhärtete aussprache des md. g = k hat.
in diesem laute stellt sich unsere m. also wieder zu dem nd.
am nordrande des Harzes, im östl. Norddeutschland und Magde-
burg., denn im Götting.-Grubenh. nd. ist regelrechte media
(s. Schambach). wie eigentümlich aber die verbreitung der palatalen aussprache ist, zeigt Gr. Wb. IV, 1108 j, wo dieselbe vom
südwesten bis südosten in bestimmten bezirken nachgewiesen wird.

der beispiele für unsere mundart bedarf es nicht, da solche
fortwährend schon da waren und noch kommen und das gesetz
mit der der mundart eigenen consequenz durchgeführt ist. um so
mehr verdienen die wenigen ausnahmen aufgezählt zu werden,
die im nhd. g und hier k im anlaute haben; es sind: käkeln
laut fprechen = gackeln, nd. kakeln, ursprünglich vom schreien
der hühner; daneben: jaksen nnd jakern gadfen und gadfern;
kálösche Galofdie, franz. galoche, aber schon im 15. jahrh.
cloczen; kamäsche Gamafdie, altfr. gamache, bei Goethe auch
Camaschen; kâpen gaffen, mhd. gaffen, engl. to gape; vgl. mhd.
kapfen, ahd. chaphen; klocke Glode, nd. Klocke, fr. cloche, mhd.
glocke, ahd. klocca und glocca; russ. kolokol. klucke Gludhenne,
schon bei Luther mit g statt des eig. hochd. klucke; kucken
guden, auch bei Luther und späteren kucken, aber oberd. gewöhnlich
gucken; nd. kucken. kurke Gurfe, vom pol. ogorek, russ. ogurez,
auch kurre altes fdlechtes Pferd, mhd. gurre, gehört dazu wie
endlich das fremdwort klewe f Erbfdolle, Erbflumpen, lat. gleba.
diese wörter stimmen also teils mit dem nd. wie klocke, kucken,
oder sie haben auch hd. k, besonders die fremden, obgleich
gerade diese sehr häufig die umgekehrte erscheinung bieten,
nämlich g statt k im anlaute zu haben, oder sie haben endlich
wie gucken gerade im oberd. g und hier also entgegensetzt k.

die media im auslaute, die ja auch im nhd. nirgend wie im
engl. rein, sondern entweder als tenuis oder als ch oder palatale
spirans gesprochen wird, lautet nun hier

1. **als tenuis, wie mhd. c, in subst., adject.** und besonders
auch bei den verben: fänk ber Fang; jänk Gang, jesänk Gesang;
länk lang, junk jung, klôuk flug, dermänk zwiſchen, engl. among;
rink Ring; wak adv. weg; bei den adj. bleibt die tenuis sogar
immer: junke lîte junge Leute; kléker comp. flüger; aber jinger
jünger; bei länk wird dadurch eine deutliche unterscheidung
zwischen länk longus und länge diu gewonnen: lenker, lenksten,
longior, lenger, lengesten, diutius, diutissime.

bei särk ber Sarg ist k ursprünglich, erst im nhd. g eingedrungen. bei verben: ich flôuk flog, mhd. vlouc; frunk ranq
von fringen; funk ich fing, hunk hing, läk, lôuk lag, schlôuk
ſchlug, mhd. lac, sluoc; trôuk, truoc; schpruuk ich ſprang, sunk
ich ſang; sogar bei dem anorgan. für d stehenden g tritt dieses
ein: fingen finden, praet. funk ſanb; ferner im imperat.: fänk
fange, lek lege, schprink ſpring, schlok ſchlage, schtik ſteige, sak
ſage, frak frage, träk trage, sofern sie nicht die form mit e
haben.

2. **nach l, r und den weichen vocalen i, e und ä** wird die
media zur palatalen spirans (j oder ch erweicht): är°ch arg,
päl°ch Balg, parch Berg; pl. parje Berge, pel°je Bälge, comp.
arjer ärger; arjer ber Ärger; ſennich Pfennig, kenich König,
krîch Krieg, hunich Honig, schtäch Steg, wäch Weg, zwerich,
zwarich Zwerg; märicht (neben märt) ber Markt, wennig wenig
und alle adj. auf ig haben g = ch in lich; bei letzteren habe
ich stets ig stehen lassen, weil sie auch im nhd. schon meistens
palatal gesprochen wird; dagegen im auslaute nach r habe ich ch
geschrieben, um noch auf den unterschied von j aufmerksam zu
machen, da z. b. im sg. parch ein schwaches palatales ch, im
pl. aber vor e rein j gesprochen wird.

im inlaute wird die media bewahrt nach a, au, o: trägen,
mägen, wägen ber Wagen, pôgen ber Bogen, läge, augge Auge,
laugge Lauge ꝛc., aber nach liquiden und i, e, ä zur spirans j
erweicht, wie unter 2 schon einige beispiele gezeigt haben: jäl°jen
Galgen, päl°jen balgen, arjer Ärger, jäjen gegen, jäjent Gegend,
jäjnär Gegner, jäjer Jäger, aijen eigen, lêjen lügen, petrêjen be=
trügen, säjen Segen, porjen borgen, morjen Morgen, orjel Orgel,
sorje Sorge, fräjen fragen (der umlaut ä weist auf die brechung

in fraihnan hin), manijer mancher, têjen taugen, nd. dögen, têje-
nicht Taugenichts; täjen Degen, wäjelchen ein kleiner Wagen;
wêjen wiegen, wäjen wegen, wäje Wege pl. u. s. w.   auch gg in:
Egge ist so erweicht: êje, verb. êjen eggen, allerdings, wie die
dehnung zeigt, erst nach vorhergehender ausstossung eines g.
sonst wird nhd. gg im inlaute zu ck: flicke flügge, wie mhd.
vlücke, und rocken Roggen (selten für „korn" gesetzt), mhd.
rocke, ahd. rocho.   andrerseits wird g im inlaute in vielen fällen
mit ersatzdehnung ausgestossen: ä'n pl. Abfall von Ähren, Flachs
u. bergl., ahd. aguna, mhd. agene: pejä'n begegnen; frän (neben
fräjen) fragen; kail, kail'n Kegel, kegeln; krîn kriegen, lên liegen
und legen; mât Magd, nâl Nagel, eng. nail; rail Riegel, rail'n
verriegeln; rän Regen; rä'n regnen; sän sagen, praet. säde (höchst
merkwürdig auch bisweilen säre) sagte; jesät gesagt, vgl. mhd.
geseit; schlôn schlagen, schtîn steigen, ufschtîn aufstehen; Schtî
Stiege, Schtîsch Stiegisch; schwêr (Schwieger=) vâter, mutter etc.;
schwîn schweigen; trâkorp Tragkorb; vôl Vogel.   durch eine
höchst merkwürdige metathesis ist g (als j erweicht) erhalten in:
jetradije Getreide, mhd. getregede, getragide, s. Weig. I, 683.

die spirans h, die im auslaute nhd. nicht mehr gehört wird,
hat die mundart als tenuis festgehalten: flôk Floh, mhd. vlôch;
(im pl. flac fällt sie ganz ab, während sie im nhd. vor e wieder
gehört wird); schôuk Schuh, pl. schôu, selten schêke; aber
schêkelchen kleiner Schuh; ich sâk ich sah, mhd. sah; esz jeschâk
es geschah, geschah; ich zôk zog; ebenso im imp. sik sieh, mhd.
sih; jek geh; zik zieh.   im inlaute wird sie dann g (wie mhd.
zogen): mê sâgen, wir sahen, esz jeschâgen es geschahen.

die alte spirans h in der verbindung hs (nhd. chs) wird wie
im nd., hessischen und fränkischen öfter ausgestossen: flâs Flachs,
flessen von Flachs; hesse Fußgelenk, mhd. hehse(Mhd. Wb. 1, 612b),
âsse Achse, mhd. ahse, ahsa; osse Ochs, mhd. ohse, ahd. ohso,
got. auhsa und auhsus; tassel kleines Beil f., mhd. dêhse, dêhsel
(ascia, ascella Graff. 5, 124. Haupts Ztschft. 5, 414), davon
tasseln mit diesem Beil Holz bearbeiten.   wasseln wechseln, mhd.
wêhsel, ahd. wêhsal; wâssen wachsen, wâstôum das Wachstum,
Wuchs, mhd. wahsen, ahd. wahsan.   im übrigen wird sie, wo sie
erhalten ist, zu k: fuks Fuchs, luks Luchs, wuks Wuchs, wikse

Wichſe, wåks das Wachs, weksen mit Wachs beſtreichcn, weksern
wächſern, mhd. weksîn.*)

die aspirata ch, die im nhd. in hoch und nahe im inlaute
zur spirans wird, ist erhalten: hôch, masc. flect : hôcher paum;
comp. hecher, hechste höher, höchſte; nô nahe, comp. nächer,
nächste. in têch m. das Gebeißen, jetejen gebeißen ist sie als
ch und j erhalten. noch verdienen die wenigen fälle erwähnt zu
werden, in denen nach nd. art inlautende aspirata zur tenuis wird ;
horken horchen, schnårken ſchnarchen, schtûken ſtauchcn, aufrichtcn,
tûken tauchen, nd. horken, snorken, stuken, duken; engl. to hark,
to duck.

die tenuis k zeigt keine besonderheiten ; in dem einen fremd-
worte schpittåkel Spettakel, Lärm, wird sie assimiliert wie spettakel im oberen Algäu s. Gr. Wb. V, 3.

den bekannten wechsel von tw - qu zeigen drei wörter:
kwischen, kwuschen zwiſchen, kwatsche Zwetſche, kwisselspêre
Vogelbeere.

die wichtigsten und durchgreifendsten eigentümlichkeiten der
gutturalen sind also die verwandlung der anlautenden media in
die palatale spirans, der inlautenden in die tenuis und spirans.

---

c) Die dentales.

Die eigentümlichkeiten der dentalen lassen sich in folgende
punkte zusammenfassen.
1. die anlautende hd. media, welche got. th entspricht, erscheint regelmässig als tenuis, ausser in den pronominalstämmen.
hierin trifft die ma. genau mit dem dän. und schwed. überein;
es scheint dies eine fortgesetzte lautverschiebung zu sein, die
sehr bemerkenswert ist. es mögen daher die beispiele in mög-
lichster vollständigkeit vorgeführt werden: tâch Dach, ahd. mhd.
dah, dach, schw. tak; tecken decken, ahd. decchan, thekan, mhd.

---

*) ebenso ist alte spirans ganz verloren gegangen in: traen brehen,
mhd. draejen, kraen krähen, kraejen, und waen wehen, waejen; dagegen
wohl bewahrt in jewéje n. das Geweihe, mhd. gewie, gewige.

decken, schwed. täcka; tåks Dachs, ahd. mhd. dahs; tåmp Dampf,
tempen dämpfen, ahd. damph, damf, mhd. dampf, tampf,
schwed. tämpa dämpfen; tånk Dank, jetånke Gedanke, tånken
banken, tenken benken, got. thagks, gathagki, ahd. danch, danc,
mhd. danc, schwed. dän. tack, tak; tê'n bienen, tênst Dienst,
vertênst Verdienst, got. thius Knecht, ahd. thionôn, dionôn, schwed.
tjäna, tjena, dän. tjene bienen; tê'n behnen, got. ufthanjan, ahd.
denjan, thenjan, mhd. denen, schwed. tänja; têp Dieb, got. thiubs,
ahd. diop, diup, thiop, schwed. tjuf, dän. tyv; jetéjen gebeihen,
têch Wachstum, Gedeihen; got. theihan gebeihen, theihs Zeit,
ahd. ka-, kidihan, mhd. gedîhen; terre adj. bürr, subst. f. Dürre,
goth. thaursus bürr, gathaursnan bürr werden, ahd. durri, mhd.
dürre, schwed. torr, dän. tör; tern börren, trocknen; tichte dicht,
bei Luther ticht, dän. tät, engl. tight; ticke dick, ahd. dicchi,
thicki, mhd. dicke, dic, schwed. tjok, dän. tyk; tîd'n deuten,
petîd'n bedeuten, jurechtweisen, ahd. mhd. diuten, schwed. tyda,
dän. tyde; Tîtsch Deutsch, Tîtschlånt Deutschland, ahd. diutisc,
mhd. diutisch, diutsch, schwed. tysk, dän. tydsk; tink, pl. tinge,
tinger das Ding, ahd. dinc, thinc, mhd. dinc, schwed. ting, dän.
ting, thing; tingen bingen, mieten, ahd. dingôn, thingôn; tinne
bünn, engl. thin, ahd. dunni, schwed. tunn, dän. tynd; tîstel
Diftel, engl. thistle, ahd. distula, distil, thistil, mhd. distel,
schwed. tistel, dän. tidsel; tîster büster, bunkel; tisterkait, tisternis,
tîsterigkait Finsternis; alts. thiustri, ags. thystre, theostre, mnd.
dûster, nd. düster, Mathesius tuster; terb'n, ich terf dürfen, ich
barf, turfte burfte; ahd. durfan, mhd. dürfen, schwed. tarfva,
dän. tarve; tonder Donner, tondern bonnern, ahd. donar, thonar,
mhd. doner, duner; dän. hier auch mit media: dunder; torf das
Dorf, got. thaurp, ahd. dorf, thorf; mhd. dorf, dorph; schw. dän.
torf; tôrn Dorn, got. thaurnus, ahd. mhd. dorn, dän. torn; tost
m. Strauß, Büschel von Gras; ahd. dosto, thosto, tosto, schw.
freilich dosta, aber dän. wieder tost; traen brehen, ahd. drâjan,
drâhan, trâhan, schwed. und dän. mit media: dreja, dreje; trak
Dreck, trakig breckig, schmutzig; ahd. drech, mhd. drec; schwed.
träck, dän. träk; trånk der Drang, Trieb, das Gebränge; engl.
throng, dän. trang, schwed. und dän. trängsel; trengen brängen,
schwed. tränga, dän. tränge; traschen breschen, got. thriskan, ahd.

dréscan, thrésgan, mhd. dréschen, auch tröschen, schwed. tröska, dän. tärske; treje brei, tritte ber britte; got. threis, ahd. drî, driu, mhd. drîe, schwed. dän. tre; vertrész'n verbrießen, vertrusz Verbruß; got. usthriutan, ags. threotan, mhd. verdrieszen; trîste adj. und adv. breift, furchtlos, trîstigkait Dreiftigfeit, alts. thrîsti, ags. thrîste, nd. drîste; troggen brohen, ags. threagn, ahd. drawjan, drawan, threwan, mhd. dröuwen, drouwen, drôn; trôt m. ber Draht, ahd. mhd. drât, schwed. trâd, dän. traad; truk ber Druck, ahd. mhd. druc, schwed. tryck, dän. tryk; tricken brücken, ahd. drucchan, thrukan, mhd. drucken, drücken, schwed. trycka, dän. trykke; tû'm m. ber Daumen, ahd. dûmo, mhd. dûme, schwed. tumme, dän. tommelfinger; jetult Gebulb, jetillig gebulbig, sich jetiln Gebulb haben, üben; got. thulan, thulains; tuln leiden, er= tragen, ahd. dultan, thultan, mhd. dulten, dulden; dän. taale, schweiz. dolen und tolen; tunst Dunft, tinsten bünften, ahd. dunist, dunst und tunst; schwed. und dän. mit media: dunst; terch burch, got. thairh, ahd. duruh etc. mhd. durch, dürch.

bei tum bumm, ahd. mhd. tump, Luther thum, tum, und einigen andern wörtern war schon ahd. anlautende tenuis und ist erst im nhd. die media eingetreten; diese zeigen in den nordischen sprachen dann merkwürdiger weise auch die media; dass übrigens ein schwanken des anlautenden d schon im ahd. eintrat, scheinen die nebenformen mit th anzudeuten und in wie zahlreichen fällen sie in früh nhd. zeit erscheint, wird in Gr. Wb. II, 642 belegt, namentlich bieten Seb. Brant und Joh. Fischart viele beispiele. unsere mundart ist nun darin so consequent verfahren, dass selbst die fremdwörter dieser lautregel streng unterliegen, z. b.: tôse bie Dofe, Tôre Dorothea, tukâten Dufaten, tûs bas Dauß im Kartenspiel, tuzent bas Dutzend, tuwelt boppelt ꝛc. — die einzige und um so bemerkenswertere ausnahme bilden die alten pronominalstämme (und auch hierin stimmen das schwed. und dän. wieder überein); von diesen abgesehen ist also die anlautende media in unserer mundart überhaupt nicht möglich. jene pronominalstämme lauten: dār, dê, dâsz, der artikel; diser biefer; dô ba; dân bann; dû bu; nur in den zusammengesetzten und aus dar- verkürzten adv. reisst auch die tenuis ein: trâne baran, trinne barin, trewene brüben, trimme barum, truszene braußen.

2. im auslaute steht wie im mhd. ebenfalls stets die tenuis: pânt Band, punt Bund, pilt Bild, plint blind, jesunt, jrunt Grund, kint, jrât Grab, hânt, hunt, lânt, mât Magd, rât Rad, rânt, runt; sânt, rint; wânt, wilt; schult; pât und pât das Bad u. s. w.

3. die tenuis wird im inlaute nach vocalen und l nicht selten zur media erweicht: pâde Pate; pród'n braten, îdel eitel, bloß; jäd'n jäten, kôlt kalt, masc. fl. kólder kalter; kelder kälter; older das Alter; elder älter, eldern Eltern; mâlder das Malter; mâldern in Maltern aufschichten; rîd'n reiten, aber rîter der Reiter; rôd'n raten, schulder Schulter, eng. shoulder, schpäde spät, od'm Atem; tîd'n deuten, petîd'n bedeuten, zurecht weisen; träd'n treten, pâd'n, wâd'n waten; zît Zeit hat pl. zîten, aber pezîd'n bei Zeiten, adv.; in: zedel Zettel ist wohl ursprüngliche nicht verschobene media erhalten: mhd. zedele, zēdel von schedula. umgekehrt ist in: krîte Kreide nnd nôtel Nadel d zu t verhärtet.

4. oben bei den labialen und liquiden sahen wir, dass die letzteren mit jenen schwer in unserer mundart zu sprechen sind und dies durch einschiebung des hilfsvocals e erleichtert wurde; noch mehr ist dies bei den dentalen der fall; sie erleiden nach einer liquida, besonders n und l noch stärkere veränderungen, nämlich entweder werden d und t assimiliert, resp. ausgestossen oder gar in einen guttural nach n verwandelt.

a) die assimilation ist ganz gewöhnlich nach l: in falle im Felde, met jalle mit Geld, von jolle von Gold; malln melden, molle Mulde; ne olle fraugge eine alte Frau; salln selten; schille Schelte, Strafrede; schilln schelten; sê schulln sie schalten; schulln Schulden; schpelln spalten; willesz plôut wildes Blut (unruhiger, leidenschaftlicher Mensch); wille jungens wilde Jungen; oft wird der schwierigkeit auch durch ausstossung mit ersatzdehnung abgeholfen: pôle balb, hôl'n halten, kôlesz waszer kaltes Wasser; kôle jôre kalte Jahre. noch häufiger ist assimilation nach n, besonders in der decl. (dat. sg. und nom. pl.): ân pânne am Bande; punne, pl. von punt, Bündel, Garben; hunne Hunde, in lânne im flachen Lande (im Gegensatz zum Harz); ân rânne am Rande, am Ende; ze rânne kom mit etwas zustanbe kommen; uî'n runn plätze auf einem runben Platze; in sânne im Sande;

met schimp und schånne mit Schimpf und Schande; schånne die Schande; sich ze schånne måchen sich durch Überanstrengung Schaden thun; in schtånne innstande; schtunne die Stunde; wunne die Wunde; verwun' verwunden, un und; auch in der conjug.: ich kunne ich konnte, kinne könnte; sê schtun sie standen, ich schtinne stünde. folgen jedoch el, er, so erhält der t-laut an l und r (e ist stumm) wieder eine stützc und bleibt: håndel, wåndel; pender Bänder, lender Länder, render Ränder, runder runder, masc. sg.; hier differiert die mundart vom Thüring. Henneberg. Ruhl. (vgl. Fromm. Jahrbb. 2, s. 46, 47, 501). — nach m gibt es nur selten d: de frem' die Fremden; in der fremme (neben fremde) in der Fremde; hemme das Hembe; nach r fällt d aus in: åre Erde; ern irden, fåre Pferde, met'n fåre mit einem Pferde; år'n ernten; wår'n werden; ich wåre ich werde; sî wårrn sie wurden. (ganz fällt t ab in: nich nicht und is ist).

b) andrerseits geht d, seltener t nach n in den guttural über (im inlaute g, im auslaute k); über diesen lautvorgang s. Gr. Wb. VII, 3; Fromm Jhbb. 3, 126 und 127; Schmeller Gr. 441. beispiele: penger Bänder, pingen binden, punt band, sê pungen banden; plinger, e, esz blind; plingeschlink Blindschleiche; enge Enden, engen enden; fingen, praet. funk finden; henge Hände; kinger Kinder, kingeskinger Enkelkinder; lenge Lende; linge Linde, jelinge gelind; ringer Rinder; schingen schinden; ånschingen verführen, aufreizen; verschwingen verschwinden, verschwengen verschwenden, schwinge geschwind; wenge Wände, wengen wenden, wingen winden; adverb.: hingene hinten, hinger hinter, unger unter, ungene unten, trungene drunten; nunger hinunter, runger herunter, pinger unterhalb (bî-unter), metunger bisweilen. über diese lauterscheinung im Thüring. Ruhl. Engl. und ihre mögliche bedeutung für die herkunft der Angeln siehe Regel, R. Md. s. 76 f. und über das dort auch besprochene part. praes. auf ing für unsere mundart unten bei der conjug. unter participium.

5. über s ist besonders hervorzuheben, dass, wie man aus vielen beispielen schon ersehen haben wird, der bekannte vorgang der verbreiterung des s im anlaute, der mit sc vor e, ê, ei u. i begann, mit sca, scr, sco schon im ahd. fortgesetzte, später sl,

sm, sn und sw ergriff (s. Weig. II, 533 und 534) und jetzt in
Ober- und Mitteldeutschland auch schon sp und st beherrscht,
auch in unserer mundart für letztere beiden anlaute vollständig
durchgedrungen ist, weshalb ich auch überall schp und scht geschrieben habe. jedoch ist auch in den in- und auslaut dieses
sch für s mannigfach eingedrungen: aerschte erſte, perschte Bürſte,
ewerschte oberſte; ferschte vorderſte; forscht Forſt; ferschter
Förſter; jerschte, jarschte Gerſte; järschtig garſtig; torscht Durſt,
ôwerscht Oberſt, worscht Wurſt. in der conjug. 2. p. sg. praes.
und praet.: dû haerscht gehorchſt, werscht wirſt, hôrscht hörteſt,
wârscht wareſt, wârscht wurdeſt. im auslaute: haisch heiſer,
môsch Moos, muscus, vgl. Kirſche, Hirſch, Barſch, Bars
unb heiſer bei Gr. Wb. IV, 1563, 897 und Weig. die betr.
stellen.

6. in betreff der aspiraten z und sz verdient hervorgehoben
zu werden, dass in: jâtze Gaſſe, got. gatvô, ahd. gasza, mhd.
gasze, im ganzen verbum sitzen ſitzen, (also sitze, sâtz, sâtzen,
jesatzen) und in schtrûz ber Strauß (mhd. wahrscheinlich strûsz)
die schärfere aspirata z für die weichere steht und umgekehrt
die weichere für die härtere in: schnôsze bie Schnauze, mhd.
(vermutlich) snûsze, nd. snûte. — im verbum lôszen laſſen, mhd.
lâszen wird sz ausgestossen in: hê let er läßt, jî lôt ihr laſſet,
imp. lôt laſſet (mhd. lât, lât). als einzelheit sei schliesslich
noch bemerkt, dass das romanische scharfe s im anlaut leicht zu
z wird, z. b. zâlât Salat, zâltäte Solbat.

Zweiter teil: die flexion.

1. Über das substantivum.

Die declination des substantivums bietet verhältnismässig wenig besonderes. die einzelnen dabei eintretenden lautvorgänge, wie assimilation (lånt, in lånne im Lanbe, falt Felb, uf'n falle auf bem Felbe, hunt pl. hunne bie Hunbe), übergang der dentalen in gutturale (kint, dat. kinge, pl. kinger; hånt pl. henge), umlaut, verkürzung und verlängerung (hus, dat. hûse, pl. hiser Häufer; hôun Hufn, pl. hinder, prät Brett, pl. pretter; plåt Blatt, pl. pletter), der wechsel von tenuis, media und aspirata und spirans je nach in- und auslaut (tink Ding, pl. tinge, tinger, jesånk, met jesånge mit Gefang, pl. jesenge; sårk Sarg, in sårke und sårje, pl. sarje; tåch Tag, pl. tåge; schlåch Schlag, pl. schlêje, parch Berg, pl. parje), einschiebung von d zwischen liquiden (mån Mann, pl. mender, horn, pl. hernder, tål Thal, pl. tälder) und anderes ist schon genügend in der lautlehre an den betreffenden stellen ausgeführt. es erübrigt nur, folgende punkte noch hervorzuheben:

1. der genitiv ist im ganzen wenig beliebt, wird gern vermieden oder umschrieben, besonders durch die bekannte zusammenstellung des dativs mit dem possessivum (min' våter sîn hus, meines Baters Haus, s. dazu Fromm. Jahrbb. I, 124), die man oft aus den mundarten in unvollkommenes hd. übertragen hört. nur in zusammensetzungen, festen formeln und etwas feierlicher sprache wird der genitiv noch gebraucht.

2. da beim artikel, pronomen und adjectiv durch abschleifung des m zu n der dativ fast ganz verloren ist, so verdient für die declin. des subst. das starke bestreben unserer mund., die form

des dativs in der st. decl. streng festzuhalten und deutlich hervortreten zu lassen, um so mehr hervorgehoben zu werden. dies
bestreben ist so stark, dass das e des dativs sogar nach liqu.,
wo es doch schon im mhd. nicht steht, gesetzt wird: in håndele
im Handel, uf'n angere auf bem Anger, ån ånkere am Anker,
met'n maszere mit bem Meſſer, pî schlachten wattere bei ſchlechtem
Wetter. nur in formelhaften und adverbiellen wendungen wird
es höchstens ausgelassen: pi wint un watter bei Winb unb Wetter,
in hånbel uu wånbel im Verkehr. auch im nom. pl. wird die
endung e immer genau festgehalten, während andere mundarten,
wie das Ruhlaische (s. Regel, s. 86) es oft abwerfen und die
declination mehr und mehr abschleifen.

3. die st. und sw. declination ist im übrigen wie im nhd.
die vielen reste sw. decl. fem. g., welche sonst wohl in dialekten,
im Thüring. Fränk. Bair., noch stark hervortreten, finden sich
nicht mehr, wohl aber schon am südrande des Harzes, z. b. ån
der mitzen an ber Müße; vgl. hierüber Fromm. Jahrbb. III, 123.
Schmell. Gr. 847 ff. das im nd. gebräuchliche s des pl. nom. und acc. (siehe
Weigand II, 509 und 510) ist auch hier, namentlich bei bestimmten subst. eingedrungen: de jungens bie Knaben, måchons
Mäbchen, frauggens Frauen, nach r sogar als sch: våtersch bie
Väter, acker, ackersch und åckersch bie Äcker, sogar bisweilen
kingersch für kinger Kinber, besonders in der anrede an erwachsene
= lieben Leute; am regelmässigsten ist die pluralbildung mit s
beim deminutivum auf chen durchgeführt. (schtikchens, prówe-
chens, paimechens, rederchens, Stückchen, Brieſchen, Bäumchen,
Räbchen rc.). so unorganisch diese bildung auch ist, so ist doch
andrerseits nicht zu läugnen, dass sie dem bedürfnis deutlicher
bezeichnung des pl., namentlich bei solchen subst., die dem sg.
ganz gleich lauten würden, leicht abhilft, und diesem scheint sie
mir ihre sich mehrende ausbreitung zu danken.

4. der rätselhafte ausdruck des nachgesetzten zahlwortes mit
vorhergehender endung er am subst. zur bezeichnung der an-
nähernden zahl ist wie in vielen dialekten gebräuchlich: 'n schticker
vaere ungefähr 4; 'n jörer finewe ungefähr 5 Jahr, 'n mölder
sakse ungefähr 6 Mal, 'n tåger treje gegen 3 Tage. siehe darüber

Fromm II, 355, wo Stertzing in einem artikel über die Neu-
brunner mundart (bei Meiningen) über diesen ausdruck handelt,
ferner Schneller I, 91 und III, 613. sollte der schwierige ausdruck sich vielleicht so erklären lassen, dass man annimmt, das
zahlwort sei als subst. gedacht (wir können doch noch jetzt auch
im nhd. eine Drei, Bier, Fünf u. s. w. sagen) und daher der
artikel vor dem ganzen ausdrucke, die endung er aber als reine
paragoge fasst (s. Gr. Wb. III, 693), die, ursprünglich nur an
neutra gehängt, vielleicht mit collectivischem sinn, später immer
mehr als flexionsendung des neutr. (und im nhd. auch masc.)
pl. gefühlt wurde, in dieser wendung aber eben, noch rein para-
gogisch, einem gen. pl. an bedeutung gleichkommend, an das
subst. angehängt wird? das letztere ist gewöhnlich eben neutrum,
jôr Jahr, môl Mal, schticke Stück, und nur durch analogie
scheinen auch andere wie Tag, Woche, die endung in diesem
ausdrucke erst angenommeu zu haben. bei der weiten verbreitung
des merkwürdigen ausdrucks verdient er jedenfalls beachtet und
aufgeklärt zu werden.

5. was einen etwaigen genuswechsel bei den subst. anlangt,
wie ihn oft mundarten zeigen, (s. Regel 84 ff.), so verdient hier
besonders nur das auch von Regel angeführte prill m. die Brille
(gemäss seiner abstammung von beryllus, s. Gr. Wb. II, 382;
Weig. I, 268) erwähnt zu werden. prille als fem. kommt durch
das nhd. in der mundart erst neben prill m. in gebrauch. auch
dåsz sächen = Zeug, Stoff, schlechtes verächtliches Zeug, Ware ꝛc.
ist ganz gebräuchlich. siehe dazu auch Schmeller Wb. II, 210
und 211.

2. Zum adjectivum.

1. Das adj. hat das m des dativs überall wie im nd. zu n
abgeschliffen und daher dat. und acc. gleich. im übrigen behält
es stets seine volle endung (vgl. Regel, s. 93), nur im neutr.
fällt wie im nhd. bisweilen dieselbe weg: klain jalt kleines Geld,
schlacht watter schlechtes Wetter, 'n tir verjnêjen ein teures Ver-
gnügen ꝛc.

dass meistens das dem ahd. i, mhd. e entsprechende e erhalten ist, wurde oben unter e s. 13 f. schon gesagt und daher sind sie im prädicativen gebrauche (ârme arm, fine fein, ticke bic, tinne bünn, jrêne grün, kêle füßl, klaine flein, rîche reich, schaene schön, schwinge schnell, schpäde spät, wârme warm) nicht etwa irrtümlich als adverbia zu fassen.

2. in der comparation ist eigentümlich die verkürzung des vocals im comp. und superl. bei manchen adject.: prait breit, pretter, pretste; jrôsz groß, jretter,*) jretste (also hier auch nd. t); hôch, hecher, hechste; klain, flein, klender, klenste; schaene schön, schender, schenste; wit weit, witter, witste. wisz weiß hat schon im posit., wie nd. wit, verkürzt. stammt diese verkürzung aus dem nd.? Schambach führt sie für grôt, hôch, klein, schöaene ebenfalls an. — das adject. vêle viel pl. und neutr. sg. compariert: maer, mehr, sup. maerschte und maiste; de maerschten, maisten die meisten.

3. Das pronomon.

1. Das ungeschlechtige pronomen lautet:
   ich, mine, mich; mê, me; (unser), uns;
   dû, dine, dich; jî, (ûrer), uch.
   das geschlechtige:
   hê, he; êne, ne, 'n; sê, se; êr; sê, se; ësz, 'sz, ne, 'n;
   ësz. gen. sîne, s'n. pl. sê, se; ûrer, er, 'r; ne, 'n; sê, se.

jî ihr, und hê hat die mundart also mit dem nd. gemein, vgl. Gr. W. III, 680 zu Er, und IV 2, 2049 und 2050 zu Ihr; die soweit verbreitete form des pl. mit m, mê = wir, glaubt Regel s. 95 auf einen anderen stamm zurückführen zu müssen, aber nach Gr. Wb. VI, 1359 beruht sie auf einem auch sonst vorkommenden tausche des m mit w; für unser mê, me hätten wir also noch apocope des r zu constatieren. die gen. pl., die in paranthese gesetzt sind, kommen höchst selten vor. die genitive sg. mine, dîne, sîne mit ihrem e scheinen mir alt zu sein,

---

*) der comp. jretter in nd. lautform scheint jedoch vor der hd. jreszer im verschwinden begriffen zu sein; als superl. erscheint nur: jretste.

vgl. got. meina, theina, seina; oder sollte das e nur unorganische
verlängerung sein, da sonst ahd., mhd. formen mit e nicht vorkommen? wohl aber ist zu vgl. engl. mine. ist in der sehr gebräuchlichen form: esz haert mîne, dîne, sîne e8 gehört mir, bir,
ihm, der genitiv verbunden mit haeren gehören, wie fein mit dem
genitiv steht, oder ist es als possess. (nhd. e8 ift mein ꝛc.) zu
nehmen? bemerkenswert ist der gen. sg. sîne (mhd. sîn) in der
abgekürzten form s'ne, s'n, der aber fast nur noch in der wendung:
ich häs'ne (s'n) sät ich bin der Sache überdrüffig, vorkommt.
vgl. Fromm. III, 476 ff. und Regel s. 97.

der dativ mir und dir fehlt gänzlich und wird stets durch
die accusative mich, dich ersetzt. auch im geschlecht. pron. weiss
man nicht, ob êne abgeschliffene form des dativs (ahd. imu) oder
acc. ist, da sie für beide casus gilt. nur êr ihr ist deutlicher
dativ, da acc. sê, si daneben steht. auch der dat. pl. ist als
en, 'n in der alten unverlängerten form, ahd. im, in, mhd. in, erhalten. uch euch hat das alte iu zu u verkürzt. der gen. pl.
êr, er,' r, (in ganz nachdrücklicher form wie im nhd. zu êrer ver-
längert) ist sehr gebräuchlich zum ausdruck des partitiven ver-
hältnisses; gewöhnlich wird die tonlose form er.'r enklitisch an
das vorhergehende wort angelehnt: esz sinter hundert, e8 find
(ihrer, beren, bavon) hundert; he beter treje er hat beren brei
(Söhne unb bergl.) = franz. en. oft steht es auch im prägnanten
sinne, ein leicht, weil oft vorkommendes, zu ergänzendes subst.
z. b. schläge ausdrückend: hö kraiker jenunk er befam Schläge
genug; hest er'n jekrain? haft du Schläge befommen?

durch die öfter vorkommende verschmelzung mit auf t-laut
endigenden formen oder solchen, die auf n auslauten, wo dann
nach der früheren regel ein d eingeschoben wird, scheint die form
der für er entstanden zu sein, z. b. ich hâ der zwaije, j'en ai
deux; dieselbe kann jedoch auch als gen. pl. des artikels als
demonstr. aufgefasst werden, der sie in form und bedeutung
gleich ist. durch die starke abschwächung aber und das herab-
sinken zu annähernder unverständlichkeit der form er, 'r erklärt
sich der öftere pleonastische gebrauch von der êrer, z. b. ich hâ
der êrer plôsz, zwaije ich habe nur zwei, worin also êrer noch
einmal der deutlichkeit wegen hinzugesetzt ist. was endlich die

doppelformen mô, me, wir, hê, he, e er, sê, se, 's fic, ëne, ne,'n
ihm, ihn u. s. w. betrifft, so hängt deren gebrauch immer von
dem grad der emphase der jedesmaligen wendung ab, in ganz
unbetonter enklitischer anlehnung verschmelzen die personal-
pronominalformen überhaupt fast immer ganz mit dem verbum,
conjunctionen und andern wörtern, so dass der nicht eingeweihte
sie gar nicht erkennt, z. b. womme = wollen wir, witte willſt du,
wille will er, wilse will fie u. s. w. dazu kommt noch, dass
meistens das eigentümliche fragewort an,'n (worüber im idiotikon)
darauf folgt und ebenfalls mit der verbalform verschmilzt, z. b.
womman wollen wir denn, wittan willſt du denn, willan, wilsan,
willen, wilsen will er denn u. a.

2. das pronomen possess. heisst: mîn, dîn, sin, ér, sin,
unser, ûr, ér; flect.: minder, dinder, sinder, ërer, unser, ûrer, ërer;
fem. mîne, dine, sîne, ëre; unse, ûre, ëre; neutr. mînsz, dînsz,
sinsz; unsesz, ûresz, ërsz oder ërseh. zu bemerken ist nur, dass
unser im fem. immer das r abwirft, im neutr. bisweilen: unse
wêse unſre Wieſe; unse hus unſer Haus. das flectierte possess.
ist natürlich substantivisch. das verlängerte substantivische
mînije u. s. w. ist gewöhnlich nur im neutr. gebräuchlich: dâsz
mînije, dînije, sînije, bisweilen auch mit unorganischem t: mînigte etc.

3. die demonstrativa:
   a) diser, dise, disz; dat. disen, diser; acc. disen, dise, disz;
      pl. dise, dat. disen.   dieses pronomen hat die kürze
      überall bewahrt.
   b) jender, jenne jener, jeue; für das neutr. kommt bisweilen
      jent vor. dat. und acc. jen', jender; pl. (selten): jenne,
      dat. jen'.
   c) am gebräuchlichsten sowohl demonstrativ als determinativ
      ist der artikel mit betonung und verlängerung des vocals:
      dār, dê, dâsz; dat. dän, dâr, dan; acc. dan, dê, dâsz; pl.
dê; dat. dän.   als demonstr. wird es meistens verstärkt durch dö
da.   der artikel dagegen hat ganz tonlose und abgeschliffene
formen:
      der, dr; de; dsz, sz; dat. d'n, d'r; acc. d'n, dsz, sz; pl. de, d'n.
   als relativum dient nie welcher, sondern ausschliesslich auch
dār, dê, dâsz.

als determinativum ist wie nhd. noch gebräuchlich: dersal•we, desal•we, dâszal•we und fast noch beliebter das verlängerte: dersalwije, desalwije, dâszalwije. sal•wer und sal•west = nhd. ſelbſt.

4. das interrogativum: wâr, wâsz, dat. und acc. wân, wâsz ist zugleich das gewöhnlichste indefinitum = aliquis, τις und generelles relativum.

weker, weke, weksz neben wel•ker, wel•ke, wel•kesz ist subst. und adject. interrogativum. wâsz fer ainder, gewöhnlich abgekürzt wâsz fern, wâsz ferne wie nhd. was für einer u. s. w.

5. hinsichtlich der indefinita ist hervorzuheben:

me man, sehr oft enklitisch verschmelzend mit dem vorhergehenden worte: wamme elder wert wenn man älter wird; seine casus obl. werden durch den unbestimmten artikel ausgedrückt, wie auch schon der nominativ ainder = man steht. auch bairisch lautet es me s. Schmeller Wb. I, 1600. ſolch heisst immer sân, contrahiert aus sâ ain ſo einer, fem. sâne, dat. und accus. sân', pl. sâne; für den letzteren auch gern sâ wecke = ſo welche, also ganz entsprechend dem „solche" (sô welîh), nur uncontrahiert. kainder, kaine, kainsz keiner ist auch substantivisch und vertritt stets niemand, welches nicht vorhanden ist. nichts ist stets „nischt".

6. die adverbien: imeste (veraltend auch imete), îweste. iweste sind noch zu bemerken. sie bedeuten irgendwie, irgend, quoquo modo, quocunque modo und gehören zu mhd. iemand, iemet, ētewasz, (das letztere in vielen oberdeutschen mundarten „abbes" irgend etwas lautend). in unserer mundart werden sie nur noch als superlativische adv. gefühlt, deren form sie ja auch angenommen haben. ebenso ist ichtens, jichtens = irgendwie ein adverb, das auf mhd. icht, iht zurückgeht. zu 5 und 6 vgl. Regel, R. Mdt. s. 99.

4. Die numeralien.

Die zahlwörter, von denen nichts wesentliches zu sagen ist, lauten: aine, zwaije, treje, faere, tin•we, sakse, sewone, ächte, nîne, zane, el•we, zwelewe, trizane, ferzäne, fufzane, seb'nzane, ächzane, ninzane, zwänzig, treiszig, ferzig, fufzig, sachzig, seb'nzig (semzig), ächzig, ninzig, hundert, tousent.

an der form ist also bemerkenswert, dass bis 12 das e als altes pluralzeichen erhalten ist, nîne sich in nin - zāne, -zig verkürzt, fuf - zane, -zig das n ausstösst wie äch - zane, -zig das t.

die bei dem zählen für ainder, aine, ainsz gebräuchliche form aine scheint das alte adverb, ahd. eino, mhd. eine zu sein; sie wird auch gebraucht in der stundenangabe: imme aine um 1 uhr.

die dativformen auf en, n, sind nach präpos. fast bei allen cardinalien möglich; ebenso plurale von hundert und tousent auf e.

die ordinalien: aerschte, zwaite, tritte, faerte, finefte, sakste, semte, seb'nte, ächte, nînte, zante, elfte, zwelfte, zwänzigste u. s. w. haben nichts bemerkenswertes.

5. Das verbum.

a) Das starke verbum.

Das st. v. ist vollständig erhalten und zeigt neben manchem mit dem mhd. gemeinsamen nicht wenig eigenartiges; wo unorganische abweichungen in den vocalen eingetreten ist, bleibt doch immer noch die unserer mundart eigene, meistens durch analogiebildung bewirkte scharfe gesetzmässigkeit. ich will die einzelnen klassen nach mhd. ordnung und zugleich so vorführen, dass nach angabe der verba und ihrer hauptformen eine erklärung jeder klasse folgt.

1". Ablautende klasse.

	praes.	sg. praet.	pl. praet.	part. praet.
got.	i	a	u	u
ahd.	i	a	u	u
mhd.	i	a	u	u und o.

inf. praes.	sg. pr.	pl. pr.	pa.t. pr.	sg. imp. pl.	
1. pingen, (pänk)	punk,	pungen, (pängen)	jepungen;	pink, pinge	pinget binden.
2. tringen	tränk (trunk)	trängen (trungen)	jetrungen	triuk tringe	tringet bringen.
3. fingen	funk	fungen	jefungen	finge	finget finden.
4. jillu (jält)	jult	jullu	jejulln	verjillo	verjilt gelten, vergelten.
5. hal•fen (hâl•f)	hul•f	hul•fen	jehul•fen	hil•f	hal•ft helfen.
6. klingen (klänk)	klunk	klungen	jeklungen	klinge	klinget klingen, tr. läuten.
7. jelingen (jelänk)	jelunk	jelungen	jelungen		gelingen.
8. mal•ken	mul•k	mul•ken	jemul•ken	mil•k,	mal•kt melken.
9. kwiln	kwult	kwuln	jekwuln		quellen.
10. schilln	schult	schullu	jeschulln	schille,	schilt schelten.

in derselben weise bilden ihre stammformen noch: schingen
1. = schinden; 2. anreizen, antreiben, mhd. schünden sw. v., ist
offenbar durch die äussere gleichheit mit schingen st. geworden;
schlingen schlingen, schmalzen schmelzen, schpin spinnen, schpringen
springen, schtinken stinken, schwilln schwelln, schwellen, praet.
schwult; schwim schwimmen, praet. schwump; schwingen schwinden
praet. schwänt, schwunt; schwingen schwingen, praet. schwunk.
singen, sinken, sin' sinnen, trinken, wingen winden, winken winken.
wiuken ist st. und sw., ersteres offenbar nur durch analogie;
jewin' gewinnen, fringen ausringen, ags. wringan, engl. to wring;
zwingen zwingen. dagegen haben folgende 6: parjen bergen,
schtarb'n sterben, vertarb'n verderben, warb'n werben, warfen
(selten gebraucht, gewöhnlich schmiszen, aber verwarfen verwerfen
ist gebräuchlich), und wär'n werden, im praet. sowohl sg. als pl.
à (selten u) und im part. praet. o.

diese erste abl. klasse ist die reichste und regelmässigste;
die meisten ihrer verba, die in der wurzelsilbe l oder n haben
hinter dem vocal, lassen das u des praet. pl. durch analogie
auch im sg. eintreten, während bekanntlich im nhd. umgekehrt
das a des sg. das u des pl. verdrängt hat. bei einigen verben

kommt im sg. noch die form mit â vor, aber gewöhnlich als die
seltenere. das partic. praes. hat altes u bewahrt. dieses ist
dagegen regelmässig zu o gebrochen bei dem kleineren teil der
klasse, welche r hinter dem wurzelvocal hat; diese haben im
praet. wie im nhd. sg. und pl. â, selten wie die ersten u in
beiden formen.

die verba: jilln gelten, kwilln quellen, schilln ſchelten, schwilln
ſchwellen haben im ganzen praes. keine brechung. — kwilln,
schpin, schwilln, sin ſinnen, und jewin gewinnen lassen im praet.
unorganisches t oft antreten: kwult, schpunt, pesunt, schwult,
jewunt, und schwim' p: schwump. — das eigentlich zu dieser
klasse gehörige verbum pefâl'n befehlen hat doppelformen: pefult
und pefôul, pefuln und pefôul'n, part. pefoln; es schwankt also
in die a-klasse hinüber.

2ᵃ. klasse.

got.	i	a	ê	u
ahd.	ē, i	a	â	o
nhd.	i	a	â	o.

prachen, prâch prâchen jeprochen prich pracht brechen.
traschen trâsch trâschen jetroschen trisch trascht dreſchen.
diesen gleich gehen: kom kommen, nä'm nehmen, schprachen
ſprechen, verschrecken erſchrecken, schtachen ſtechen, traffen treffen.
die 8 verba dieser klasse haben dem nhd. gleich das â des pl.
in den sg. eindringen lassen (oder durch den ton gedehnt). im
praes. 2. und 3. sg. tritt das ursprüngliche i rein hervor: nimest,
nimet; auch kimest, kimet kommſt, kommt; ebenso im imp. sg.
prich, nim, (nimp daneben), trif u. s. w.; nur kum komm hat u;
ich kâmp, kam, nâmp nahm, nimp nimm, schwemmen unorganisches p an.

jêrn gähren, schaer'n, schêr'n ſcheeren, fachten fechten, haben
sich ganz dem nhd. angeglichen: jôr, jôr'n, jejôr'n, schôr, schôr'n,
jeschôr'n; focht, fochten, jefochten. schtâl'n ſtehlen hat: schtôul,
schtôul'n, jeschtoln; also nur part. praet. echt bewahrt, das
praet. ist zur a-klasse übergetreten. vom nhd. bern ist nur
jepôrn geboren übrig.

3ᵉ. klasse.

got.	i	a	ê	i
ahd.	i (ê)	a	â	ê
mhd.	i (ê)	a	â	ê
aszen	âsz	âszen	jejaszen	eſſen
läsen	lâs	läsen	jeläsen	leſen
schticken	schtâk	schtâken	jeschtacken	ſtecken.

ebenso: pid'n bitten, jän geben, verjaszen vergeſſen, lên liegen, maszen meſſen, jeschên geſcheben, sên ſeben, sitzen und trad'n treten. diese klasse hat ebenfalls wie im nhd. den sg. praet. â annehmen lassen. jän, jeschên, sên elidieren den consonanten, lên und sên im ganzen praes. 2. und 3. p. sg. praes. und imp. behält i regelrecht und kurz: sist, sit ſiebſt, ſiebt, esz jeschit geſchiebt, list bu, er lieſt; jifst, jift gibſt, gibt, sik ſiebe, lik lieg. lâk ich lag, sâk ſab, jeschâk haben den ursprünglichen consonanten h resp. g als tenuis im auslaut, sâgen ſaben, jeschâgen als media im inlaut. in bezug auf die dehnung im praes. und part. praet. stimmen sie mit dem nhd.

schticken intr. ſtecken hat wie ein vorauszusetzendes ahd. stëhhan starke form, während ahd. und mhd. nur abgeleitete sw. verba haben. die ursprünglich zu dieser klasse gehörigen: jäd'n jäten, knäd'n kneten, fläjen pflegen, wab'n weben, pewäjen bewegen, sind wie im nhd. sw. geworden.

4ᵉ. klasse.

got.	a	ô	ô	a.
ahd. mhd.	a	uo	uo	a.
päcke	pôuk	pôuken	jepäcken
fâr'n	fôur	fôur'n	jefârn.

so geben auch: jrâb'n, hêb'n haben, lâd'n laben, mâl'n mablen, schäffen ſchaffen, schlôn ſchlagen, schwêrn ſchwören, trâgen, wâschen, wâssen wachsen, wêjen wiegen, frajen und sieben aus der reduplicierenden klasse hierher übergetretene verben: plôsen blaſen, haiszen beißen, hauggen bauen, hôl'n balten, lôszen laſſen, schlôfen ſchlafen und

schtôszen ſtoßen. schtaeu ſtehen hat: schtunt, schtun', jeschtaen;
imp.: schtek, schtaet. die verben dieser klasse gehen sehr regelmässig. uo ist nach der lautregel ôu geworden, die dehnungen
im praes. und part. entsprechen dem nhd., nur lâd'n und schlôn
erhalten die kürze im praes. 2. und 3. p. sg.: lätst, lät, schlest,
schlet labeſt, labet, ſchlägſt, ſchlägt; auch schlok imp. ſchlage.
der umlaut in der 2. und 3. p. sg. praes. tritt regelrecht ein
ausser bei lâd'n, mâl'n und schäffen. bereichert ist diese klasse
durch den hinzutritt von wêjeu aus der 3. kl., die 7 reduplicierenden verba, die angeführt wurden und fräjen frogen, das
auch im nhd. ſchwanft: fragte und frug. die eigentlich reduplicierenden haben natürlich im part. praet. ihren entsprechenden
vocal: jeplôsen, jehaiszen, jehauggen (praet. hôup, auch sw. hauggete),
jeschlôfen u. s. w.

—————

5". klasse.

got.	ei	ai	i	i
ahd. mhd.	î	ei	i	i
pîszen	pesz	peszen	jepeszen	beißen,
jrîfen	jref	jreffen	jejreffen	greifen,
plib'n	plep	pleb'n	jepleb'n	bleiben,
lîd'n	let	ledden	jeledden	leiden.

so bilden:
mid'n meiben, penid'n beneiben, lifen pfeifen, rîb'n reiben, rîd'n
reiten, rîszen reißen, schî'n ſcheinen, schrîb'n ſchreiben, schrîd'n,
schrêd'n ſchreiten, schlichen ſchleichen, schlîfen ſchleifen, schmiszen
werfen, schtrîchen ſtreichen, schtrid'n ſtreiten, schwîn ſchweigen,
trîb'n treiben, wichen weichen; ferner ist hierzu getreten das
eigentlich redupl. verb schîd'n ſcheiben, und das sonst mhd. nhd.
sw. verbum: wîsen weiſen. diese umfangreichste von allen
klassen hat das i des pl. praet. und part. praet. überall euz
gebrochen und dieses e hat sich dann auch des sg. praet. ganz
bemächtigt; vielleicht ist es hier auch verkürzung eines aus ei
verdichteten ê. so ist bei diesen verben eine derartige gleich-
machende vereinfachung eingetreten, dass sie das alte i nur im
praes. bewahren, in allen drei andern stammformen e haben.
eigentümlich ist noch, dass bei violen im imper. das î gekürzt

wird, daneben steht immer eine form mit e, die wie im nhd.
aus der sw. conjugat. eingedrungen ist. so haben: lit **leibe,**
leibet, mit meibe, meibet; penit **beneide, (-t),** rip **reibe, rit reite,**
(-t), schrit, schret **ſchreite,** (-t), schlik **ſchleiche,** schtrit **ſtreite,** (-t),
schrip **ſchreibe,** schwik **ſchweige** (daneben schwî; pl. stets schwît
ſchweiget), trip treib, wik **weiche.** die kürzung des î in der sonst
richtig ohne e gebildeten form scheint durch die kraft der be-
fehlenden (deshalb möglichst kurzen) form bewirkt zu sein.

zu dieser klasse sind aber ferner getreten: krîschen, kresch,
kreschen u. s. f. **kreiſchen** und jlîchen, jlech, jlechen, verjlîchen,
gleichen, vergleichen, und dazu gehören endlich noch krîn **kriegen,**
bekommen, schrejen **weinen (ſchreien),** und schtîn **ſteigen,** letzteres
als ursprünglich hierher gehöriges. diese 3 verba sind nun aber
dadurch interessant, dass sie im praet. sg. das ai erhalten und
dann auch in die beiden andern formen übertragen haben:

schtîn,	schtaik,	schtaijen,	jeschtain;	imp. schtik,	schît.
krin,	kraik,	kraijen,	jekrain;	„ krik,	krît.
schrejen,	schraik,	schraijen,	jeschrain;	„ schreje,	schrejet.

6ᵉ. klasse.

got.	iu	au	u	u.
ahd.	iu	ou (ô)	u	o.
mhd.	iu (û)	ou (ô)	u	o.

diese klasse zeigt ebenfalls eine grosse regelmässigkeit, zerfällt
aber in zwei abteilungen; die eine hat nämlich die kürze (u. zwar
zu o gebrochen) des pl. praet. auch in den sg. übernommen, die
andere hat umgekehrt die zu ô verdichtete länge des sg. auch
iu den pl. übertragen und auch das o des partic. gedehnt, so
dass im ganzen praet. ô, in jener o ist. zur ersten abteilung
gehören:

klûb'n klop, kloh'n, jeklob'n **klauben,** mhd. klieben, **ſpalten.**

krûchen, kroch, krochen, jekrochen **kriechen.** ebenso ferner:

rûchen **riechen,** schnûb'n **ſchnauben,** schrûb'n **ſchrauben,** schûb'n
ſchieben, ſuffen ſaufen; diese haben das ahd. iu zu û im praes.
verdichtet wie mhd. **sûgen** und **sûfen.** alle anderen dagegen

haben ê aus gebrochenem ie: pêd'n bieten, flêszen fließen, jêszen
gießen, vertrêszen verbrießen, schlêszen ſchließen, schêszen ſchießen.

die zweite abteilung, wie

pêjen, pôk, pôgen, jepôgen oder flêjen, flôk, flôgen, jeflôgen
biegen und fliegen, ablautend, bilden folgende: frêrn frieren,
lêjen lügen, verlêr'n verlieren, pitrêjen betrügen, zên ziehen.
im ganzen weichen also beide arten. abgesehen von einigen dehnungen in der ersten, vom nhd. nicht ab. auch hier zeigt sich
wieder verkürzung des vocals im imperat.: klup klaube, ruk rieche,
schrup ſchraube, schup ſchiebe, pit biete, bietet; pik biege, flik
fliege, lik lüge, petrik betrüge, daneben allerdings immer die
formen mit langem vocal und e; zên ziehen hat: zik, zêt. die
mit û im inf. lauten im praes. 2. und 3 sg. um zu î: dû krîebst,
hê krîcht, schîwest, schîwet, sifst, sift etc. die mit ê behalten
dasselbe überall, nur pêd'n verkürzt: pitst bieteſt, pit er bietet,
jî pit ihr bietet. noch ist hinzuzufügen, dass zwei redupl. verba
hierher übergetreten sind, laufen, lof, loffen, jeloffen und rôufen
rufen, rof, roffen, jeroffen, also auch im participium. die im mhd.
auf w endigenden: kauggen kauen, ploggen hinwerfen, mhd.
bliuwe, proggen brauen, perêjen bereuen sind wie im nhd. in die
sw. conjug. übergegangen.

7ᵃ. oder reduplicierende klasse.

Die hierher gehörigen verba haben sich als eigne klasse in
unserer mundart nicht erhalten, sondern sind alle in andere abl.
klassen übergetreten, nämlich 7 in die 4ᵃ, 1 in die 5ᵃ, 2 in die 6ᵃ
und 4 in die 1ᵃ. letztere sind: fângen, funk (selten fink) fungen,
jefângen (gefânget), fangen; fâlln fallen: fult, fuln, jefâln; jaen
gehen: junk, jungen, jejaen; imp. jek, jaet; hengen, hunk, hungen
und hângen, jehângen. die übrigen sind bei den betreffenden
klassen schon angeführt. nur die meistens bewahrte gleichheit
des vocals im praes. und partic. praet. verrät noch die alte ab-
lautart. im übrigen haben sie im praes. den richtigen umlaut:
fengest, fenget; felst, felt; helst, helt; plêst, blâſeſt, blâſt; schlaefst,

schlaeft; schtèszt ſtößeſt, ſtößt; laifst, laift läufft, läuft; rêfst, rêft, rufft, ruft; lôszen verkürzt: leszt läſſeſt, let er läßt. im imp. hat letzteres losz, lôt, mhd. lâsz, lât. hôl'n halten hat: holt, hôlt halte, haltet. jek geh hat das h entweder unorganisch nach analogie vieler anderer imperative angesetzt oder dies ist ein rest des alten stammes: gang. fângen und hauggen haben st. und sw. form neben einander, prôd'n braten, rôd'n raten sind nur sw.

~~~~~~~~~~

b) Die schwache conjugation.

Diese hat drei hervorstechende eigentümlichkeiten; nämlich in grossem umfange bewahrten rückumlaut, als e zahlreich erhaltenen themavocal der alten 3 klassen der sw. conj. (i, ê, ô im got.) und regelmässige verkürzung des praet. und partic. praet. der auf t-laut endigenden stämme, berührt sich also hier sehr stark mit dem mhd. sw. v. (vgl. dazu K. A. Hahn, Mittelhochdeutsche Grammatik § 114—136).

1. rückumlaut haben:

pren' brennen, prânte, jeprânt; ken' kennen, kânte, jekânt; nen' nennen, nânte, jenânt; recken reichen, râkte, jerâkt; ren' rennen, rânte, jerânt; scheln ſchälen, schälte, jeschâlt; schenken ſchenken, schânkte, jeschânkt; sen' ſenden, sânte, jesânt; schtrecken ſtrecken, schtrâkte, jeschtrâkt; tecken becken, tâkte, jetâkt; tren' trennen, trânte, jetrânt; wengen wenden, wânte, jewânt; zeln zählen, zülte, jezält; setzen, sâtzte, jesâtzt; schteln ſtellen, schtälte, jeschtält; schmecken, schmâkte, jeschmâkt; kêr'n kehren, kârte, jekârt; haer'n hören, hôrte, jehôrt; schtaer'n ſtören, schtârte, jeschtârt.
tricken brücken, trukte, jetrukt; ferchten fürchten, furchte, jefurcht; fêr'n führen, fôrte, jefôurt; hêd'n hüten, hutte, jehut. lîd'n läuten, lutte, jelut; rêr'n rühren, rôurte, jerôurt. schpêr'n ſpüren, schpôurte, jeschpôurt; auch: schpêrte, jeschpêrt; ricken rücken, rukte, jerukt; sched'n ſchütten, schotte, jeschot; sêohen ſuchen, sôuchte, jesôucht; erwischen, erwuschte, erwuscht.

2. das alte e, also die endung ete, bleibt immer nach g bei mengen: mengete, jemenget; eugen euden, hengen hängen tr., hauggen hauen, kauggen kauen, längen holen, mauggen miauen, schtrauggen streuen, trouggen drohen und trauen und andern verben; nach j, mag es ursprüngliches oder aus g erweicht sein: paijen biegen, plêjen blühen, mhd. blüeje; mäjen mähen, mhd. maejen; naedijen einladen (nötigen), praet. naédijete; rèjen regen, trêjen trockenen, bewäjen bewegen; nach m: sich jrä'm sich grämen, la'm lähmen, lâm' ein Lamm werfen, zermal'm zermalmen, mal'm stäuben; kwâl'm qualmen, verkwim verkommen durch Kälte u. dgl. (vgl. mhd. quînen), sich bekwä'm sich bequemen, verstehen; rè'm rühmen, sich schä'm sich schämen, sich schtem' sich stemmen, vertâm' verdammen, tem' dämmen, hemmen, wem' heben; za'm, zê'm zähmen und andern; nach w, das aus b erweicht ist: erb'n erben, erwete, jeerwet; ferb'n färben, jerb'n gärben, jlaib'n glauben, läb'n leben, lêb'n lieben, lôb'n loben, schtaib'n stäuben, schtrab'n streben, schwab'n schweben, sêb'n sieben, petrêb'n betrüben; tôb'n toben; wäb'n weben. nach jedem andern consonanten als g, j, m und w (b) aber darf nicht e stehen, sondern endigt das praet. auf te, part. praet. auf t.

3. geht der stamm aber auf d oder t aus, so tritt regelmässig wie im mhd. zusammenziehung der t-laute und häufig zugleich in folge dessen vocalverkürzung ein; so haben: ächten achten, ächte, jeächt; päd'n, pätte, jepät 1. baden, 2. waten; plôud'n bluten, plutte, jeplut: prôd'n braten, protte, jeprot; ar'n ernten, ar'nte, jear'nt; ertuln, erdulden, ertulte, ertult; jrind'n gründen, jrinte, jejrint; hêd'n hüten, hutte, jehut; herten härten, herte, jehert; klaid'n kleiden, klette, jeklet; kosten, koste, jekost kosten; läd'n, latte, jelat laden; lîd'n läuten, lutte, jelut; mêd'n mieten, mitte, jemit; rêd'n reden, rette, jeret; retten retten, rette, jeret; rôd'n roden, rotte, jerot; schâd'n, schatte, jeschät; tâsten tasten, tâste, jetâst; trêsten trösten, trêste, jetrêst; wetten wetten, wette, jewet; wôrt'n worte, jewort warten.

c) Die unregelmässige conjugation.

1. Das verbum sîn ſein hat folgende formen:

praes. pin, pist, is; sint, sît, sint; conjunct. nicht gebräuchlich. imp.: sik, sît. pract. wâr wârscht; wâr'n, wârt; conjunct. waere, waerscht; waern, waert. partic. praet. jewast, also sw. gebildet. der imp. sik ſei hat unorganisches k durch analogie anderer imperative auf k wie: sik ſiẽe, lek lcg, schtek ſteẽe, jek geẽ, schtik ſteige und andere.

2. hân ẽaben, mhd. haben, hân: praes. hâ, hest, het (umlaut und verkürzung); pl. hân, hât; pract. hädde, häddest; hâd'n. hât; conj. hedde, heddest; hed'n, het; part. praet. jehät; imp. hâ, hât. im praet. ind. und conj. kommt auch wie im nd. bisweilen sehr auffällig die form mit r statt d vor: härre ẽatte, herre ẽätte.

3. tôun tẽun, mhd. tuon: praes tôu, tist, tit; tôun, tôut; imp. tuk, tôut. praet. tât, tâtst; tâd'n, tâdet; conj. taede, taedest; taed'n, taedet; part. jetôn. 2. und 3. p. sg. praes. tist, tit haben umlaut und verkürzung, tuk tẽu unorganisches k.

4. die praeteritopraesentia:

a) terf, terfst; terb'n terſt; praet. turfte; conj. tirfte; part. jeturft; inf. terb'n bürſen.

b) ken' ſönnen: kân, kânst; ken', kent; praet. kunne, kunst; pl. kun', kunt. conj. kinne; part. jekunt. im praet. wird also t assimiliert oder ausgestossen.

c) misen müſſen: musz, muszt; misen, miszt; praet. muszte, conj. miszte; part. jemuszt. das verbum hat stets wie im nhd. kurzen vocal und s statt sz in misen.

d) méjen mögen: mâch, mâchst; méjen, méjet; praet. mochte, conj. mechte. part. jemocht. die media wird vor consonanten zur aspirata, vor vocalen zur spirans.

e) seln ſollen: sâl, sätt; seln, selt; praet. selle, sett; selten, selt; conj. selle; partic. jesält. die formen mit e sind umlaut; lt wird meistens ll.

f) wiszen twiſſen: weisz, weiszt; wiszen, wiszt; praet. wuszte; conj. wiszte; part. jewuszt. dieses verbum stimmt ganz mit dem nhd. überein.

g) woln wollen: wil, witt: woln, wolt; praet. wolle, wot: wolten, wolt; part. jewolt. It wird assimiliert ausser in: mê wolten wir wollten; höchst merkwürdig ist die form: dû wot du wolltest, wie es scheint mit der ganz alten endung t.

h) têjen taugen: têje, têjest, têjet; têjen, têjet; praet. tochte; conj. techte; part. jetocht. im praes. ist umlaut (mhd. tügen) und debuung; 2. und 3. heissen auch: techst, techt; g wird vor t zur aspirata; tochte = mhd. tohte.

i) jin' gönnen: praes. jinne; jinst, jint; jin', jint. praet. junte, conj. jinte. part. jejun und jejunt; imp. jinne, jint; conj. praes. jinne. dieses verbum allein hat einen conj. praes., die übrigen gebrauchen denselben nie.

5. die nasalierten stämme prengen bringen, tenken denken und tinken dünken:

prenge, prächte, jeprächt; conj. praet. prachte; imp. prenk, prenget. tenke, tächte, jetächt; „ „ tachte; „ tenke, tenkt. esz ticht mich es däucht mich; esz tichte mich es däuchte. part. jeticht.

---

d) Bemerkungen zur conjugation.

1. was die endungen anbetrifft, so ist folgendes hervorzuheben:

a) die verba, welche den auslautenden consonanten der stammsilbe elidieren, haben nicht e in der 1. p. sg. praes.: ich jä ich gebe, krî bekomme, lê liege, lege, sa sage, schlô schlage, sê sehe, schwî schweige, zê ziehe; auch frä frage neben ich fraje; bei: ich jae gehe, hâ habe, schtae steh, tôu thue ist n abgeworfen; mhd. ich gân, hân, stân, tuon, so dass sie auch keine personendung mehr haben.

b) in der 2. und 3. p. sg. und 2. p. pl. wird das e der endungen, est, et streng festgehalten nach g, j, m und w (wie oben bei dem praet. der sw. v.), aber nach allen übrigen consonanten und den vocalen nur st, t gesetzt.

c) st wird nach zischlauten (s, sch, sz. z) zu t vereinfacht:
dû list du lieſeſt, wîst zeigſt, trischt briſdjeſt, haiszt
heißeſt, verlezt verleheſt ꝛc. nach r wird st immer zu
scht: dû ferscht färſt, haerscht hörſt, wârscht wareſt,
warscht wirſt, wârscht du wurdeſt ꝛc.

d) t in der 3. p. sg. und 2. p. pl. wird mit stammaus-
lautendem d und t zusammengezogen wie im mbd: hê,
jî âcht er ad)tct, ihr ad)tct; hê jî plut er, ihr blutet;
hê, jî hit er, ihr hütet; klet kleidet ꝛc.

e) dass e der endung en im inf. und pl. 1. und 3. p. wird
fast gar nicht gehört, am meisten noch vor den gutturalen, wenig nach b, d, l und r, nach m und n tritt
vereinfachung ein: mê kom wir kommen, sê kom, inf.
kom; sê pesin sich ſie beſinnen ſid); sê schpin ſie
ſpinnen.

2. die übrigen organischen veränderungen bei der conjugation
gehen regelrecht vor sich, nämlich

a) der umlaut in der 2. und 3. p. sg. praes. der verba mit
â, â, ô, au, ôu, u in der stammsilbe, z. b. ich fälle, dû
felst, hê felt; ich fâre, ſahre, fêrscht, fêrt; ich plôse
blaſe, plêst, plêst; laufe, laifst, laift; rôufe rufe, rêfst,
rêſt; schlôfe ſd)laſe, schlaefst, schlaeft;

b) die brechung im inf., pl. praes. und pl. imper. z. b.
häl•ſen helſen, mê hal•fen, jî hal•ſt, sê hal•fen, hal•ſt;
dazu ist auch wie im nhd. die 1. p. sg. getreten, die im
mhd. noch richtig ohne brechung ist: ich hilfe, gibe,
nim etc., aber hier: ich hal•fe, ja, name etc. nur nach
ll lässt die mundart (wie mhd. nach m und n mit folg.
conson.) nie brechung zu: ich jille gelte, kwilln quellen,
schilln ſd)clten, schwilln ſd)wellen.

c) in der 2. und 3. sg. der 3 ersten ablautenden klassen
tritt das i richtig und sogar immer als erhaltene kürze
hervor, wenn das verbum auch sonst den stammvocal
dehnt: näme, nimest, nimet, nehme ꝛc.; läse, list, list
leſe; sê ſehe, sist, sit du ſiehſt, er ſieht; ich jä gebe,
jifst, jift; träde, tritst, trit trete, tritſt; ebenso im imp.

sg.: prich bridj, jip gib, hil•f hilf, nim, schprich, isz, verjisz, lis ließ, sik sielje, trit u. s. w., wo ja auch das nhd. im ganzen noch kurzes i bewahrt, obgleich schon viele falsche formen auftreten.

3. als der mundart ganz eigene besonderheit ist noch einmal hervorzuheben, dass die 2. und 3. p. sg. und 2. p. pl. der stämme auf d und t die langen vocale î, ô, â, ôu, ai und ê gern verkürzen: lîde, litst, lit idj leibe, bu leibest, er, ihr leibet; rôde rate, rotst rätst, rot rät (ohne umlaut, weil es sw. geworden ist); schâde schabe, schâtst schabest, schät schabet; plôude blute, plutst, bluteft, plut blutet; kluide kleibe, kletst kleibeft, klet kleibet; rêde rebe, retst rebest, ret rebet; mêde miete, mitst mieteft. dass dies auch mit besonderer vorliebe im imp. geschieht, wurde schon bei den einzelnen ablautenden klassen bemerkt. so unorganisch diese verkürzung ist, so verleiht sie der conjug. doch eine gewisse mannigfaltigkeit und eigenart.

4. der conjunctiv ist eigentlich nur im praet. erhalten, von dem des praesens, der ja auch im nhd. durch seinen mangel an deutlichkeit mehr zurücktritt, findet sich kaum eine spur in einigen wendungen. der alte optativ aber oder conj. praet. ist namentlich in indirekter rede sehr beliebt und wird, wo es angeht, bei den einzelnen klassen mit dem üblichen umlaut gebildet. in der 1. klasse allerdings, dessen u im pl. praet. wir doch oben sehr gut bewahrt sahen, erscheinen nur wenige noch mit dem richtigen umlaute i = ü, sondern die meisten nach nhd. weise mit a = ä: jille. = gölte, mil•ke mölke; aber fange fände, pange bände, schprange schpränge, sange sänge, sanne sänne ꝛc.

besonders beliebt ist er in der 2. und 3. klasse wegen seiner durch ae hervorstechenden deutlichkeit: praeche, kaeme, aesze, laese, traefe, saetze etc. die a-klasse lautet ôu zu ê um (mhd. üe): fêre führe, jrôwe grübe, ´ schêfe schiife, schlêje schlüge, wêsche wüsche; schtinne stünde, weil es verkürzt. die iu-klasse hat e für o, ê für ô: kreche fröchje, pette böte, vertresze verbrösse, flêje flöge, frêre fröre, lêje löge, zêje zöge.

die î-klasse behält mangels des umlauts natürlich den vocal. des praet: plewe bliebe, redde ritte, schenne schiene, kraije bekäme, die conj. praet. der redupl. klasse sind dadurch recht merkwürdig dass sie nicht etwa den umlaut des vocals derjenigen klasse haben, zu der die ind. praet. übergetreten sind, sondern den aus ie (ahd. ia, io) enstandenen laut i oder ê: finge er finge, fille fiele, jinge ginge, hêsze hieße u. s. f. auch in der sw. conjug. ist der conj. praet. recht gebräuchlich, da er bei den vielen rückumlautenten formen mittels des umlauts der deutlichkeit nicht entbehrt. so wird das â zu a oder e: nante, nente er würde, fönnte nennen; trante, trente von tren' trennen, takte, tekte becfte, hêrte er hörte, hitte hütete, conj. von hutte er hütete, indic. wo kein conjunctiv mit umlaut gebildet werden kann, werden wie im nhd. die hilfsverba des modus können, sollen, werden, mögen u. s. w. zur umschreibung zur hilfe genommen.

5. der infinitiv mit der endung en, n zeigt nichts abweichendes; nie hört man z. b. die in der südlichen nachbarschaft schon übliche form desselben mit ge, die Regel für das Ruhlaische constatirt, und die im ganzen Thüring. gebräuchlich zu sein scheint bei den hifszeitwörtern können und mögen. dagegegen finden sich in einzelnen, aber auch mehr und mehr verschwindenden wendungen wohl noch einige spuren des alten flectierten inf. (ahd. anne, enne, dativ besonders nach der präpos. zu), z. b.: me krît dich jô jâr nich maer ze sêne, man befommt bich ja nicht mehr zu fehn (sehenne); hest'n nischt ze tôune? haft bu nichts zu thun? und vielleicht einige andere derartige wendungen; gewöhnlich aber steht auch hier schon die einfache form des infinitivs auf n.

6. das participium praes. gebraucht unsere mundart fast gar nicht; beispiele wie: dâsz larnt me schpêl'nt baß lernt man fpielenb, stammen wohl nur aus dem nhd. dagegen ist noch eine anzahl von participien praes. auf ing in einer sonderbaren erweiterten adjectiv- oder adverbbildung auf ig erhalten, die sehr verdient beleuchtet zu werden. wir sahen oben in der lautlehre, dass d und t nach n in die gutturalis übergehen können und führten zahlreiche beispiele dazu an. ganz in der art dieses, wie Regel s. 76 ihn nennt, „echt thüringischen lautvorgangs" ist das engl. partic. praes. auf ing entstanden; ags. ende, halbs. ende, inde, wird in der jüngeren handschrift des Lajamon schon öfters zu inge, mengl. ynge, neuengl. ing. s.

Regel. s. 76 und 77; C. Friedrich Koch, Historische Grammatik der Englischen Sprache I, s. 342, § 61. dem entsprechen die thüring. adverbia auf ing: rídening im Reiten, gêning im Gehen etc., ebenso im Henneberg. formen auf ning, enstellt zu nig im Schles., Nordböhm. und Ungr. in unserer mundart nun werden diese adverbiell gebrauchten partic. auf ing noch durch die endung ig verstärkt, offenbar um der nicht mehr ganz verstandenen form deutlichen adjectivischen oder adverbialen charakter zu verleihen. die häufigsten bildungen der art sind: schwîmelingig schwindelnd, von schwîmeln schwindelig sein; traeningig in drehendem Schwindel taumelnd, von traen drehen, läweningig lebend, von läb'n leben; schtaeningig stehend, auch wohl noch schtaenink; lêningig liegend, plôudeningig blutend; schrejeningig weinend, schwäb'ningig schwebend, lâcheningig lachend. sie bezeichnen also meistens einen zustand des äusseren sich gehabens oder gebärdens und stehen adverbiell - participial; mehr als adjective werden gebraucht: pàsseningig passend, gut sitzend von kleidungsstücken, baumaterial etc., fingeningig findig. einige beispiele: hê is jânz schwîmelingig ihm ist ganz schwindelig; plôudeningig kâm'e haime er kam blutend nach Hause. ihre seltene bildung lässt solche formen natürlich leicht in abgang kommen, so dass sie mehr und mehr verschwinden.

7. hinsichtlich der zusammengesetzten formen, die im ganzen mit nhd. übereinstimmen, will ich nicht unerwähnt lassen, dass das perf. und plusquf. pass. nur mit sîn zusammengesetzt wird, nie das partic. worden dazu gesetzt sich findet.

Dritter teil:
Einiges zur wortbildung.

Viel eigenartiges kann man von einer auf ein kleines gebiet
beschränkten mundart hinsichtlich der wortbildung wohl kaum
erwarten, und auch das vorhandene wird ihr meistens nicht allein
als rein individuelles eigentum angehören, sondern mit dem
grösseren zweige oder dialekte, dem sie als einzelnes reis ent-
sprossen ist, gemeinsam sein; oft allerdings finden einzelne erscheinungen lautlicher art oder wortbildungen ein merkwürdig zusammen-
treffendes widerspiel auch in ganz entfernten, weit abliegenden
sprachstämmen und mundarten und dienen dann nicht selten zu
wechselseitiger beleuchtung und erklärung. um so mehr ist es
bei darstellung specieller mundarten erwünscht und geboten, eigen-
artige bildungen, die das individuum im gegensatze zur species
und gattung charakterisieren, sorgfältig zu beachten und zu
sammeln. bei der eigentümlichen stellung der hier behandelten
mundart an der äussersten grenze des mitteldeutschen zum niederdeutschen machen wir nun wieder wie in der lautlehre die be-
obachtung, dass auch in der wortbildung dieselbe erscheinungen nach
beiden seiten der grösseren gebiete hin aufweist. das bemerkens-
werteste stelle ich in folgenden punkten zusammen.

1. a. von substantivbildungen männlichen geschlechts sind
auffällig einige, sonst seltener vorkommende wörter der art, wie
sie Regel s. 80,2ᵇ für das Ruhlaische angibt, nämlich aus dem
blossen stamm gebildete, endunglose starke verbalmasculina wie: der
têch bas Gebeihen, bie Wachstumskraft, vom verbum mhd. dîhen,
ahd. dîhan, got. theihan, das als simplex selten vorkommt; um
so auffälliger ist auch dieses einfache subst., das gewöhnlich nur
in negativen wendungen vorkommt, z. b. dê flänze het kain' têch

die Pflanze will nicht recht gedeihen. ferner **trâsch** von traschen, dreschen, mhd. drëschen, ahd. drëscan; es bedeutet wirkungsvollen, vernichtenden Schlag, Stoß, Einfluß durch äußere Gewalt, Wetter, Unglück u. dgl. — mehr die einzelne handlung wie Regels beispiele bedeutet: **pel•k** der Völk, Schrei, das Aufschreien, vgl. Weig. I, 247 das verbum bölken, nndl. bulken.

viel zahlreicher sind dann subst. masc. gen. auf s, wie nhd. **Klaps**, **Mucks** u. a. dahin gehören: **jrips** Griff, von jrîfen greifen; pin jripse krîn heisst jemand faſſen, ergreifen. **kläps** der Klaps, Schlag; knâks Bruch, Stoß von knâken knacken, vgl. kniks und der Knack bei Weig. I, 963. **knups** leichter Stoß, Anstoß, vgl. Knipp, Knips, knipsen, Weig. I, 971. **herks** kräftiger Stoß, Schlag; dazu kenne ich keinen stamm oder entsprechendes verbum.*) **muks** Laut, einzeln und schwach hervorgestoßen, vgl. Weig. II, 141 ff. mucksen, muck, mucken, mucksen. **schups**, zu schûben, schieben gehörig, Anstoß zum Fortschieben; Weig. II, 645, schub, schübeln, schuben und 650 schupf, schupfen. **schtups** kurzer Stoß, Anprall; gehört es zu ſtieben? wohl besser zu Stupf, mhd. stüpfen, ahd. stuph, s. Weig. II, 849, Stupf, ſtupfen. **wups** Schwung, Sprung, auch als interj. gebraucht; zu Wippe, wippen, wipps, Weig. II, 1125. **schläps** (zu Schlappe, schlappen Weig. II, 582) ist esbenso gebildet, bedeutet aber einen grossen, ungeschlachten menschen, hund und dgl. **knirps** ist auch nhd., daneben wie in der Wetterau knurps, Weig. II, 971.

b) von femininen sind bemerkenswert die von verben und superl. abgeleiteten abstracta auf e: **mâche**, ain' in der mâche hân, jem. in ſeiner Gewalt, Behandlung haben; **lûre** die Lauer, **sôuche** die Suche, das Suchen, **aerschte** Anfang, in der aerschte anfangs, letzte Ende, in der letzte zuletzt u. a.; s. Regel s. 80 und 81 c.

c) ausserordentlich gebräuchlich ist das suffix **schen**, nicht bloss für die standesappellativa (vgl. Regel 82, g) wie: de schnêderschen Frau des Schneibers, milderschen Frau des Müllers, packerschen des Bäckers, schmêschen des Schmieds, kânterschen des Cantors, pâstêrschen des Paſtors, forstmaisterschen des

---

*) allenfalls zu vgl. wäre engl. to jerk schlagen, schleubern, altengl. girk a rod, Ed. Müller, Etymol. Wörterb. d. engl. Sp. 1, 540.

Forſtmeiſters Frau u. ſ. w., sondern auch für andere bezeichnungen, z. b. ne Tâterschen eine Zigeunerin, mîne ölsche meine Frau, Alte, sagt der mann von seiner frau, vgl. Schambach s. 8 âlsche; besonders aber dient sie dazu, von jedem beliebigen familiennamen das femin. zu bilden, wie im russ. dies regelmässig geschieht (endung aja), z. b. de Witzelschen Witzels Frau, Schillingeschen, Schillings Frau; ebenso wird dies auf beinamen ausgedehnt; (vgl. die noch im vorigen jahrh. gebräuchliche femininbildung der eigenamen auf in, z. b. die Karschin, die bekannte dichterin und andere). die endung ist natürlich hervorgegangen aus der adjectivendung isc, fem. isca, altn. iska (Gr. Gr. 2, 374), wozu auch mensch, ahd. menisco als masc. gehört, nd. âlsche entspricht mhd. altisc.

d) nd. bildungen ke scheinen mir die höchst merkwürdigen feminina zu sein: wänzke Wanze, wôrzke Warze, verruca; rûtschke bie Sumpfbinſe, scirpus palustris, nd. risch und rusche, engl. rush, ml. riscus und ruscus, s. Weig. II, 479 der Riſch, und 506 der Ruſch, Schambach s. 173 rische, ristje, Schmeller Wb. II, 155 und 156 unter Alb- Rauſch. zu allen diesen finde ich aber nirgends gleiche formen auf ke. noch unerklärlicher ist mir: ôraikske Ohrwurm; ist es etwa eine zusammensetzung von „Ohreidechse?“

e) von neutralen bildungen hebe ich hervor die auf els, welches der endung sel zu entsprechen scheint: schrâpels Zuſammengeſchraptes, zu schrâpen fratzen, ſchaben, ſcharren (Weig. II, 637); zuppels Charpie, Gezupftes von zuppen, nhd. zupfen, zupfeln, Weig. II, 1198. bei mârks aber, das Mark, mhd. marc, ahd. marac, engl. marrow (s. Weig. II, 32) ist mir das s unerklärlich. schrıb'ns das Schreiben, Brief, Reſcript, ist vielleicht ein part. praet. = Geſchriebenes.

2. von den adjectiven sind ausser den bekannten auf ig, lich, sam, haft etc. besonders beliebt die auf sch = isch, ahd. isco, mhd. isg, (s. C. Fried. Koch, Deutsche Grammatik, 6. aufl. von Dr. Eugen Wilhelm, s. 70, § 98.) z. b. jichtsch gichtiſch, mit der Gicht behaftet; ticksch tücfiſch, hinterliſtig, obſtinat; jrifsch gern zugreifend, hungrig; jlîpsch, jlûpsch,

unzart, grob, boshaft, s. Weig. I, 713 zu glupen, glupſch.
mukseh trotzend, ſchmollend zu muken; mufsch muffiſch,
ärgerlich, zu muffen, (Weig. II, 145 muffen: das Maul hängen,
murren, brummen). auch viele fremdwörter werden damit gebildet: pârwârsch barbariſch, ſehr; schtâtsch ſein geputzt,
geziert, prächtig; profîtsch gewinnſüchtig, betrügeriſch; polîtsch
klug, ſchlau, verſchmitzt.

3. die deminutivbildung findet immer mit chen statt, nach
g (j) und ch mit elchen (jingelchen kleiner Knabe, tingelchen
kleines Ding, lechelchen kl. Loch, pôchelchen Büchlein, wäjelchen
Wäglein); es verdient aber hervorgehoben zu werden, dass der
vocal i vor chen, der in der alten sprache immer festgehalten
wurde (s. Gr. W. II, 614), vielfach noch als e vorhanden ist:
sênechen Söhnchen, mîlechen Mäulchen, Kuß, kingechen Kindchen,
tannichen Tännchen, paimechen Bäumchen, schpêlechen Spielchen,
lamechen Lämmchen, kalwechen Kälbchen, kêwechen kl. Kuh,
hingechen Hündchen und viele andere. dass auch die adverbia
vielfach diminuiert werden, ist wie bei den meisten mundarten
nicht auffallend (s. Gr. Wb. 616 und 617, 6), z. b. schtillechen,
ſtill; sâchtchen ſachte, lîsechen leiſe, trâllechen eifrig, ſchnell
(zu drall Weig. I, 388) und besonders natürlich in der
kindersprache üblich. überhaupt ist die diminutivbildung viel
ausgedehnter und beliebter als in der hd. schriftsprache, da diese
nicht so ungezwungen und natürlich wie die volkssprache das
ganze denken und empfinden des volks in seiner natürlichkeit
wiederspiegelt. bei der auch höchst beliebten verkleinerung der
kosenamen, namentlich der weiblichen, wird selbst für erwachsene
die diminutivform angewandt, um zärtlichkeit und freundlichkeit
auszudrücken.

4. mehr als eine curiosität sind noch bei den substantiven
die sonderbaren bildungen auf ânte zu verzeichnen, die fast immer
sich auf die äussere lebensweise beziehen und einen tadelnden
sinn haben, z. b. pumelânte Bummler, Müßiggänger; schwimelânte
unordentlicher, wüſt lebender Geſelle, hâselânte unſicherer Menſch
zweifelhafter Beſchäftigung; sie scheinen durch fremdwörter mit
der romanischen participialendung ante hervorgerufen zu sein, wie
z. b. mûsekânte Muſikant, kumêdiante Komödiant u. a.

5. hinsichtlich der praefixe ist hervorzuheben, dass statt er gewöhnlicher ver gebraucht wird wie verzeln erzählen, versaifen erſäufen, verschrecken, tr. und refl., erſchređen, verfrêr'n erfrieren, versuffen intr. ertrinken, und dass die adverbien hin und her zu blossem n und r verkürzt sind in verbindung mit den adverbien (s. Regel s. 79, 1, b, Ruhl. än.): nin ḥinein, rin ḥerein, nûsz ḥinauš, rûsz ḥerauš, nuf ḥinauf, ruf ḥerauf, nunger ḥinunter, runger ḥerunter und so auch in zusammensetzung mit verben: ninjaen ḥineingeḥen, rinprengen ḥereinbringen, nufklattern ḥinauf= flettern, rungerschpringen ḥerunterſpringen, rûszschmîszen ḥerauš= werfen; in stärkerer betonung werden jene und andere adverbien mit der-, dr, tr (mhd. dar) verbunden: dernäb'n baneben, der-hinger baḥinter, truffe barauf, trinne barin, trunger brunter, trimme barum.

6. über die sehr gewöhnliche inclination der personalpro-nomina in allen casus und die daraus erwachsende starke zu-sammenziehung mit den verbalformen und frageadverbien ist schon unter den pron. das nötige gesagt; dasselbe gilt vom be-stimmten und unbestimmten artikel in verbindung mit den prä-positionen, deren formen fast immer zu einem blossen n und r zusammenschmelzen. auch die sonst in den mundarten vor-kommenden starken verkürzungen und zusammenziehungen ein-zelner wörter und wendungen sind hier gewöhnlich wie: nâpper Nachbar, hantschen Ḥanbſchuḥ, pârwes barfuß, mî lätâch meine Ŀebenštage, ällmîläte wäḥrenb meineš ganzen Ŀebenš; vgl. auch Regel, s. 83, 4 und 5.

7. zum schlusse will ich besonders herausheben die mit eln, ern, sen, zen oder schen gebildeten verben, weil sie in der volks-sprache gewöhnlich in viel grösserer zahl vorhanden sind als in der schriftsprache und mir daher für die mundarten der wichtigste teil der wortbildung zu sein scheinen, und indem sie durch die mannigfaltigkeit ihrer formen und feine, oft schwer in umschrei-bungen wiederzugebende nüancierung der begriffe so recht den reichtum der volkssprache veranschaulichen, verdienen sie gewiss ausführlicher behandelt zu werden. man kann an diesem einen gebiete der wortbildung recht deutlich sehen, dass, wie in der schriftsprache der immer schaffende und bildende geist sich mehr

in der ausbildung der abstracten begriffe, der syntaktischen
fügungen, des ausdruckes und der verbindung der gedanken bethätigt,
so der mehr elementare sprachbildende volksgeist im gebiete des
konkreten schafft und fördert. seine arbeit aber bietet deshalb
der schriftsprache eine nie versiegende quelle der bereicherung
und steten ergänzung.

in unserer mundart habe ich an verben auf eln ungefähr
gegen 180 gezählt, solcher auf ern (die von comparativen auf er
gebildeten natürlich ausgeschlossen) über 130, auf sen und schen
gegen 80, also zusammen gegen 400. sie bezeichnen zum grossen
teil den begriff der diminution, die wiederholung der handlung,
die art ihrer erscheinung für gesicht und gehör und ähnliches.
ein grosser teil davon ist ihr natürlich mit dem hochdeutschen
oder den mundarten gemeinsam, ein nicht unbeträchtlicher teil
auch specielles eigentum sei es hinsichtlich der form oder der
bedeutung.

a) verba auf eln:

ämpeln heftig, unter Anstrengung des Körpers wonach streben,
wie Gr. Wb. I, 279, Schamb. 8, nd. ampeln.

pädeln im Staube sich hin= und herschütteln, von hühnern
gesagt. Gr. Wb. I, 1070 baddeln volutari; engl. to paddle, nd.
paddeln, (Schamb. 151) im Nassen arbeiten; vgl. aschen-
puttel.

pameln schwebend hängen und sich bewegen; von menschen: nach-
schleppend lässig, langsam sein. Gr. Wb. I, 1095 bammeln;
nd. bammeln Schamb. 15, Weig. I, 140. davon: pamelig nach=
lässig, pameléje Nachlässigkeit; pamelär, fem. pamelärschen nach=
lässiger Mann, Frau. dasselbe drückt noch stärker aus pumeln
nachlässig sich dem Müssiggang ergeben; Gr. W. II, 515 bummeln;
Schamb. 36 und 35. Weig. I, 285. paumeln drückt nur aus
im Hängen sich hin= und herbewegen. Gr. I, 1190.
Weig. I, 160.

päseln verwirrt sein, in Verwirrung taumeln; nd. bäseln,
Schamb. 17. Gr. Wb. I, 1148 basen delirare, vagari. davon
päselig verwirrt, vergeßlich; päseléje Verwirrung.

paweln schwatzen, schnell und Unbedeutendes reden; Gr.

Wb. I, bappeln balbutire, garrire; nd. bawweln Schamb. 17, Weig.
I, 125 babbeln; engl. to babble, fr. babiller. pawelär Schwätzer,
engl. babbler.

picheln oft trinten, zechen; wozu gehört das wort?
pimeln mit einer kleinen Glocke läuten; Weig. I, 224 bimmeln;
nd. dasselbe Schamb. 24, Gr. Wb. II, 30.

praekeln laut und inbringlich reden, jem. ermahnend zureden;
vielleicht entstellung von praedicare mit diminutivform.

prameln in den Bart brummend reden; vgl. nd. brammen
Schamb. 31; ahd. bremen, gr. βρέμω, lat. fremo. dazu auch prum'
und prumeln, und premesen unten. vgl. nhd. bremmen, bremse.
Gr. Wb. II, 362 f.

prepeln bratend oder kochend Blasen werfen, brodeln.

preteln dasselbe wie das vorhergehende bedeutend; nd. pröteln
Schamb. 160; vgl. brodeln Weig. I, 270 und prudeln II, 400 f.
Gr. Wb. II, 395 f. brod n. bulla, vapor; ahd. prod jus,
brühe; engl. broth. bair. das brod, die brühe, Schmell.
Wb. I, 348 f. brütten = sieden 374. jedoch lässt sich
das wort auch zusammenstellen mit bradeln Gr. Wb. II, 291
blaterare und nd. pratzeln Schamb. 158. auch Weig. I, 278
brutzeln ist zu vgl.

prickeln stechen, stechend beißen oder kitzeln; Weig. II,
390; nndl. pricken stechen; nd. prickeln Schamb. 159. Schmell.
I, 467. dazu der prickel Dünkel, Stolz; vgl. engl. to prick,
prickle. prickly; auch priggisch? hierher gehört auch die wendung:
uf'n prik sofort, auf der Stelle, auf den ersten Blick; prik
= Stich, also wörtlich „auf den Stich".

pöszeln kegeln; pöszel die Kegelkugel; Gr. Wb. II, 265
bosseln 2. Weig. I, 253. Schamb. 17 bâszel. mhd. bôszen stoßen,
ahd. pôszan, vgl. nhd. amboss und beifuss. bair. bössen Schm.
I, 294 f.

prûdeln, prudeln nachlässig, unordentlich, oberflächlich ar=
beiten; nd. preddeln Schamb. 160. holl. broddelen. Weig. II,
401. prudeln. Schmell. I, 349. 6. dazu: prûdelig unordentlich,
von Menschen und Sachen, z. B. unsorgfältig am Haarputz, prû-
deléje oberflächliche, nachlässige Arbeit.

prumeln etwa§ leife brummen; zu brummen; ahd. prēman, brēman, s. oben pramel n.

puckeln auf dem Rücken tragen, namentlich ſchwere Laften; s. Gr. Wb. II, 486. vgl. Schm. I, 206. ufpuckeln auf den Rücken, Buckel legen.

pudeln was oben pådeln, im Staube, der Näſſe wühlen, ſchütteln; Weig. II, 403. vgl. bair. pudeln Schmell. I, 383.

pûdeln einen Fehler, Pudel machen beim Kegeln und dgl. Weig. II, 403 f.

purln bes. ânpurln anrühren, anſtoßen, anregen; von purren anregen, incitare; Schamb. 161. Gr. Wb. II, 545: burlen, purlen und burren purren. Weig. II, 408 purren 1 und 2.

purzeln kopfüber fallen, herab-, herausfallen; s. Weig. I, 290 burzelbaum. Gr. Wb. II, 554 f. burzeln, bürzeln; dazu purzel kleiner dicker Menſch; purzelchen vgl. Schmell. I, 285.

puseln geſchäftig ſein, mit kleinen Dingen beſchäftigt hin= und herlaufen; Schamb. 161 pusseln, busseln; vgl. auch Schmell. I, 286. pusel, puselchen, kleines Kind, trippelnder kleiner Menſch; es ſcheint nicht mit puselke Schamb. 161 und buselchen Gr. II, 563 und Schmell. I, 411 puselke, zapfen des nadelholzes identisch zu sein; vielleicht zu pusillus? oder zu bair. wuseln, Schmell. II, 1039?

puweln, leiſe kochen, brummen und Blaſen werfen, auch von der Hitze der Luft, die gleichſam in zitternder, brummender Bewegung ist, gesagt; Gr. Wb. II, 457 bubbeln, engl. to bubble; auch wuweln s. unten.

tämeln, in halb bewußtloſem Taumel hinſchlendern, ſich hin= und herbewegen; Gr. Wb. II, 703 dämeln, dammeln; Schamb. 39 dämeln; Schmell. I, 508. davon: tâmeléje Dämelei, tämisch bämiſch, verbummt, albern; Gr. Wb. II, 704. oft in der ver- bindung: tum un tämisch ganz bumm und verworren, betäubt; zu mhd. toum Dunſt, Qualm. Weig. I, 346.

tappeln trippeln, trepidare, Gr. Wb. II, 750 dappeln. Schmell. I, 613 täppeln, vom ſchnellen Bewegen der Hände und Füße.

täppeln mit den Händen taſten, tappen, zu Weig. II, 877

tappe; von **täppen** mit ben Hänben zufaſſen; zòutapsch blinb zugreifenb, vgl. auch **täpen** und **tapschen.** Schmell. I, 612.

tätscheln von **tätschen** mit ber flachen Hanb (Weig. II, 879 Tasche) befaſſen, leicht ſchlagen; Weig. II, 880 tatschen; Schmell. I, 555 **datsohen,** dätschen ; Gr. Wb, II, 825 **dätscheln, tätscheln.**

tifteln, ûsztifteln, ausbenken, mit vielem Nachbenken, Pro= bieren herausbringen; Weig. I, 400; II, 943. Gr. II, 1149 **dift, difteln, dûfteln.**

tippeln glücken, gelingen, ſich glücklich treffen; zu **tupf, tüpflein,** Weig. II, 946 gehörig; gleichsam: auf baß letzte Tüpfel= chen paſſenb; engl. **to dip** bedeutet auch geraten, auf gut Glück wählen. verschieden davon ist **tippen** berühren, antippen.

trâmpeln heftig unb wieberholt treten, von **trâmpen** ſtark auf= treten; Weig. II, 918 f. got.trimpan; engl. to trample; Schamb. 233.

trappeln, ·trâppeln, wieberholt unb ſchnell mit ben Füßen auftreten, trappeln v. **trâppe** bie Fußſpur; Weig. II, 920; Schamb. 233. dasselbe **trippeln** leiſe unb ſchnell auftreten, hin= unb her= laufen; Weig. 931. Schmell. I, 672; vgl. auch nhd. Trab und traben.

trippeln tröpfeln, anfangen zu regnen; **trippe, tâch= trippe** Dachtraufe; **trippen** tropfen, in Tropfen herabfallen; selten **treppeln** = tröpfeln. vgl. mhd. traufe, träufeln Weig. II, 921 f.; nd. **drüppeln** Schamb. 50. **drüppen,** as. **driopan,** ags. **dropian;** engl. **to drip;** Schmell. I, 673.

trêdeln langſam ſein, zögern, tröbeln; s. Weig. II, 933. Schamb. 234; zu bair. **trändeln** Schmell. I, 671 oder **trudeln** I, 650 oder **trendeln** I. 666.

tûdeln ſchlechte Muſik machen, nhd. **dudeln** Weig. I, 399; **tûdeléje** Dubelei; Schmell. I, 490. aus dem slaw. aber wozu gehört

tûdeln Branntwein trinken, **tûdel** Branntwein, sich **petûdeln** ſich betrinken? vielleicht zu bair. **dutten,** weibliche brust, **dutteln, dütteln** ſaugen, got. **daddjan**? s. Gr. Wb. II, 1771. und Weig. II, 950 tutte und tutteln.

tumeln, meistens reflex., ſich in Bewegung ſetzen, fleißig ſeine Arbeit förbern; Weig. II, 944, Schmell. I, 605.

tûpeln mit Übervorteilung Gegenstände austauschen, unredliche Tauscherei treiben, besonders von Kindern; zu mhd. toppeln würfeln, im Spiele betrügen, nhd. doppeln, dobbeln; Weig. I, 384; Gr. II, 1268.

turkeln taumeln, stürzen, stolpern; torkeln Weig. II, 914. md. turc schwankende Bewegung; Schmell. I, 620; Schamb. 232.

tuscheln, flüstern, geheim reden; vertuscheln verschweigen, durch Heimlichthun verbergen; vertuschen verbergen; mhd. tuschen sich still verhalten; Weig. II, 949 tuschen, tüschen; Schmell. I, 629.

tuseln betäubt, schwindelig gehen, sich bewegen, handeln; Weig. I, 407 duseln; Schamb. 52. adj.: tuselig, tûselig; tuseltêr Schelte, besonders gegen Frauenzimmer; Schmell. I, 548 f. engl. dizzy; Gr. II, 810; 1756.

fedeln eilig laufen, wild und flüchtig rennen; zu nhd. fiedeln, welches Weig. I, 529 vom lat. vitulâri, wie ein Kalb springen, abgeleitet wird; unsere anwendung würde dem also noch sehr nahe stehen; Gr. III, 1623.

fimeln, fumeln, selten fameln, an etwas sich zu schaffen machen, an etwas tappen, ziehen, rupfen, reiben und dgl. vgl. Schamb. 256; Weig. I, 531. Gr. III, 1638 f. aber vor allen Gr. IV, 526 f. fummel und fummeln in seinen verschiedenen bedeutungen.

fitscheln im Wasser plätschernd spielen, gehört nicht zu fitscheln, Weig. I, 537 und nd. fitzeln, Schamb. 270, sondern zu bair. pfutscheln Schmell. I, 445. dazu fistchelnâsz, fitschelfâselnâsz ganz durchnäßt; vgl. auch Gr. III, 1363 unter fatsch.

fraiteln drehen, zusammendrehen, namentlich einen Strick mittels eines Holzes, um ihn straff zu winden, ganz wie bair. raideln Schmell. II, 53; gehört zu ahd. rêdan, ags. vridhan, engl. to writhe, flechten, binden, Schmell. II, 59; s. Weig. II, 461 zu reitel, Eduard Müller, Etymolog. Wb. der Engl. Spr. II, 665. die alte spirans w vor r hat hat unsere mundart öfter als f bewahrt. hierher scheint zu gehören: rîdel prôt ein Stück Brot, das ich sonst nicht unterzubringen weiss. dann raitel rundes Stück Holz, raitelholz Holz von jungen Bäumen, besonders von Buchen.

frickeln refl. sich drehend bewegen, sich terchfrickeln sich durchwinden durch enge und gehinderte Passagen, auch übertragen durch schwierige Lagen; s. Ed. Müller, II, 664, engl. to wriggle, ndl. wrikken.

fûcheln betrügerisch etwas verstecken, durcheinanderstecken z. B. die Karten beim Kartenspiel, s. Gr. IV, 361 fuckeln und fuchern. pommer. fûcheln, nd. fûkeln.

fuchteln rasch hin- und herschwingen, mit etwas (Peitsche, Stock und dgl.) durch die Luft hauen, schlagen. Gr. IV, 359 f. und Weig. I, 584. Schmell. I, 688.˙ dazu fuchtel f. die Peitsche, das Strafscepter.

fuscheln mit den Händen heimlich und versteckt thätig sein, betrügerisch mischen und hantieren, s. Gr. IV, 960. von tuschen heimlich Durchstecherei treiben.

fuseln eilfertig, geräuschvoll an etwas geschäftig sein, schneiben, reiben, feilen und dgl.; Gr. IV, 963 unter fuseln; Schmell. I, 769.

jaueln erbärmlich heulen, von Hunden; Weig. I, 872. engl. to yowl.

jêkeln, nd. gökeln, umgelautete form zu gaukeln, s. Gr. IV, ' 1553, 2a und Schamb. 66. es bedeutet: hin- und herbewegen, fahren, langsam mit etwas fortkommen, besonders mit einem Wagen; Weig. I, 619. Schmell. I, 882 f.

jrappeln, oft greifen, betasten, suchen, bair. grappeln Schmoll. I, 1006; engl. to grapple und grabble, Ed. Müller I, 460, 463. Schamb. 68 grawweln, zu grîfen gehörig.

jrâweln graben, etwas mühsam ausgraben, frequent. und diminut. zu graben. dasselbe auch jrawein, also mit umlaut gleichsam gräbeln, ahd. krapilôn.

jrätscheln von jrätschen grätschen, ausgleiten, sperrbeinig gehen und ausrutschen; s. Schamb. 68 gratscheln. Weig. I, 825, Schmell. I, 1017.

jriweln grübeln, bohrend ausgraben, mhd. grübeleu, Weig. I, 736. in übertragener bedeutung wie nhd. grübeln auch wohl jriweln.

jrumeln vom leisen und fernen Rollen des Donners, dumpf und entfernt brummen; Schamb. 69 f. grummen; Weig I, 736. russ. grom Donner.

jraipeln, jrüpeln gräupeln, hageln, wie Hagelkörner herab=
fallen von körnigen Massen, Pulver, Bohnen, Erbsen ꝛc.
Weig. I, 726 f.

jrüseln, jruseln, leise schaubern, Frost, Furcht, Grausen
empfinden; Schamb. 70 gruseln; mhd. grûsen. Weig. I, 727 f.

häkeln häkeln, mit einem Häkchen fassen und arbeiten, auch
anhaken, hängen bleiben; Weig. I, 755; Schamb. 71. sich
häkeln sich zanken, streiten; holzhäkeln trockenes Holz mit
einem Haken von Bäumen reißen; Gr. Wb. IV², 180.

häpeln, hepeln mühsam sich fortbewegen, halb kriechend
klettern, bes. v. Kindern, s. Gr. IV², 472 happeln, häpeln.

henseln, hanseln zum besten haben, foppen, necken; Gr. IV²,
464. Weig. I, 768.

hifeln, auf=, zusammenhäufeln, in einen spitzen, hohen
Haufen bringen; z. B. Heu; bes. ufhifeln, s. Weig. I, 777;
geht also auf hûfe f. zurück, der Haufen, mhd. bûfe sw. m.,
ahd. hûfo; vgl. auch Schmell. I, 1057.

hippeln hüpfen, hüpfeln, namentl. vom leichten Springen
der Ziegen, junger Rehe ꝛc.; ziegen werden auch mit hippel,
hippel! gelockt; vgl. Weig. I, 813 hipplein; Gr. Wb. IV², 1553
hippeln und 1954 hüpfeln.

hiweln eilig sein, etwas übereilen; verhiweln durch zu
große Eile schlecht machen; hiwelig eilig, übereilt, überstürzend.
Schamb. 83. Schmell. I, 1139. das wort gehört wahrscheinlich
zu happeln Gr. IV², 472. happelig übereilt.

hônakeln, frequ. von hônacken höhnen, necken, hohnecken;
Weig. I, 822; Gr. Wb. IV, '1724; bair. hôneckeln, Schmell. I,
1119. compos. verhônackeln verhöhnen; adj. hônaksch neckisch,
spaßhaft, spottsüchtig, moquant.

hotzeln, in-ver-hotzeln, zu einer Hotzel, Hutzel, trocknen
Birne einschrumpfen, vertrocknen, verkommen; s. Weig. I, 842
hutzel und hotzel. Schamb. 86 b. Schmell I, 1195 f.

huchteln, sich henhuchteln, sich in hockende Stellung
zusammenkauern, s. Schmell. I, 1042 hauchen, niederhauchen;
hess. buchen kauern, Gr. IV² 1858 f. unter hûchel.

hûdeln, hudeln schlecht etwas bearbeiten, eine Arbeit nach-

läſſig machen; zu hudel Gr. IV² 1860 und hudeln 1862 f.
Weig. I, 832 hudeln.

humpeln hinfen, hinfend ſich fortbewegen; Schamb. 88;
Weig. I, 836. Gr. IV², 1908.

huscheln, frequ. zu huschen, ſich fortſtehlen, eilig und heim=
lich verſchwinden; vgl. Gr. IV², 1973 husch 1 c, 2 a und buscheln
1974. Weig. I, 840 f.

kaipeln wanfen, ſchwanfen, hin= und herſchwanfen, vom
Gang der Menſchen oder nicht feſtſtehenden Dingen; s. Gr. Wb.
V, 361 käupeln.

köpeln ſich beſtändig veränbern, ſchwanfen, von der Unbeſtändig=
feit des Wetters; s. Weig. I, 990 köpelu.

kippeln ſchwanfen, zu fallen drohen, von fleineren Dingen
geſagt; s. Schamb. 1006. Weig. I, 935 und Gr. Wb. V, 784
kippen.

käkeln von käken, laut ſchreien, ſprechen, von Hühnern
gacfern; Gr. V, 48 kakeln; Weig. I, 600 gackeln. Schamb. 95
käkeln und käken.

kampeln, refl., ſich zanfen, ſtreiten, fämpfen; kampeléje
Streit, Balgerei; Gr. V, 138; gewöhnlich nur kleine zwistigkeiten
bezeichnend. engl. to camble.

kaweln feifen, feifend ſchnell ſprechen, von käb'n höhniſches
Geſicht ſchneiden, die Zähne zeigen; vgl. Gr. V. 666 kiefeln,
kifeln, kiffeln und V, 442 keifeln und keifen; schott. kevel; ferner
Gr. V, 7 kabbeln, Schamb. 98 kawweln.

klingeln wie nhd. mhd. klingeln, ahd. chlingilôn.

knärpeln, knurpeln mit fnarrendem Geräuſch nagen; Weig.
I, 965. Gr. V, 135?.

knauscheln etwas Zähes mit ben Zähnen zermalmend oder
quetſchend fauen; es scheint zu Gr. V, 1374 knautschen zu gehören; bair. knaunschen Schm. I, 1351.

kniweln fnaupeln, nd. knibbeln, Gr. V, 1416 knibbern.

kraweln, 1) mit raſcher Bewegung der Finger woran taſten,
greifen, fratzen; Weig. I,1000; mhd. krappeln, nd. krabbeln, grabbeln;
engl. to grabble; es berührt sich mit dem oben angegebenen jräppeln;
2) die Füße raſch bewegend friechen, beſonders von vielfüßigen,
fleinen und zahlreichen Tieren; in dieser bedeutung oft mit

kriweln zusammen: esz kriwelt und krawelt allesz. s. Gr. V.
1911 krabbeln, krabeln. 3) krabbelnd jucken, kitzeln, besonders
von der Wirkung der Kälte in den Fingern gesagt; daher auch
subst. kraweln pl. die juckende Frostempfindung.

kraspeln leises Geräusch durch Nagen, Laufen, Bewegen
kleiner dürrer Gegenstände verursachen, bes. von Mäusen gesagt.
Schamb. III. kraspeln; Weig. I, 1008. Gr. V, 2068f. kraspeln.
kräzeln, dimin. von krätzen, also krätzeln, schlecht schreiben,
bes. in langgezogenen, schnörkeligen Buchstaben; gewöhnlich steht
das verb. zusammen mit kritzeln. mhd. kretzen neben kratzen,
Weig. I, 1008; vgl. schweiz. krätzelen Gr. V, 2075 und
krätzen 2079.

krekeln kränkeln, leibend sich hinschleppen; subst. krekel m., unan=
genehme Umstände, Verdruß. s. Gr. V, 2347 kröcheln.

krempeln den Rand eines Dinges, Ärmels, Hutes rc.,
aufwärts und zurückbiegen, s Weig. I, 1005. Gr. V, 2009
krämpeln 3.

krepeln sich mühsam bewegen, langsam und mühsam ar=
beiten, von Kranken und alten Leuten gesagt, deren Kräfte zu
angestrengter Arbeit nicht hinreichen. s. Gr. V, 2394 kröpeln;
das wort gehört zu dem nd. krûpen kriechen, wovon auch in unserer mundart krôp Vieh herkommt; ebenso krepel Krüppel.
s. Weig. I, 1024f. 1021. Gr. V, 2392.

krickeln, vom subst. krickel m. der Griff an Thüren,
Fenstern (s. Gr. V, 2204 krickel plectrum lirae), an dem Griff
drücken und drehen, um zu öffnen, drehend damit Geräusch machen;
verkrickeln verdrehen, z. B. sich das Bein vertreten, verdrehen;
s. Gr. V, 2204 krickeln 3). Schamb. 112 krikel vergleicht gr.
κρίκος.

krimeln, verkrimeln in Krumen zerdrücken, zerpflücken,
fallen lassen; intr. und refl. sich zerstreuen, wie Krumen auseinder
fallen, verschwinden. Schamb. 113 kroimeln; Weig. I, 1023
krume.

kritzeln wie nhd. kratzend fein schreiben; Weig. I, 1020.
Gr. V, 2343.

kriweln vielfüßig sich bewegen; jucken; gewöhnlich mit
wiweln verbunden: esz kriwelt un wiwelt. nhd. kribbeln, kriebeln,

Weig. I, 1014 f. nd. kriweln Schamb. 113. Gr. V, 2202.
davon kriwelig reizbar, leidjt zu Born erregbar; kriwelkop,
kriwelkepsch.

krumpeln in knitterige Falten zusammenlegen, besond. intr.
zesämkrumpeln zusammenschrumpfen, engl. to crumple; bair.
krümpeln Schmell. I, 1370. Weig. I, 1024 krumpel; Gr. V,
2467. Schamb. 114b.

kunkeln, verkunkeln heimlich verkaufen, vertauschen, ver=
bringen; kunkeléje, kunkelärschen; Schamb. 116b kungeln;
Weig. I, 1034. Gr. V, 2662.

kwäckeln, zittern, schwanken, von kwäcken erschüttert sich
bewegen; ags. cwacian, engl. to quake zittern; von unsicherer Ge=
sundheit: schwanken, wechseln. Schamb. quackeln 163. kwäkeléje
unsichere und schwankende Handlungsweise; vgl. auch Weig. II,
410. kwäk, kwäks erschütternder Stoß.

kwäseln wirr, unsinnig reden, phantasieren, unverständliches
Beug schwatzen; Schamb. 163 quasseln. zu welchem stamme ist
das verbum zu setzen? steckt ein wechsel von kw und tw darin?

kwengeln kleinlich unzufrieden sein, nörgeln, kritteln, wie
nhd. quengeln, Weig. II, 417. Schamb. 164.

mädeln ein Tier zu oft anfassen, betasten, auch peinigen; im
Staube wühlen; Schamb. maddeln, maddern 128.

maiszeln, meißeln, auch: essen; dies wohl nur eine scherzhafte
übertragung vom schneiden der zähne; jedoch könnte es sich
auch einfach an ahd. meiszan, mhd. meiszen, got. maitan schneidend
abhauen, anschliessen, vgl. bair. maissen Schmell. I, 1663.

marteln, quälen, peinigen, bes. Tiere; mhd. martern, marteln;
ahd. martelôn.

maufeln mit vollen Backen käuen, bair. muffeln Schm. I, 1573.

ver-mêweln 1) in lieberlicher Weise verkaufen, verschleudern;
2) durchprügeln. ist es gleich dem student. vermöbeln?

moppeln mit vollen Backen kauen, nndl. moffeln Weig. II,
145. zu muffeln; es scheint desselben stammes zu sein wie oben
maufeln und mumeln, mumpeln, die dasselbe bedeuten und
gewöhnlicher vorkommen, s. Weig. II, 152 mumpfeln. Schamb.
139. Schm. I, 1600.   [Weig. II, 142.

muckeln heimlich thun, halblaut brummen, von mucken

7

munkeln heimlich reden; intr. und impers. von der Verbreitung
eines Gerüchtes oder drohendem Unwetter; der begriff des heimlichen und unsichern herrscht darin vor; s. Schamb. 140. Weig.
II, 155.   [Schamb. 138.
murcheln sich mühsam abarbeiten, nd. mörken, mörkeln,
ver-mumeln dicht in Kleidung einhüllen, ängstlich ein-
wickeln; Weig. II, 151 f.: die Mumme, vermummen.
muscheln heimlich hantieren, betrügen, wie oben fuscheln,
ebenso bairisch, Schmell. I, 1680.
vermuseln elend verkommen, scheint zu mhd. miselsuht, ahd.
misalsuht zu gehören, Gr. VI, 2257. Schmell. I, 1671. bisweilen
auch vermäseln in derselben bedeutung.
mutteln brummend tadeln, in brummisch-mürrischer Weise seine
Unzufriedenheit kundthun; vgl. nd. mutten pl. die üble Laune,
Schamb. 140. mhd. müetelen, Mhd. Wb. II, 280; ahd. mutilon
mussitare; bair. mutern Schmell. l, 1694. wahrscheinlich zu lat.
mutire, Diez Wb. I, 282, motto.
nêl'n langsam sprechen, arbeiten; nd. nölen, Schamb. 146;
gehört wahrscheinlich zu mhd. nüllen wühlen, Mhd. Wb. II, 422;
Schmell. I, 1737.
nuseln näseln, durch die Nase sprechen, Schamb. 146 nuseln
und nüseln; Schmell. I, 1764 nuseln, nusseln und andere formen.
nutscheln saugen, zu nutschen, Schamb. 146; bair. nutscheln.
räckeln, rackeln an etwas heftig rütteln, stoßen, um es
zu bewegen, öffnen. scheint zu ruckeln, rickeln, von derselben
bed. und zu mhd. rucken, rücken, ahd. rucchan und rucchjan zu
gehören; Schmell. II, 49, wo auch rockeln und rackeln angeführt
werden aus Hs. Zchft. V, 289 und VI, 365. vielleicht könnte
man räckeln auch als intensivbildung zu regen anregen, bewegen,
auffassen; s. Weig. II, 453.
rämeln refl. sich wälzen, auf der Erde, im Bett und dgl.
Schamb. 167a. ob dies mit rammeln Weig. II, 429 (sich
begatten) identisch ist, scheint nicht ganz sicher.
verrämeln, von räm' einstoßen, festrammen, wie nhd. Weig. 429.
räppeln, rappeln, räpeln 1. raffen, auf-, zusammenraffen;
2. klappern, in schneller Bewegung rasseln. Weig. II, 434 und
raffen II, 426. Schambach 167. Schmell. II, 64 raffen, rasseln.

raweln ſchnell, unſinnig ſchwaßen; fr. rêver, engl. to rave, holl. rabbeln. Weig. II, 434 rappeln 2.

rûscheln und rûszeln, wie nhd. raſcheln unb raſſeln, Weig. II, 436 und 438, von mhd. raszen geräuſchvoll toben.

recheln röcheln, wie nhd., Weig. II, 482; Schmell. II, 85. zu mhd. rohen, rûhelen, bair. röheln, rûheln.

räkeln refl. ſich räkeln, faul unb nachläſſig ſtrecken; nd. raekeln, Schamb. 166. es ist iterativform von recken, mhd. recken, ahd. recchan, alts. rekkian, engl. to rack, s. Weig. II, 449, Ed. Müller II, 265. Schmell. II, 42.

rêkeln (das ê lautet fast î), etwaß oft erwähnen, jemanb eine Sache verrücken, vorwurfßvoll in Erinnerung bringen, oft auch bloss: citieren; es scheint abgeleitet von mhd. rüegen, ahd. ruogan, ruokan, got. vrôhjan, alts. wrôgian, nhd. rügen, s. Weig. II, 500 und 1143 (Wruge), Schamb. 306 wrûge, Schmell. II, 77.

rîfeln Riefen, vertiefte Streifen ziehen, cannelieren, nhd. riefeln Weig. II, 473.

rippeln refl. ſich bewegen, regen, gewöhnlich nur in der wendung: sich nich rippeln un rêjen, ſich gar nicht bewegen, regungßloß baliegen; nd. reppen ſich bewegen, ags. hreppian, anrühren, s. Weig. II, 479 rippeln; bei Schmell. II, 9 scheint das wort mit „reiben“ zusammengeworfen zu werden, wohl nicht mit recht.

riseln tropfenweiß nieberfallen, wie nhd.; mhd. riselen. ahd. rîsan. Weig. II. 474.

riweln oft, ſchnell, fein reiben, von mhd. rîben, ahd. rîpan; nd. riweln, Schamb. 174; Schmell. II, 9; Weig. II, 471 Ribel.

rumpeln polternb, bröhnenb bewegen, ſchaufeln, besonders von der bewegung des schaukelpferdes gesagt; daher aueh rumpel-färt Schaufelpferb. s. Weig. II, 503 rumpeln, mhd. rumpeln Schamb. 176b. rumpelig hoſperig; Schmell. II, 99 ff.

schârwenzeln, wie nhd., bienſtbereitwillig ben Hof machen. s. Weig. II, 552, Schamb. 181: die niedrigste arbeit thun. Schm. II, 448: der Scharwenzel.

schiffeln, schuffeln ſchaufeln, von schiffel, schuffel f. bie Schaufel (zu schieben); nd. schûffeln, Schamb. 186; engl. shovel; bair. schuffel, Schmell. II, 386 und 384. Weig. II, 556.

schnaiteln schneiden, bes. überflüſſige junge Zweige abſchneiden von Obſtbäumen, Hecken ꝛc., ausſchneiden, zurechtſchneiden; nhd. ſchneiteln, Weig. II, 617; mhd. sneiten, ahd. sneitôn, zu schneiden, snidan; bair. schneiten, -teln, Schmell. II, 584 f.

schniffeln, selten schnuffeln, ſchnüffeln, mit raſcher und wieder= holter Durchziehung des Atems durch die Naſe riechen; wie nhd. Weig. II, 623. Schamb. 200, Schmell. II, 573. [II, 621.

schnitzeln wie nhd. ſchnitzeln, von schnitzen, schneiden; Weig.

schpraiteln über eine Fläche ausbreiten, ausſtreuen z. B. Blätter, Heu ꝛc. s. Weig. II, 776 spreiten; ahd. sprîtan; bair. spraiten, sprätteln Schmell. II, 707.

in-, zesam-, schrumpeln ein=zuſammenſchrumpfen, runzelig werden; schrumpel f. die Falte, Runzel; Weig. II, 645, Schmell. II, 602.

schrâpeln fein abſchaben, kratzen; davon schräpels n. Abge= ſchabtes, Abgekratztes; s. Weig. II, 637 schrappen; engl. to scrape; Schmell. II, 610.

schtäpeln, schtappeln, in kurzen Schritten mühſam gehen, bes. vom Gang der im Gehen noch unſicheren Kinder oder hinfälliger Greiſe; zu ahd. stapho, mhd. stapfe Auftreten des Fußes; nhd. Fuß=ſtapfe; ags. stapan ſchreiten; engl. step Schritt, ſchreiten; Schamb. 208 stappeln; das bair. stapeln, Schmell. II, 773 und Weigands stapeln ſich Gaben fordern, sind wahrscheinlich dies wort, mit dem begriff des bettelns nach dem des umher= gehens verbunden. dagegen ganz anderen stammes ist:

schtâpeln, bes. uſchtâpeln, henschtâpeln aufhäufen, in Haufen ordnen, vom nd. stapel Schiffsgerüſte, Waren= niederlage; Weig. II, 797. dieses gehört zu dem nachher zu be- sprechenden schtaweln und hd. staffel. Schambachs stâpeln = tändeln weiss ich nicht unterzubringen.

schtrampeln zuckend, heftig die Beine bewegen, zu einem ahd. strimphan, alts. strimpan; nhd. strampeln, strampfen, s. Weig. II, 830. Schmell. II, 814 und 817.

schtraifeln und schtriffeln abſtreifen, ſtreifend abreißen, nd. strêpeln, strepeln Schamb. 214. Weig. II, 835, nhd. streifen; bair. straifen, Schmell. II, 811. unser schtriffeln bedeutet auch bezeichnend: ſtehlen, durch Abſtreifen entwenden.

schtaweln ſtellen, aufſtellen, feſtſtecken; schtawel f. feſt=

gestechte, zum Stützen bienenbe Stange, z. B. Bohnenstiefel,
Stänber und dgl.; schtaweln bedeutet also als causativ zum
stamme sta: stehen, stehend machen; hierzu gehört als subst. nd.
stapel aufgeschichteter Haufen, Warennieberlage; nhd. staffel Gerüst;
ags. stapul Stütze, engl. staple; Weig. II, 791. auch stab gehört
dazu, got. stiban, ahd. stēpan. alts. stēban, s. Weig. 788.
schtockeln mit einem Stock, einer Stange herab=, herunterstoßen;
vgl. nd. stôken, Schamb. 211 und stôkern, nhd. stochern. unser
schtockeln bedeutet auch: jemand etwas unter den Fuß geben,
heimlich und angelegentlich mitteilen und anraten.
schtuppeln mühsam zusammensuchen, wie Ähren in den Stoppeln
(schtuppeln), dann heimlich entwenben; vgl. nhd. stoppeln, Weig.
II, 826; Schmell. II, 715. Schambachs (216 b) stuppeln gehört
dagegou zu schtappeln, s. oben.
schuckeln sich schaukelnb bewegen, bes. von der Bewegung
moraftigen Bodens gebraucht, wenn man darauf tritt; vgl. Weig.
II, 646 schuckel und 556 schaukel. es ist frequent. zu schucken
in schwingenbe Bewegung setzen durch Stoß; s. Schmell. II, 369
schucken, schocken; vgl. fr. choc, Diez I, 128 und engl. shock,
shake, welche zu diesem deutschen stamme gehören; mhd. schoc,
schocke, Schaufel. in unserer mundart ist schucke f., schuckeporn ein Pumpbrunnen, schucken Wasser aus einem solchen pumpen
wie bei Schmeller. das hd. schaukel, schaukeln dagegen hat in
unserer mundart die höchst merkwürdige, nasalierte form schunkel,
schunkeln, die ich sonst nirgends gefunden habe und worauf
die form mit langem vocal (û, nhd. au) beruhen könnte.
schumeln heimlich schieben, z. B. sich terchschumeln sich
liftig durchbrängen, durch Gebränge, Schwierigkeiten durchschieben;
peschumeln betrügen; bair. (Schmell. II, 420) schumeln hin=
und herlaufen, auch hin= und herschieben, antreiben, jagen; bei
der dunkelheit der wurzel dieses wortes sind die bedeutungou in
den mundarten beachtenswert; s. Weig. II, 650 schummeln.
schwâppeln sich zitternb weichlich bewegen, wie fette Fleisch=
massen, Gelée und dgl.; s. Weig. 656 schwabbeln und 661
schwappen, schwappeln, bair. schwappen, schwappeln dasselbe,
Schmell. II, 643. bei uns auch schwuppeln; vgl. auch engl.
to swab, Ed. Müller II, 502.

schwaweln verworren und ſchnell ſchwaßen; es gehört zu bair.
schweibeln, schwaibeln Schmell II, 620, 622 und vielleicht
schwöbeln bei Weig. II, 663. das „schwefeln" des studenten-
jargons scheint dasselbe zu sein.

schwîmeln ſchwindelig ſein; hin= und herſchwanken; ein wüſtes
Leben mit Zechen und Nachtſchwärmereien führen; zu mhd.
sweimen, s. Weig. II, 665 schweimen, ahd. swîman; Schamb.
222 swîmeln; davon schwîmelingig ſchwindelnd, ſchwindelig;
schwîmelär nächtlicher Herumtreiber, schwîmeléje. bair. schwîmelig
Schmell. II, 633.

schwuweln ſchwül ſein; schwuwelig in heißer, ſchwüler Luft
betäubt, ſchwankend; das wort scheint zu nd. swuppen (Weig. II,
673 schwupp) zu gehören, oder zu bair. schwibeln und nhd.
schweben und eig. die zitternde bewegung der luft zu bezeichnen.

suckeln ſaugen; Weig. II, 854; Schamb. 218; Schmell. II, 223.
es ist in unserer mundart das einzige wort für saugen und bedeutet daher jede art desselben.

sûdeln, sûdeléje, wie nhd. ſudeln, Weig. II, 855.

wåckeln hin= und herſchwanken, wie nhd. wackeln zu mhd. wēgen;
wage die Bewegung.

waifeln von waifen, im Kreiſe drehen, ſchwingen; mhd.
weifen, wîfen st. v.; Weig. II, 1074. Schamb. 292b weifen;
Schmell. II, 863.

wåtscheln rechts und links wankend gehen, wie nhd. watſcheln
Weig. II, 1060; Schmell. II, 1057. dass es, wie Weig.
will, zu watsche gehört, möchte ich bezweifeln, da die bedeutungen sich gar nicht berühren.

waufeln und paufeln mit großen Schritten durch zähe oder
weiche Maſſen, Schnee, Schlamm ꝛc. gehen, waten. Schmellers
(II, 863) unerklärtes wauffen scheint hierher zu gehören; die
ableitung ist mir aber dunkel.

waweln, gewöhnlich verbunden mit wiweln: esz wiwelt und
wawelt ållesz; in ſchwankender Bewegung ſein; adj. wiwelwawelig
ſchwankend bewegt, wie Schamb. 289 wawelig, waweln; ags.
wafian, engl. to wabble; Weig. II, 1034. Schmell. II, 829 und
832. auch wuweln ist noch eine nebenform dazu.

wedeln wehen, vom Schneegeſtöber, leicht und flüchtig treibendem

Schnee; **wind-, schnaewedel** aufgehäufter, vom Wind zu-
sammengetriebener Schneehaufen; mhd. **wadeln, wedeln,** ahd.
wadalôn schweifen; Weig. II, 1062 und Schmell. II, 847 f.

wimeln in Menge sich durcheinander bewegen, wie nhd. **wimmeln,**
Weig. II, 1119, mhd. **wimeln,** Schmell. II, 912.

worfeln mit der Wurfschaufel das Korn werfen und dadurch von
der Spreu reinigen, s. Weig. II, 1141; nd. **worpen, wörpen,**
Schamb. 305.

wuffeln stark trinfen; wahrscheinlich gehört dies wort zu **wippen,**
wuppen (Weig, II, 1125), engl. **whip** (Ed. Müller II, 642), mhd.
wepfen, wipfen und bedeutet: das Glas heben, schwingen, vgl.
wupp dich Weig. II, 1146.

zappeln, zâppeln, mhd. **zabelen,** ahd. **zapalôn,** wie nhd. **zappeln;**
Weig. II, 1159; bair. **zabeln, zebeln** Schmell. II, 1072.

zetteln, seltener **zotteln, verzetteln** in kleinen Teilen,
Büscheln, Flocken streuen, fallen lassen; wie nhd. **zatten, zetteln**
Weig. II, 1173. Schmell. II, 1159 f.

verzippeln vor Schmerz, Ungeduld und Aufregung fast vergehen
wollen; dieses wort gehört zu fränk. und oberpfälz. **zippern,**
zeppern ängstigen, quälen Schmell. II, 1141 f., wozu auch nhd.
zipperlein Weig. II, 1183 f.

zockeln in Büscheln etwas ausziehen, wiederholt in kleinen
Griffen und Rucken etwas ziehen, auch die Wohnung wechseln =
zochen; zu **ziehen, zücken** gehörig. vgl. mhd. **zogen;** bair. **zöckern,**
Schmell. II, 1083 und **zocken** 1079 und nd. **tocken** Schamb. 231.

zotteln, mit umlaut **zetteln** langsam hinter jemand hergehen,
Weig. II, 1190 und Schmell. II, 1165.

zuppeln zupfen, Charpie machen, altes Zeug zerzupfen; **zuppels**
n. Charpie; Weig. II, 1198. Schmell. II, 1144. [Schmell. II, 1154.

zûseln zausen, zauseln, hin- und herreißen. Weig. II, 1162.

zwîweln, jemand scharf züchtigen, quälen, peinigen; Schmell.
II, 1174 **zwifeln;** Weig. II, 1209 stellt es zu **zwiebel,** was zu
bezweifeln ist.

b) verba auf ern:

âl•wern aĺbern ſein, thun, läppiſch ſpielen; vom adj. albern.
ver-pâldern, peldern durch Stoß oder Quetſchung einen Körperteil beſchädigen, ſo daß er anſchwillt; nd. verballen, Schamb. 259. bair. der-, verbellen, Schmell. I, 228; dort wird engl. schott. bollen = geschwollen verglichen. pal•wern belfern, keifend ſchelten; Weig. I, 188. Gr. I, 1447. pâttern in kleinen Schritten emſig gehen; vgl. nd. patjen Schamb. 152 b. ags. peddian, engl. to path, nhd. Pfad, mhd. phat, ahd. phad; auch engl. to patter scheint mir dasselbe zu sein; ebenso pâtschen, nhd. patschen Weig. II, 316.
pêkern hämmern, viel nageln, an Gegenſtänden herumhämmern; zu pôken ſchlagen; nd. bôken, holl. beuken; bôkern, bôkemöle Stampfmühle; Schamb. 29 a; ist es desselben stammes wie nhd. pauke, mhd. pûken? s. Weig. II, 317.
pettern 1. buttern; als solches ist es von potter Butter mit umlaut gebildet; 2. mit Feuer ſpielen, am Feuer tändelnd ſich zu thun machen; dazu vgl. nd. boiten, Schamb. 286, engl. to beat; also ins feuer schlagen? aber wohl besser zu engl. to beet, nd. boeten, ags. bêtan, das feuer anstören; Gr. Wb. II, 571 ff., 512, 2); es ist also von demselben stamme wie bûszen, besser u. s. w.
pewern beben, zu ahd. pipên, bibên; nd. bêwern, bêbern, holl. bibberen, Schamb. 23 b; engl. to bever, ags. beofjan; s. Gr. I, 1210. es bezeichnet besonders das beben und klappern der zähne in verbindung mit zittern: zettern un pewern.
pickern, puckern leiſe, in kurzen Intervallen pochen, ſchlagen, hämmern; jenes besonders von der uhr (s. Weig. II, 349), dieses vom pulsschlag, eiternden geschwüren; wenigstens das letztere gehört zu nhd. pochen, nd. pucken, Weig. II, 366, und pôken, pêkern (s. oben) liesse sich auch damit zusammenziehen; ebenso das weiter unten angeführte puchen; vgl. auch bair. puchen Schmell. I, 380 und Gr. Wb. II, 199 ff. boch, bochen; mhd. buc, stoss, schlag; boche. Mhd. Wb. I, 275, 220.
pinkern von pinken 1. mit den Augen durch Blinzeln, Zucken ein Zeichen geben; 2. Funken am Feuerſtein ſchlagen; vgl. engl. to pink, blinzeln, s. Ed. Müller II, 209; Schamb. 145, Weig. II, 352 pinken; bair. punken Schmell. I, 395.

pîstern, sichverpîstern ſcheu, verwirrt, verſtört ſein;Schamb. bîsterig, 25 a. gehört das wort vielleicht zu bisen Weig. I, 227; mhd. bisen, ahd. bisjan, pisjan? vgl. noch Schamb. 25 a bisern. pittern vom beissen des rauches gesagt, beißen, ben Augen wehe thun; es ist eine intensivbildung von beissen, got. beitan, alts. bîtan, ahd. pîszan, mhd. bîszen, mit beibehaltung der tenuis wie im adj. bitter, vgl. dazu Gr. Wb. 53 und 54. auch mhd. bittern bitter ſein, Mhd. Wb. I, 176.

plåddern Flüſſigkeiten plätſchernd und in großen Tropfen ſpritzend aus=, vergießen; heftig regnen; Schamb. 155 pladdern; es gehört wahrscheinlich zu platschen, plätschern, platzen s. Weig. II, 359 und 361. dazu pletschern wie nhd. plätſchern von plåtschen aufſchlagen.

verplempern unnütz und in Kleinigkeiten verthun; Schamb. 264 b, Weig. II, 1003; schweiz. plampen frei hangend ſich be= wegen, vgl. nd. plempe.

plenkern blank ſein, ſchimmern, glänzen; von blank hell, glän= zend; vgl. nhd. blinken, Schamb. blenkern 27 a. besonders in der wendung: plitzern un plenkern; plenke f. bie Anrichte, Geſtell, worin das blanke Küchengeſchirr ſteht.

plindern wie nhd. plündern, abreißen, berauben; daneben plundern unordentlich hin=, durcheinanderwerfen von plunder m. ber Plunder und dieses zu plunne f. Lumpen, altes Stück Zeug; mhd. plunder Bettzeug, s. Weig. II, 365; Schmell. I, 458; Schamb. 157 b.

plustern ſcheu und ängſtlich hin= und herflattern von Hühnern etc.; s. Schamb. 28 a. adj. plusterig ſcheu, verſchüchtert; es ist wohl mit bair. pludern flattern, Schmell. I, 457 zusammenzustellen.

poldern, puldern; poltern; poldern ist bollern, heftiges Getöſe verurſachen durch Anſchlagen an Thüren, durch Fallen in bröhnenden Räumen; davon z. b. polderloch bas Grab; puldern ist dazu seltenere nebenform; poltern heisst nur fallen, ſtürzen, ohne den starken nebenbegriff des getöses; zu allen vgl. Weig. I, 248 böller und II, 370 poltern; mhd. boln, ahd. bolôn; Schamb. 29b bollern und 158 polterie. Schmell. I, 389.

prächern betteln, ſtark und wiederholt bitten, von kindern und bettlern gesagt; s. Weig. II, 378. holl. pragcher ber Zuſammen=

ſchraper, Geizhals; nd. prachern. lässt sich nicht engl. to pray,
fr. prier, ital. pregare (precari) vergleichen? [Schmell. I, 305.
prásseln wie nhd. praſſeln, mhd. brasteln; Weig. II, 384,
pummern, bes. anpummern dumpf klopfen, anpochen; wahrscheinlich von pumpen, also aus pumpern assimiliert; s. Weig.
II, 406 pumpen; mhd. pumpern, pümpern; auch Weig. II, 372
pompen; Schmell. I, 391 f.

puppern beben, in fieberhafter Erregung zittern; bair. bobern
Schmell. I, 179; Gr. Wb. II, 199. vgl. oben pewern. auch
puwern scheint daneben vorzukommen.

tamern dämmern, dunkel, reſp. hell werden; auch ein wenig
ſchlafen, bes. am tage; s. Weig. I, 346; engl. dim; ahd. dēmar;
tamerunge Dämmerung.

tättern ſchnell ſprechen, ſchwatzen; bair. tattern Schmell. I, 631.
Gr. Wb. II, 828 dattern, 671 dadern, dädern, dodern; dazu
gehört auch tuttern erſchreckt, verlegen ſein, zögern, in der Ver-
legenheit ſtammeln; bair. tuttern Schmell. I, 634.

toppern Töpfe entzwei werfen, zerſchlagen, wohl von top Topf
scherzhaft gebildet. [Schambach 43 b.

tischern Tiſchlerarbeit machen, als Tiſchler (tischer) arbeiten;
toltern ſchwanken, ſtolpern; tolter m. der ungeſchickt gehende,
ſchwerfällige Tölpel; auch tolterjân; ist bair. Töldrian Schmell. I,
502 zu vergleichen? jedenfalls engl. dolt, dummkopf, tölpel Ed.
Müller I, 306.

tustern flüſtern, heimlich einander zuraunen; Schamb. 237 b.
bair. das Tuſter, geſpenſtiſches Weſen, Schmell. I, 629; Mhd.
Wb. III, 154. [Wb. I, 35.

sich op-eschern ſich abmühen, nhd. abeſchern Weig. I, 5. Gr.
fanstern tüchtig ausſchelten, wie nhd. ausfenſtern Weig. I, 109.
feſpern das Veſperbrot eſſen; mlt. vesperare, Weig. 1014 f.
flättern, flattern, wie nhd. flattern, engl. to flutter, Weig. I,
541 und 542.
flistern, wie nhd. flüſtern, fliſtern; ahd. flistran liebkoſen. Weig.
I, 550. auch flispern kommt vor wie bair. flispeln, flispern,
Schmell. I, 798.
flunkern trügeriſch, ſich einen Schein gebend, reden, lügen; holl.

flonkeren, Weig. I, 556 und 549 zu flink und flinkern. bair. Schmell. I, 793 und 794.

fûtern fluchen nnb ſchelten, laut ſprechenb lärmen. Weig. I, 597 futtern; bair. futtern; Gr. IV, 369; nicht von fr. foutre, wie Weig. will, soudern von foudre.

jâchtern wilb unb auẞgelaſſen herumlaufen; nd. jachtern, Schamb. 93 a. von jâgen; bair. jachtero, juchtern, Schmell. I, 1200.

jâckern ſchnell fahren, hess. ebenso, Vilmar, 181; s. Gr. Wb. IV², 2199 jackern, Weig. I, 868. dasselbe jochen.

jackern gackern, gackeln vom Schreien ber Hühner. Weig. I, 600. vgl. kâkeln und jaksen. Schmell. I, 882. Gr. Wb. IV, 1130.

jäldern mit Wucht unb Nachbruck etwaẞ werfen, bes. gegen etwaẞ; Schamb. gallern s. 59a. von gallen laut ſchallen, Gr. Wb. IV, 1190; hess. gallern.

jappern mit Mühe atmen, jappen, Woig. I. 871.

er-jâttern erhaſchen, fangen, Weig. I, 466 ergattern, 110 ausgattern und 617.

jippern begierig, ſehnſüchtig nach etwaẞ verlangen; Schamb. 94b jipperig. ist es vielleicht eine ablautform zu jappen, gapen ben Munb auffperren? jipper, japper m. bebeutet bie Gier, ſehnſüchtigeẞ Verlangen.

jlimern zitternb, glühenb glänzen; Weig. I, 709 und 708 glimen; von jlî'm glimmen; mhd. glîme, ahd. glîmo Glanz, Gleim. Schmell. I, 974.

jlitzern, in zuckenben, kleinen Lichtblicken glänzen, ſchimmern; Weig. I, 710. mhd. glitzeren. Schmell. I, 978. zu gleissen, mhd. glîszen, abd. kliszan.

jlûstern mit hellen Augen blicken, genau zuſehen, beſonderẞ im Halbbunkel zu unterſcheiben ſuchen; Schamb. 65b; vergl. glast Weig. I, 701 und bair. glosen, glosten, Schmell. I, 977.

jräldern rauh im Halſe ſein, rauh, heiſer ſprechen; Schamb. 67b grallen, grallern; adj. jrälderig; eẞ gehört zu nhd. grell, mhd. grëllen st. v., wober auch groll.

hadern refl. ſich zanken, habern, ſtreiten, Weig. I., 749, ahd. hader Kampf. Gr. Wb. IV² 111. daneben auch hedern mit umlaut.

häpern ſtocken, nicht recht vorwärtẞ woll en; Schamb. 74b, Weig I, 769. Gr. Wb. IV², 471. happen bedeutet in unserer mundart (ausser zuſchnappen, zubeißen) auch noch von schuhen, die nicht festsitzen, niederſchlagen, hängen bleiben beim Zutritt. diese bedeutung ergibt leicht die des stockens.

hôkern klettern, von Kindern geſagt, ſich anhocken, aufhocken; Schamb. 84a hôkern; Gr. Wb. IV² 1652 höckern zu hocken 1649. Weig. I, 818.

huckern im Sitzen ſich ſchnell auf- und ab bewegen, von hucken hüpfen, ſich hockend und hüpfend fort bewegen. Gr. Wb. IV² 1859. gewöhnlich bedeutet hucken, ufhucken auf den Rücken nehmen. hudern 1) etwas oberflächlich machen, beſorgen, wie hûdeln Gr. Wb. IV,² 1864. 2. refl. fröſteln, ſchaudern; auch impers. esz hudert mich; 3) von den hühnern: ſich im Staub und Sand baden, s. Gr. Wb. IV² 1864 unten. Schmell. I, 1055.

hul•kern rollen, drehen, in Röllchen drehen, auch über etwas rollen, das ſich nicht ebnet, glatt walzen läßt, ſondern unebene Erhöhungen annimmt, holpericht wird; ich bin ungewiss, ob das wort nur eine nebenform von holpern, holpericht ist (s. Gr. Wb. IV², 1760 f. und 1743, wo aus Lessing holkricht als nebenform von holpricht angeführt wird), oder zu bair. holern, hulgen höhlen, s. Schmell. I, 1083 zu stellen ist; auch Schambachs holke (84 b), vertiefung im wege, gehört wahrscheinlich dazu.

kedern plaudern, ſchwatzen, ſich unterhalten; gut erhaltenes wort vom alten stamme got. quithan, ags. cvedan, alts. quethan, ahd. quëdan, eng. quoth; s. Gr. Wb. V, 380 ff. keden und 1568 köddern, nd. köddern; weit verbreitet.   [s. Weig. I, 982.

kêdern köbern, locken, scheint aus nhd. köbern entnommen.

kichern, kittern lachen, verſteckt und unterdrückt lachen; s. Weig. I, 929; Gr. Wb. V, 660, 661 und 865 ff. engl. to giggle. Schmell. I, 1223.

klackern in Kleſſen etwas zerſtreuen, ſo daß es ſchallt, klackt; das feinere klickern bedeutet dasselbe, nur für den helleren ton des fallens und kleinere, feinere teilchen; klackern ist nhd. klackern Weig. I, 945, Gr. Wb. V, 1058, 1054, 891. 1158—1160; Schmell. I, 1324.

klâmîsern, ûszkl., selten kâlmîsern ausdenken, mit Mühe erforſchen; s. Weig. I, 890 kalmäuser; Gr. V, 70 f. Schmell. I, 1232. Schamb. 101 a. die erste silbe hat metathesis.

klampern, klimpern ḩämmern, flimpern, wie nhd. klempern
uud klimpern. Gr. Wb. V, 1143, 943, 1169; Weig. I, 949, 953.
kläppern, kleppern; ersteres wie nhd. flappern, Gr. Wb. V,
970 ff. Weig. I, 942, letzteres gewöhnlich vom fahren, traben
mit einem pferde, klepper; Gr. Wb. V, 975, 1147. Weig. I, 950.
kläspern, vom geräusch der mäuse = kráspeln; vgl. knastern
und kleisper Gr. Wb. 1007, 1133.

klawern, kliwern, kluwern, bedeuten alle drei das feine
klauben, ab=, zer=, auseinanderflauben; abſpalten in fleinen Teilen;
kliwern stellt sich zu klieben, mhd. klieben, ahd. chliopan Weig.
I, 952; kluwern zu klauben (klûb'n), mhd. klûbeo, ahd. klûbôn;
Gr. Wb. V, 1158 klibern; 1019 ff. klauben, 1025 klaubern;
1257 klub; klawern aber ist das 1052 4) unter klebern angeführte
wort; es würde nach der bedeutung ein sw. v. kleben von klieben
voraussetzen; vgl. dazu Schamb. 102 b klipern, klappern.
klêtern ḩin= und ḩergeḩen, aus und ein, oḩne ernſtḩafte
Tḩätigfeit; nd. klûtern Schamb. 105 a; ob engl. clout dazu gehört, ist wohl zweifelhaft; dagegen klittern, klûttern Gr. V,
1213 bes. 2, b), denn auch der nebenbegriff des klapperns mit
thüren und hantierungen ist immer mit klêtern verbunden.
klingern, nebenform zu klingen, klingeln Gr. V, 1192 klingern.
es bedeutet mehr den grellen, herben ton des klingens, klingeln
mehr den weichen, metallischen.   [Weig. I, 963.
knäckern oft fnaden, vom feuer fniſtern Gr. Wb. V, 1331,
knästern, kuistern praſſeln, raſſeln, meistens vom feuer.
Gr. Wb. V, 1359, 1444, 1445. Weig. I, 965 ff.

knattern, kuätern, knittern; knattern bedeutet brummen,
fnurren von menschen; fnattern vom Geweḩrfeuer, Gr. Wb. V,
1360 f.; knätern, nd. knêtern Schamb. 106 a, fnarren, fnaden von
trodenen Gefäßen, ſich biegenden und dabei fnadenden Gegenſtänden,
vom Donner; knittern dasselbe in kurzen hellen tönen; oft vom
donner oder von bäumen im sturme: esz knittert un knätert.
Gr. Wb. V, 1447. transitiv ist knittern, zerknittern zer=
brechen, zuſammenbrechen, =brüden; dafür öfter auch knêtern.
knawern, knâwern mit Geräuſch nagen wie Gr. Wb. V, 1311
knabbern und knäbbern, Weig. I, 964 f. auch knuppern,
knuwern.

knickern, knippern knausern, knickerig sein; jenes zu knicken, knacken abbrechen, dieses zu kneifen abkneifen; Gr. Wb. V, 1420 und 1437. knickern bedeutet ausserdem das feine, schnelle knacken der reiser beim abbrechen und ähnl. [I, 1355. knuspern an Hartem nagen, Gr. V, 1527, Weig. I, 978. Schmell. koldern kollern, toll, kollerig sein; Gr. Wb. V, 1617 ff. Weig. I, 985.

kuldern rollen, herabrollend poltern wie Schamb. 116a kullern; Gr. V, 2586 und 1619 f. kollern, kullern.

kul*kern bezeichnet den klang des aus engen röhren sich zwängenden wassers und des kolkens in den eingeweiden; s. Gr. Wb. V, 1613, kolkern, und 2585 kulkern.

kwâdern im Wasser hantieren, damit nach den Seiten plätschern; intr. in zahlreichen Tropfen herumspritzen, sich verbreiten, s. Schamb. 162b quadern. eine ableitung dazu kenne ich nicht; vielleicht ist es zu kwâtschen, quatschen zu stellen; s. Weig. II, 416; die bedeutung des platschenden, spritzenden tones des wassers ist wenigstens beiden gemein.

läckern flackern, lobern vom feuer; Schamb. 118a; es scheint zu bair. läck erwärmter dunst (Schmell. I, 1432) und dem hütten-männischen lack Gr. Wb. VI, 34, zu gehören, wenn es nicht vielleicht eine intensivbildung zu lohe, mhd. louc, Weig. I, 1129 ist, wogegen allerdings der vocal spricht.

lappern, gewöhnlich nur zesâmlappern refl. wie nhd. Weig. I, 1061 in kleinen Stücken zusammenkommen, sich sammeln, s. Gr. Wb. VI, 199. lapperschulln, Läpperschulden.

leckern locken, durch kleine Geschenke verlocken, an sich locken; oplecken ablocken; s. Gr. Wb. VI, 1113 lockern, löckern, luckern und I, 69 ablecken.

pelemmern, gewöhnlich nur im particip. erscheinend: pelemert sîn; es bedeutet: verächtlich, nicht beachtenswert sein; ursprünglich wohl, wie Gr. Wb. I, 1435 unter belampern, beschmutzt; die 1445 zu belemmern angegebene bedeutung impedire hat es nicht. Schamb. 20b gibt eine vermittelnde; beachtenswert ist vielleicht noch verlemmern bei Schmell. I, 1471 = verspielen.

lickern lecken, naschen, iterat. von licken lecken, mhd. lëcken, ahd. lëckôn, nl. likken; ags. liccian, engl. to lick, lat. lingere.

lippern Lippen und Zunge begierig oder lüstern wonach bewegen;
s. Gr. Wb. VI, 1060 lippern und 1058 lippeln.

lodern, verlodern schlaff, lotterig sein, unordentlich und träge
sich dem Müßiggang ergeben; durch Müßiggang zu Grunde gehen
lassen; lodderig schlaff, schlotterig, unordentlich; loderéje; loder-
päst, schelte: Lotterbube, unordentlicher Mensch; s. Gr. VI, 1210 ff.
lotter, lottern; Weig. I, 1138; Schmell. I, 1540 f.

lungern sich müßig herumtreiben; Schamb. 127 b; urspr. gierig
aufpassen, s. Wb. VI, 1306; Weig. I, 1146. Schm. I, 1492.

mickern, 1. klein und unleserlich schreiben, fein kritzeln; wie
Schamb. 135 ᵃ, Gr. Wb VI, 2170 unter mick; 2. meckern; 3.
stockend sprechen; s. Weig. II, 55. Schm. I, 1566 mickern =
wiehern; mlt. miccire, gr. μηκᾶσϑαι

muckern halblaute Töne von sich geben; mucken, muckſen; zu
mucken iterat.; s. Weig. II, 142. Schmell. I, 1566.

räckern, gewöhnlich nur: sich opräckern, sich schinden, mühen;
von racker der Schinder, s. Schamb. 167a, Weig. II, 424; nd.
racken scharren; got. rikan.

rättern, ruttern; 1. rasselnd klappern, von dem schnellen
Fahren über holpriges Terrain, so daß schnellstoßende Er-
schütterung eintritt; 2. rättern bedeutet auch schnell sprechen,
monoton die Worte heftig und schnell hervorstoßen; nd. ratern,
raetern Schamb. 168 a; Weig. II, 441 rattern; engl. to rattle.

rispern refl. sich räuspern; der umlaut î setzt û voraus, vgl.
Weig. II, 444.

rustern rosten, einrosten; iter. zu rusten; Schamb. 117b;
rusterig rostig.

sawern den Speichel fließen lassen, bes. von kindern gesagt;
Schamb. 179 b saweln und sawern; zu nhd. seifer, seifern, Weig.
II, 682. vgl. unter sîpern. jedoch lässt sich vielleicht noch
richtiger vergleichen bair. besäbeln Schmell. II, 206; und be-
sabbern Gr. Wb. I, 1539 und 1609 besebeln.

schattern dämmern, vom zwielicht der morgen- und abend-
dämmerung; offenbar eine bildung von schatten mit umlaut; vgl.
schetten spätmhd. Weig. II, 553.

schattern, hell gackernd schreien; von hühnern; bair. schättern,
Schmell. II, 483: laut lachen, schäfern, schreien wie die Elster.

schawern, keifenb ſdjelten; von kleinen hunden: bellen, kläffen;
Schmell. II, 354: schebern, scheppern ſd)lottern, klappern, scheint
dasselbe wort zu sein.

schilfern, schulfern ſid) in Sdjuppen ablöſen, abblättern;
nd. schilwern, Schamb. 183 b. Schmell. II, 410 schelfen, ſdjälen,
schelfern, schulfern. Weig. II, 561. ahd. sceliva Sdjote.
schulfern pl. Sdjuppen, bünne Pſättd)en.

schimern, schumern; wie uhd. ſdjimmern, im Dämmerlid)t
fein leud)ten; ahd. scinwan; vgl. aud) Sdjemen, Weig. II, 576.
schumern wird nur von der dämmerung angewandt; schumerig
warn bunfel werben, anfangen ju bunfeln; Schamb. 187 a,
Schmell. II, 420 f.

schläwern, schlawern begierig unb ſtarf lecken, Jlüſſigfeiten
einlecken, von menschen: lururiöſe Lecferei, Sdjlemmerei treiben.
nd. slabbern, holl. slabben, slabbern Schamb. 192 b, Weig. 578
schlabbertuch und 582 schlappen; bair. schlappen Schmell. II, 530.

schläppern ſd)laff, loſe hangen, ſid) bewegen, von kleidern,
vom gange, der haltung der glieder ges.; Weig. II, 582; Schamb.
193 b slapern.

schlenkern ſd)leubern, loſe ſdjwingen, in ſd)laffen Biegungen
hangen unb baumeln; es gehört zu schlank und schlingen; s. Weig. II,
588; nd. slenkern Schamb. 194 a; Schmell. II, 529. schlenker-
worscht heisst die in sehr schlaffe, lockere und lange gedärme
gefüllte bregenwurst.

schlickern auf Eis ſd)leifen, gleiten; schlickerpâne Sdjleifbahn;
es scheint eine intensivform von schleichen, mhd. slîchen zu sein,
nicht identisch mit nd. slickern Schamb. 194 b und Schmell. II,
504, deren bedeutung das schlaffe, schwankende, flüssige ist,
während unser schlickern die des schleifenden gleitens hat.

schlidern ſd)leubern; zeigt auffällig kurzen vocal; vgl. Weig. II,
589 schleuder, Schmell. II, 506.

schlippern raſd) unb beweglid) gleiten, ſd)lüpfen, bes. von
fischen ges.; vgl. nhd. schlipferig Weig. II, 593 und schlüpferig
597, engl. to slip, zu schliefen, mhd. sliefen, ahd. sliophan; bair.
schlipfern Schmell. II, 532.

schlittern, jerſpleißen, jerſpalten, in viele, fleine Splittern jer=
reißen, vom holze ges.; schlitter f. Splitter, geſpaltenes Holjſtück.

es ist iterativbildung von schleissen, mhd. slîszen, ahd. slîszan,
mit beibehaltung der tenuis wie splitter, splittern von spleissen;
engl. to slit.

schlodern, ſchlottern, loſe hin= unb herſchwanken, nd. slodern,
sluddern Weig. II, 594 f., Schamb. 195b; bair. schludern,
schlottern, Schmell. II, 538.

schmadern, schmädern ſtark regnen, regnen unb ſchneien
burch einanber; schmäder m. bickflüſſiger Schnee ober Regen=
ſchmuß; nd. smaddern Schamb. 197a. schmudelich ſchmußig;
sie gehören offenbar als nd. formen zu hd. schmutz, Weig. II, 610.
bair. anschmudeln angeifern, schmudelich unſauber, Schmell. II,
545. engl. smut Ed. Müll. II, 416.

schmattern ſchmettern, mit Heftigkeit werfen, ſchleubern gegen
ober auf etwas; das a entspricht e oder ē, s. Weig. II, 605.
bair. schmädern Schmell. II, 544.

schnättern ſchnattern, Weig. II, 614. auch die umgelautete
form schnattern wie schweiz. schnädern steht daneben. nd.
snâtern.

schnuppern beriechen, ſchnobern, ſchnöbern; iterat. zu schnupfen,
nd. schnuppen; s. Weig. II, 622 f.; bair. schnuppern Schmell.
II, 578. auch ein selteneres schnickern, nd. snückern Schamb.
201a, findet sich in derselben bedeut. mit dem bekannten
mutenwechsel.

schpîtern ſein ſpotten, höhnen, ſticheln, ſpötteln; über die
ableit. s. im idiot. unter schpît.

schtämern, mit umlaut schtamern, ſtammeln,ſtottern; schtämer-
pok Stotterer, Stammler; Weig. II, 794.

schtêkern, schtockern mit einem Stock, einer Stange in
etwas ſtockeln, ſtechen; nd. stöckern, von stôken Schamb. 211b,
hd. stockern Weig. II, 822; zu stechen gehörig.

schtenkern Streit anfangen, jemanb ärgern, zum Zorn reizen;
von schtänk Verbruß, Aerger. auch Schmell. II, 771 ver-
zeichnet ein besonderes stank = verdruss, und es könnte dies
ein ganz selbständiges wort sein, nur von derselben wurzel wie
stank, gestank; jedenfalls ergibt sich die bedeutung „händel
erregen" daraus natürlicher als aus stank = übler geruch. die bei
Schamb. 209b angegebene bedeutung des refl.: ſich eine Speiſe,

8

Futter zuwider freſſen durch Uebermaß ist ebenfalls ganz gewöhnlich.

schtimpern ſtümpern, etwas unvollkommen thun, beſonders ſtümpernd leſen; nhd. stümpern Weig. II, 847, mhd. stumben verſtümmeln, s. stummel Weig. II, 846.

schtippern, schtiwern fein regnen, anfangen zu regnen; das erstere schliesst sich am leichtesten an stupfen, stüpfen (Weig. II, 849) an, könnte aber auch, wie das zweite jedenfalls, zu stieben (Weig. 817) gehören, dem es der bedeutung nach mehr entspricht. vgl. stäuben, stöbern. nd. stippern, stibbern, stübbern, stüwwern. auch bair. stibern, stöbern Schmell. II, 719 f.

schtulpern ſtolpern, ſtraucheln, zu stülpen ſtürzend um= kehren, Weig. II, 845 f., 825; Schamb. 216a; Schmell. II, 754.

schudern ſchaudern, Froſtempfindung haben; nd. schuddern, schöddern Schamb. 186b, engl. to shudder, nhd. schaudern. zu schütteln, mhd. schütelen, schütteln, ahd. scutilôn; mhd. schütel fieberfrost, s. Weig. II, 654.

schuppern refl. Furcht (schupper m.) vor etwas haben; Wider= willen, Ekel vor etwas empfinden; ebenso bair. Schmell. II, 438. es gehört zu mhd. schüpfen, schupfen, von schieben und bedeutet urspr. die kurz stossende bewegung der haut bei kalter oder widerlicher empfindung.

schuttern, schittern, tr. und intr., in ſtarke, zitternde Be= wegung ſetzen oder darin ſein; nhd. ſchüttern, erſchüttern, Weig. II, 654 f. zu ahd. scutjan, alts. scuddian, ſchütten, ſchütteln. Schmell. II, 490 schuttern.

sickern durch feine Oeffnungen rinnen, ſickern, durchſickern; zu mhd. sîgen ſich tropfenweis ſenken, niederfallen, Weig. II, 706; Schmell. II, 222. dasselbe bedeutet auch sîpern, Schamb. 192b sîpen, zîpen, sîpern, zîpern, ags. sipan; vgl. bair. saffezen Schmell. II, 229. mhd. sîfen, st. v., Mhd. Wb. II², 263. das oben besprochene sawern scheint damit zusammenzuhängen. vgl. noch bair. sifern Schmell. II, 231.

welzern refl. ſich wälzen, auf dem Boden, im Gras herum= rollen, nd. weltern Schamb. 293b, engl. to welter. zu wälzen, walzen Weig. 1050.

wil•kern rollen, zu Röllchen drehen, beſonders Teig, auch Zeug.

Schamb. 298a wilkern. wil°ker, wul°ker f. runber, nubel=
förmiger Körper, nd. wilkere f.; Schmellers (II, 907) Wilken
wohl dasselbe. wolke, mhd. wolken n., ahd. wolchan, scheint
mir desselben stammes zu sein, und würde danach das sich zu
runden massen wälzende bedeuten; vgl. dazu Weig. II, 1138.
wuppern, wuwern sich in unruhiger, zitternber Bewegung be-
finden, hüpfen, sich schnell auf= und nieberheben; es gehört zu
nd. wippen auf= und nieberschnellen, ndl. wippen im Kreise brehen,
schwenken, s. Weig. 1125, Schmeller II, 965 zu wipfizen; das
auf- und abhüpfen des wassers in bächen und steinigen flussbetten
scheint danach der flussname Wipper, Wupper, der in verschiedenen gegenden vorkommt, zu bedeuten.
zeckern zögern, zurückbleiben, fortwährenb Aufenthalt suchen;
iterat. zu mhd. zogen, ahd. zocôn, zogôn; vgl. bair. zeckern zerren
und zöckern Schmell. II, 1081, 1083. jedoch liegt auch zêkern
von zag 1088 nahe.   [II, 1159.
zêtern schreien, plärren, zetern; s. Weig. II, 1172, Schmell.
zwinkern mit ben Augen zwinken, blinzeln, zucken, nhd. zwinken
Weig. II, 1212, bair. zwinkern Schmell. II, 1179.

---

c) die verba auf sen, schen, zen.

panschen im Wasser plätschern, es mit ber flachen ober hohlen
Hand schlagen unb auseinanderwerfen; Weig. II, 296; vgl. auch
Schmell. I, 397.
pätschen im Wasser, in Pfützen, Moraft waten; pätschnäsz
ganz naß; pätsche f. Pfütze, nasse, schlammige Stelle; s. Weig.
II, 316. vgl. nd. patschen, patjen Schamb. 152b und oben
pättern. fr. patte Fuß, Fußsohle.
perschen, preschen eilig gehen, mit Anstrengung laufen,
rennen; beide wohl dasselbe; das zweite metathesierte ist das
häufigere; das viel gebrauchte wort scheint das nhd. birschen,
mhd. birsen, altfr. bercer zu sein oder gehört es vielleicht zu
presser? vgl. Weig. I, 226 und II, 388.
pîpsen piepen, piepsen, Weig. II, 350. lat. pipare, pipire.

plätsch en ſchallend niederſchlagen, fallen, davon pletschern
plätſchern; besonders gern wird es von niederklatschendem wasser
gebraucht: plåtschnäsz klatſchend naß. s. Weig. II, 359. nd.
platschen Schamb. 156 a.

plumpsen mit dumpfem Ton fallen, beſonders in die Tiefe, einen
Brunnen und dergl., ſchwer umfallen; plumps m. der dumpfe
Fall; auch interj. s. Weig. II, 364 f. zu plump, plumpheit, plumbs.
prem•sen laut weinen, heulen; es gehört zu ahd. prēman, mhd.
brimmen, brummen, ſummen, wovon brummen stammt; s. Weig.
I, 265 zu bremse, breme und 274 zu brummeln. prem•seu
einen Wagen hemmen durch Balken und Schraube, kommt dagegen vom subst. prem•se Hemmvorrichtung her, Weig. II, 265.
pritschen, oppritschen abſpringen, zurückſchlagen, ab= zurück=
prallen; von britsche, pritsche. Weig. II, 392, Gr. Wb. II, 393.
die hier gegebenen bedeutungen scheinen aus „mit der pritsche
schlagen" erst neu entwickelt.
pumpsen dumpf ſchallen, dröhnen, auch trans. dumpf an etwas
ſchlagen; s. Weig. II, 406 f.; von pumpen dumpf klopfen, ſchlagen;
pumps m. dumpfer Schlag, dumpf dröhnender Schall. [III, 1770.
fletschen die Zähne zeigen, grinſen, grinſend lachen; Gr. Wb.
flitzen wie ein Pfeil fliegen, dahinſchießen; flitzpōgen Arm=
bruſt. s. Gr. Wb. III, 1808 flitz der pfeil, Weig. I, 551 Flitz=
bogen, Schamb. 272 b flitze und bair. flitzen Schmell. I, 800.
flåtschen, selten flåtschen ſtarken, reißenden Fortgang haben;
vgl. Gr. Wb. III, 1729 flatschen 3); wahrscheinlich ist es einfach verbum von flatsche m. (in uns. mund. flåtschen m.),
lacinia, copia; nd. vlåtsche f. Schambach 271 b, Weig. I, 541,
denn der begriff „in grossen stücken gefördert werden" liegt dem
verbum immer zu grunde; auch wird es gewöhnlich nur bei solchen
thätigkeiten gebraucht, wo stücke abgehauen, geschnitten etc.
werden; das û ist allerdings auffällig. ob das altmärk. flûschen
Weig. I, 556 hierher gehört, ist mir zweifelhaft.
jaksen ſchreien, beſonders in langgezogenem Tone, von hühnern;
nur wenig verschieden von jåckern gackern; s. Weig. I, 600,
ahd. gaccizôn. dasselbe jatzen Weig. I, 618, vielleicht nur
mit ausfall des k-lautes aus dem vorigen; s. Gr. Wb. IV ' 1515 f.
jautzen, jauzen bellen, heulen, vom hunde, Weig. I, 621

gauzen. Gr. Wb. IV' 1593. sinnverwandt ist jaul'n, jauełn. Weig. I, 872. [Weig. I, 709 f.

jlitschen glitſchen, gleiten; adj. jlitschig glatt, ſchlüpferig; jlotzen, ânjlotzen ſtarr ſehen, anſehen mit aufgeriſſenen Augen; zu mhd. klieszen, ahd. chlioszan, auseinanderreißen, ſpalten; Weig. I, 711. Schmell. I, 979.

jrânsen weinen; Schamb. 67b vergleicht ags. granian gemere; bair. granzen, gransen weinen, Schmell. I, 1005. mhd. grans der Schnabel, Weig. I, 723. grinnen und grunzen wird damit zusammengestellt. man könnte auch an got. grêtan denken, wenn die lautverschiebung stimmte.

jrapschen, jripsen; ersteres mit vollen Händen greifen, raufen, an ſich reißen; letzteres: heimlich faſſen, greifen, entwenden, ſtehlen; Schamb. 67b grapschen, (engl. to grasp) hält es für ein intens. von grîpan, greifen, wie mir scheint, mit recht, ebenso Ed. Müller I, 463; Weig. I, 723 leitet es von fr. grapper und dieses vom mhd. krapfe, mhd. kripfen ab. vgl. noch Schmell. I, 1007.

jrätschen mit den Beinen ſeitwärts ausgleiten oder rutſchen, ſperrbeinig gleiten; nhd. grätschen, bair. grätschen, s. Weig. I, 725, Schmell. I, 1017. vgl. got. grids Stufe, ahd. pigrêtan, bair. graten. Schm. I, 1015; nhd. greten Weig. I, 729.

jrinsen wie nhd. zähnebleckend das Geſicht verziehen; zu mhd. grînen, s. Weig. I, 732 und greinen 728, Schmell. I, 999. nd. grînen Schamb. 68b.

jurschen heftig ſchlagen, prügeln, züchtigen; dieses gar nicht seltene wort weiss ich nirgends unterzubringen; sein umlaut würde hd. g. voraussetzen; aus „gurt" jedoch lässt es sich kaum herleiten, da nichts dem ähnliches davon existiert; die bedeutung „mit dem gurt, gürtel schlagen" würde ja freilich einigermassen entsprechen. etwas wahrscheinlicher scheint mir noch, dass es mit mhd. hurten, fr. heurter, engl. to hurt, nhd. hurtig zusammenhängt; bair. hurzen, hürzen anprallen, anſtoßen, Schmell. I, 1172. der anlaut müsste dann entstellt sein. dieselbe schwierigkeit, den anlaut zu erklären, bleibt auch bei dem sonst noch näher liegenden hurschen Gr. Wb. IV² 1969, und ahd. hurscan exercere.

hätschen, von kindern gesagt: kriechen, auf allen Vieren ſich mühſam fortbewegen, auch an jemanb hinaufklettern; bair. hätschen einen ſchleppenben Gang haben, Schmell. I, 1191; vgl. auch Weig. I, 775 hätscheln, und 841 butschen. Gr. Wb. IV² 559. hopsen hüpfen, ſpringen, auf einem Bein tanzen; hopser m. Sprung; md. hoppen (hier huppen); ags. hoppetan; s. Weig. I, 827 und 839. Gr. Wb. IV², 1800. Schmell. I, 1142. die form hupsen kommt auch vor.

hutschen ſich kriechenb fortbewegen, rutſchen wie Gr. Wb. IV² 1993 hutschen 1). Weig. I, 841. Schmell. I, 1192. Schamb. 90 b. kätschen laut ſchreien, rufen, ſchelten in ſchrillem, langgezogenem Tone; ich finde das wort nirgends; katschen bei Gr. Wb. V, 278 scheint nach der sehr abliegenden bedeutung nicht verwandt zu sein; es scheint eine intensivform vom alten verbum keden, got. quithan, das wir in kedern schon fanden, zu sein; s. Gr. Wb. V, 380. lautlich und in der bedeutung trifft es vollkommen zu; sollte das wort nicht sonst irgendwo vorkommen? kiksen ſtechen, neckenb kitzeln s. Gr. Wb. V, 702 kiken und 3) kiksen. bair. gigken, gigkeln, gigksen Schmell. I, 883. engl. to kick.

klätschen, klätschen, klitschen; das erste wie nhd. klatſchen, ſchallen, klatſchenb ſchlagen u. s. w.; Gr. Wb. V, 1011 ff., Weig. I, 944; das zweite bedeutet, wie meistens die nebenformen mit langem vocal, die unserer mundart eigentümlich sind, den starken, weithin schallenden schlag, z. b. der zugeschlagenen thür; das dritte wie nhd. klitſchen (Gr. Wb. V, 1211, Weig. I, 956) den höheren, helleren ton, besonders das auf- oder gegenschlagen breiiger massen, lehm, gips etc. gegen steine, mauern und dgl. knapsen, knipsen, knupsen, meistens mit op- (ab) zusammengesetzt: abkneifen, abbrechen, weg=, fortſchnellen, vom riegel eines schlosses: vorſchieben, zuſchnappen laſſen; der unterschied im gebrauch richtet sich nur nach der beschaffenheit des schalles oder tones der betreffenden handlung; knupsen ist bisweilen auch =: knuppern; s. Gr. Wb. V, 1351, 1439, 1524 und 1344 zu knappen und 1515 zu knuſſen. Weig. I, 964 und 971. knatschen, knetschen, knütschen; das erste bedeutet: in flüſſige, breiige Maſſen treten, etwas zu einer ſolchen zertreten, intr. ben entſprechenben Ton hören laſſen; übertragen: über etwas

weitläufig, tadelnd und langweilig kritteln, sich ermüdend in Un=
zufriedenheit äußern; die beiden andern bedeuten fast immer nur:
zerdrücken, zerpressen, zusammendrücken, pressen, Papier, Zeug,
Kräuter ꝛc.; vgl. zu diesen verben Gr. Wb. V, 1360 knatschen, 1415 knetschen, 1446 knitschen, 1512 knötschen,
1529 knutschen, knütschen und 1412 kneten; Schamb. 105b
knatschen; Weig. I, 978 knütschen, knütschen.
knerschen knirschen; s. Gr. Wb. V, 1441 ff., Weig. I, 971 f.
verknûseu verdauen, ertragen; s. Gr. Wb. V, 1526 knusen,
Schamb. 263a. Schmell. I, 1355.
krischen, st. v., kreischen, schreien; vom pferde: wiehern; Gr.
Wb. V, 2153. Weig. I, 1011 f. kreischen 2. Schamb. 113a.
Schmell. I, 1382.
krunksen von krunken, wiederholt ächzen, stöhnen, leidend
sein; Gr. Wb. V, 2470 f.; engl. to crunk, crunkle.
kwâtschen, kwîtschen, kwutschen; das erste = nhd.
quatschen, Weig. II, 416, vom tone gequetschter flüssigkeiten;
Schamb. 164a. kwâtsch m. weiche Masse, Schlamm, tauender
Schnee; kwâtschnâsz quatschend naß. kwutschen ist dasselbo
nur mit tieferem tone, Schamb. 165b. kwîtschen aber bedeutet
einen hellen, lang gezogenen ton einer im strahl ausgepressten
flüssigkeit, einer beere, und dgl.; s. Weig. II, 419 quietschen.
kwetschen, wie nhd. quetschen, drücken, pressen, durch Druck
verletzen; Weig. II, 418; mhd. quetzen; bair. quetzen, quetschen
Schmell. I, 1398.
kwiksen, selten neben kwîken, hell, grell schreien, bes. von
schweinen, kindern, mädchen ges.; Weig. II, 419 quieken und
quieksen; Schamb. 165a.
jäläschen prügeln, derb schlagen, durchprügeln; selten läschen,
wie Schamb. 119a und Weig. I, 1062. in der erhaltenen vollen
form und betonung stimmt es also sehr gut zu thüring., meiss.
kaláschen, mit erweichung des k, g zu j;Gr. Wb. VI, 211.
lätschen langsam und schleppend gehen, in ausgetretenen Schuhen,
Pantoffeln, Socken, die auch lâtschen heissen; s. Gr. Wb. VI,
278; lâtschig, langsam, träge, plump. Schmell. I, 1542.
Weig. I, 1066 f.
luksen, opluksen, abluchsen, durch List, falsches Spiel und

Betrug entwenden, heimlich ſtehlen; Gr. Wb. VI, 1223 luchson;
Weig. I, 1139; Schmell. I, 1428.

lunzen, sich henlunzeu zum Schlaf den Kopf niederlegen,
bes. von kindern ges.; mhd. lunzen leiſe ſchlummern; Mhd.
Wb. I, 1052. Schamb. 127 b luntjen, lunschen; Schmell.I, 1495
lunzen ſchlummern; Gr. Wb. VI, 1310.

manschen im Waſſer, in Flüſſigkeiten rühren, hantieren, ſie
miſchen; Weig. II, 27; Schmell. I, 1627 f.; mansch m. Gemiſch,
unſaubere Flüſſigkeit; manscheréje unſauberes Durcheinander=
miſchen; Gr. Wb. VI, 1606 f.

matschen weich quetſchen; matsch m. ſchlammiger Brei, Schmutz,
Kot. Weig. II, 46; Schamb. 131 b. bair. mätschen Schm. I,
1699. letzterer leitet es wohl richtiger aus dem slaw. als Weig.
vom ital. marciare ab, oder das schweiz. märtschen ist vielmehr
als ein wort für sich aufzufassen. Gr. Wb. VI. 1775. [1566.

muksen, wie nhd. mucfſen; Weig. II, 143, Schb. 139 a, Schm. I,
murksen grob, mit ſtumpfem Meſſer an etwas rauh ſchneiden;
ungeſchickt ſchlachten; opmurksen töten, hinmorden; Schm. I.
1649 murksen, morksen. die ableitung dieses wortes?

nutschen ſaugen, lutſchen; Schm. I, 1775; Gr. Wb. VII, 1020
nutscheln u. nutschen; VI, 1353 lutschen; Weig. I, 1150.

nuschen, terchnuschen ſchlagen, ſtoßen, durch=, abprügeln;
nusche pl. Schläge; Gr. Wb. VII, 1011. nuss und 1010 nussen;
ahd. nioszan, ags. hneôtan ſtoßen, got. hnutô Stachel; Weig. II,
247 bezweifelt diese ableitung; bair. nussen, ab-, dernussen Schm.
I, 1764. neben dem pl. nusche ist noch mit ursprünglichem sz
kopnisze Schläge an den Kopf richtig erhalten.

verôrzen vergeuden, vom vieh, welches das futter wegwirft;
Schamb. 148 orzen; bair. urässen, uräzen, urezen Schm. I, 134;
nd. orten, verorten, ags. orettan, engl. orts Überreſt; die richtige
ableitung ist schwierig.

rapschen heftig greifen, reißen, raffen; von râpen raffen; Weig.
II, 435 rapsen und nhd. raffen 426; bair. rapsen, rapschen,
Schm. II, 129, 132.

rätschen reißen, zerreißen, tr. und intr. immer mit dem begriff
eines grellen tones des zerrissenen gegenstandes. s Weig. II, 440
ratschen; mhd. ratzen kratzen, Mhd. Wb. 2¹, 584. Schb. 168 a

ratsch; bair. ratzen und rätschen Schm. II, 194 ist zu zergleichen; der
bedeutung nach stimmt auch sehr gut engl. to rash reißen, ſchneiden.

runksen, oprunksen in großen, unförmlichen Stücken ſchneiden,
abſchneiden, beſ. Brot; runks m. großes Stück; auch runken
dasselbe; Weig. II, 504 f.; bair. runken Schm. II, 122. mit dem
nd. runksen faul daliegen (Weig. II, 505, Schb. 177a) und bair.
runksen sich recken, Schm. II, 123, ist es nicht zu verwechseln.

rutschen rutſchen, gleiten, ſitzend oder ſtehend abwärts fahren;
herabſtürzen; mhd. rutsche, rütsche, sw. f., steiler bergabhang,
Mhd. Wb. 2¹, 824; Weig. II, 508. Schm. II, 191. rutsch! interj.
abgeriſſen, ohne weiteres, ſofort, wie Schb. 178 rutsch.

schlunzen nachläſſig, ſchleifend, mit ſchleppendem Kleide gehen;
hess. schlunzen, bair. schlenzen, Schm. II, 529; Schb. 196a slunz.
Weig. II, 588; vgl. nhd. schlendern.

schnärzen, bedeutet den scharrenden, kratzenden ton, der entsteht,
wenn dünnes zeug, papier u. dergl. lang durchrissen wird; zu vergleichen ist mhd. snarz stm., schnarre, wachtelkönig; Schm. II, 583.
es scheint nach laut und bedeutung zu schnarren zu gehören.

schnipsen, in kurzer Bewegung ſchnellen, abſchnappen laſſen,
ſpringen laſſen, z. B. ein Kügelchen, Obſtkern u. dgl., ferner
kleine Stücke fein und raſch abſchneiden; vgl. Weig. II, 620
schnippen und 612 schnappen; aber nicht mit schnipsen, ſchluchzen
ebendaselbst zu verwechseln. vgl. noch Schb. 200a snippeln,
holl. snipperen und bair. schnippen, schnipfen, schnippsen, Schm.
II, 578 f. u. nhd. schnupfen, die schnuppe Weig. II, 623 f., Schb. 201a.

schnuoksen von schnucken ſchluchzen, wie kinder nach dem
weinen; ebenso Schb. 200b snucken.

schnurpsen, von schnärpen, schnurpen in etwas Spröb=
friſches, Obſt, u. dgl. beißen, ſo daß es ſchnarrt oder kratzt;
bair. schnarpfen, schnurpsen ist lautlich ganz gleich, hat aber
ganz andere bedeutung: einſchrumpfen; Schm. II, 583.

schtenzen jagen, fortſtoßen, wegtreiben, am häufigsten in der
wendung: „ich will dich schtenzen.“ Schm. II, 773; hess.
stenzen, Vilm. 399.

schtiwitzen ſtehlen, liſtig und heimlich entwenden; Schb. 211a
stipitzen, Weig. II, 821, Schm. II, 774, aus dem slaw.: russ.
ᵘchtschipatj abkneifen.

schtrenzen fprißen, auß einer Büchſe (schtrenzepikse) im
Strahl fprißen; Schb. 214 a strenzeln, strenzelbüsse; schtrenze
faule Dirne wie bair. Schm. II, 817; auch stranzen, strenzen
daselbst und Mhd. Wb. 2² 676 stranzen, strenzen, müssig um-
herlaufen, lassen sich vergleichen, obgleich die bedeutung nicht
zusammentrifft. s. noch Weig. II, 841 strunze.

schtripsen 1. ſchlagen, hauen, prügeln; 2. heimlich ſtehlen,
s. oben schtriffeln; bair. strippen, stripsen Schm. II, 818, von
streifen, mhd. streufen, stroufen, aus dem jene beiden bedeutungen
leicht hervorgehen. schtripse pl. Schläge.

schupsen ſtoßen, ſchieben, fortſtoßen; von schuppen ſtoßen.
schups m. Stoß, Schub. koburg. schuppen, schuppsen Schm. II, 438.
zu schieben, schupfen, mhd. schupfen, Weig. II, 650.

sîfzen ſeufzen, auch bisweilen noch ohne umlaut: sûfzen; mhd.
siufzen; Schb. 217 b süfzen; ags. siofian; nd. süfften, süchten, söchten.

tàpschen, zôutàpschen zutappen, unzart zugreifen, dreingreifen;
adj. zôutàpsch tölpatſchig, plump, unhöflich. von tàppen
tappen und tàpen ſpielen, mit den Händen ſich ſpielend ſchlagen;
s. Weig. II, 877. tàps ungeſchickter Menſch. Schm. II, 612 f.

tàtschen, titschen; jenes: mit der flachen Hand auf etwaß
ſchlagen oder mit dem Fuße treten, dieses: mit einem Finger, Stock
u. dgl. auf etwaß ſchlagen. zu tàtschen s. Weig. II, 879 f. tatsche
und tatschen. tàtsche große, breite Hand, Schb. 225a. die ablautform titschen im bair. titscheln s. Schm. I, 555. vgl. noch dazu
Gr. Wb. II, 825 dätscheln, tätscheln und engl. to dash.

tràtschen mit ſchwerem, plumpem Schritt treten, einhergehen,
feft auf etwaß treten; eine bezeichnende intensivform zu treten;
vgl. hess. trassen, Vilm. 414.

truksen zögern, langſam zu etwaß ſein; Weig. I, 396; namentlich:
nicht mit der Sprache heraus wollen; Schb. 49 b druksen, drüksen,
bair. trucksen Schm. I, 647 ff.

wupsen springen, hüpfen, ſpringend laufen; wups! interj. ſchnell,
fofort; zu wippen mit ablaut. Weig. 1125.

witschen, wutschen, mit ûsz, furt, wak zusammengesetzt: ſich
raſch, eilig davon machen, verſchwinden; entwiſchen; Schm. I, 1058;
nhd. wischen, entwischen Weig. II, 1128; I, 456. Schb. 302a.

Vierter teil: Idiotikon.

In demselben sollen nur die durch form oder bedeutung auffallendsten wörter der mundart aufgeführt werden mit besonderer berücksichtigung der etymologie. wie schon im vorhergehendem sind dabei ausser dem Grimmschen, Weigands und dem Mittelhochdeutschen (Müller-Zarncke'schen) Wörterbuche zum vergleich besonders herangezogen Schmeller-Frommann, Vilmar und für das Niederdeutsche Schambachs Wb. der niederd. Mdt. der Fürstenthümer Göttingen und Grubenhagen. Martin Schultzes „Idiotikon der Nordthüringischen Mundart" ist leider gar zu dürftig und wenig wissenschaftlich, sonst würde es von wesentlichem nutzen gewesen sein, da die hier behandelte mdt., wie in der einleitung dargelegt ist, als unterharzische gerade dem Nordthüringischen am nächsten steht. für das Thüringische aber im allgemeinen sowie andrerseits für das im norden angrenzende gebiet des Niederdeutschen, das man das Ostfälische nennen könnte, liegen leider noch keine umfassenderen arbeiten vor.

A.

Äderkauggen wiederkäuen; nd. ârkauen, ârkeuen, Schb. 13 b, der dazu setzt: aus ält. aderkouwen, Quickb. edderkauen. für die ableitung des ersten teiles âder könnte man an after, got. aftra, denken und ausfall des f und erweichung des t zwischen vocalen annehmen; diese form und diese zusammensetzung jedoch finde ich sonst nirgend belegt. es scheint mir daher eher eine entstellung von itrüch, ahd. itaruchan, mhd. iterüchen, das aus

ahd. it, ita, got. id, ags. ēd, ērd zurück und ruchan (ructare, lit.
rugti) zusammengesetzt ist. das nicht mehr verstandene und
entstellte iterūch wurde dann mit kauggen wieder componiert;
ags. ēdroe, wetterau. irrerich; Weig. I, 867. bair. itkeuen,
itrucken Schm. I, 176.

aiterneszel Brennessel, urtica minor, mhd. eiterneszel; Weig. I,
435. Schm. I, 172. Gr. Wb. III, 393.

âlle adv. 1. zu Ende, aus, erschöpft, aufgebraucht; es ist die
alleinige form für das Gr. Wb. I, 210 f. II, 6 behandelte prädi-
kative all; âlle machen aufbrauchen, verzehren, durchbringen.
2. schon, bereits, nd. all, alle Schb. 7a. âlle weder schon
wieder; in fragesätzen mit wär wer scheint es alter instrum. zu
sein: wàr is'n âlle dôjewast? wer ist dagewesen? wenn nach dem
namen aller gefragt wird; vgl. dazu Schm. I, 57: wer ist aller
da? und Gr. Wb. I, 212, III, 4: wer alles war zugegen? in:
âlle wîle jetzt, eben; nd. alle wile (Schb. 7b) und bair. alle-
weil (Schm. I, 57) ist es wohl adjectiv = die ganze (jetzige) Zeit.
in fluchformeln (vgl. Gr. Wb. I, 213, III, 7 u. 220, aller) wie:
âlle hâgel, âlle téiker (alle Teufel), âlle watter etc.
scheint es plural zu sein. von zusammensetzungen ist merkwürdig: âlltâch Wochen-, Werftag, 'sâlltâchs an Werkeltagen,
das von Gr. Wb. I, 239 f. unter alltags für das hd. in abrede
gestellt wird. zur verstärkung dient âll nnd âlder-, ilder
(aller) in vielen verbindungen, z. b.: âllâbn eben deshalb, deshalb gerade; trimâllâbn darum eben, natürlich, freilich; vgl.
Schb. 7a; âldôrim eben darum; âlder das sogar, selbst; das
ist gen. sg. neutr. = des. âlder wäjen aller Wegen, überall,
vgl. engl. always. iu âldernengen aller Enden, überall scheint
unorganisches n eingeschoben zu sein. âlle ungerlôt sehr oft,
wiederholt, nd. alunderlât Schb. 8b, bedeutet wohl eigentlich:
alle Zwischenräume, in kurzen Unterbrechungen.

âllaine, adj. u. adv., hat altes e erhalten, s. Weig. I, 35 f.

alritzchen die Elritze, kleiner Fisch; Gr. Wb. III, 403 elderze;
Weig. I, 441 elritze; bair. erlitz, erling, eldritz. Schm. I, 143.

an. diese merkwürdige enklitische fragepartikel wird gebraucht
wie das nhd. denn in der frage, um dringlichkeit anzudeuten:
wäran? wer denn? wâszan was denn? wûan wo denn? wan aeran?

wann denn? iu voller frage tritt sie hinter das , verb: wär
hetzan jetôn wer hat's gethan? wû pistan jewast? wo bist du
denn gewesen? oder an das pronomen, dem sie sich eng anschliesst:
hâchan? habe ich denn? hâman', siman, bâtjan, sîtjan, hânsan,
sintsau, haben wir, sind wir, habt ihr, seid ihr, haben sie, sind
sie? etc. mit Regel (s. 77b f.) halte ich sie nicht für identisch
mit dem nhd. denn (welches als causalconj. in uns. mdt. immer,
obgleich nicht gar zu häufig gebraucht, dan lautet), sondern wie
das Ruhl. änn für die zähbewahrte alte fragepartikel, ahd. ëno,
ënonu, ënoni, mit der sie lautlich auch genau stimmt, da ë ⹀ a
ist; mit dem got. an lautet sie auf diese weise ganz gleich.
ânken stöhnen, seufzen, ächzen; nd. anken, Schb. 10b; Gr. Wb. I,
379 anken; danach gehört es zu enge und lat. angere; Vilm. 12 f.
ânte Ente, ahd. anut, anit, enit, mhd. ant, ent; es hat den umlaut gedehnt, vgl. nd. ântje, ânte, Schb. 12a, holl. eend.
äntrich Entrich ist selten für das gewöhnliche erpel.
arfte Erbse, wie nd. arfte, mit verhärtung des w zu f vor t
aus arwete, lat. ervum, s. Schb. 13a; holl. erwt; Weig. I, 462.
âr'n reflex. sich arten, gedeihen, gut ausschlagen, geraten; es wird
gebraucht von allem heranwachsenden, z. b. kindern, vieh, getreide,
auch vom geraten der butter, vgl. Weig. I, 79. âr'n intr. wie
nhd. arten nach, sein wie; vgl. Schb. 13a âren.
ârtlich hübsch, ansprechend, gefällig, während ârtig artig, sitt-
sam, gehorsam bedeutet.
ärtpêb'n Erdbeben, wird gern bildlich für Lärm, Getöse gebraucht, eine bei der unbekanntschaft mit erdbeben jedenfalls
eigentümliche metapher.
ärtspod'm, ärtspo'n Erdboden, bes. pflügbares Ackerland,
Ackerboden. das s weist darauf hin, dass es nicht mit erde, die
äre lautet, zusammengesetzt ist, sondern mit art, mhd. u. ahd.
art, gen. ardes; s. Mhd. Wb. I, 50a art, st. m.; vgl. auch
Weig. I, 80 die Art u. Schm. I, 149; Gr. Wb. I, 573. dieselbe
bedeutung hat ärtrîch Erdreich, Ackerboden, Schm. I, 149.
das seltenere ärtpod'm scheint durch das nhd. Erdboden daneben
einzudringen.
attepêre Erdbeere; der erste teil dieses wortes ist auffallend;
aus erdbeere kann es mit ausstossung oder assimilation des r

kaum entstanden sein, da erde immer are lautet. auch die nd.
ârbére u. arpel, Schb. 13, sind auffällige bildungen. vgl. die
mannigfachen bildungen des namens dieser frucht bei Schm. I,
139 u. Gr. Wb. III, 747.

au auch, wenn es weniger betont ist, sonst auch.
âwer aber, hat, wenn auch selten, die unorgan. superlativische
form âwerscht, vgl. Mart. Schultze abber u. abberst.

P. — nhd. B.

Päche wilbes Mutterschwein; s. Weig. I, 126 f.; Schm. I, 193;
Gr. Wb. I, 1061. ahd. pacho, mhd. bache, mlat. baco, franz.
engl. bacon.

pâd'n waten; praet. pätte; es ist von pâd'n baden zu unterscheiden, sein anlaut aber schwer zu erklären; sollte es mit
pättern (s. oben s. 104) zusammenhängen? vgl. auch nd. patjen,
Schb. 152 b.

paek n. der Bach; Môsepaek ein Forstort; vgl. Weig. I, 126.
engl. beck, schwed. bäck, dän. bäk, ahd. pah u. mhd. bach, nd.
bêk, bek, Schb. 20a, Gr. Wb. I, 1057 f. höchst merkwürdig
ist das neutr. geschlecht, da sonst das wort nur als m. u. fem.
erscheint.

pälzen m. der Balz, Ort wo das Federwild balzt; das wort ist
nur noch erhalten in dem flurnamen hânepälzen, den Weig. I,
139 auch aus der Wetterau anführt.

pânge Angst; ob es pl. oder fem. sg. ist, bleibt zweifelhaft, da
es nur in der verbindung: „kaine pänge hân" nicht angst sein,
vorkommt; vgl. Schb. 16a bange u. Schm. I, 250 der bang.

pünkert Bankart, Bankert, uneheliches Kind; s. Weig. I, 142;
Schm. I, 250; Gr. Wb. I, 1110 f.

pânse f. Banse, Scheune, Heu = und Getreidelager; pânsen
aufhäufen, aufschichten Heu, Getreide, Holz. s. Weig. I, 145.
got. bansts Scheuer; nd. banse, bansen Schb. 16a, Gr. Wb. I,
1119; Vilm. 25.   [Gr. Wb. I, 1126. Schb. 16a barbauz.
pârdâuz, interj. des niederfallenden, geworfenen; Weig. I, 148;

pårm' flagen, jammern, kläglich thun; nd. barmen Schb. 16b; Schm. I, 278; Gr. Wb. I, 1131.

Pårtlmai Bartholomäustag, 24. August; nd. Bartelmeives Schb. 16b. engl. Bartholomew; ebenso sind noch gebräuchlich: Jälln, St. Gallus, 16. Oktober; Jåkôwî oder Jåkôwije, 25. Juli; die letztere merkwürdige form haben auch Jôhännije Johannis und Michêlije Michaelis.

pårwes, pårwest barfuß; pårwespain, Spottschelte für Barfußgehende. nd. barwesch, thüring. barbes, Schb. 16b.

-påst, in der schelte: loderpåst unordentlicher Mensch; es scheint das gewöhnliche bast in der bedeutung fell, haut zu sein, welche begriffe oft zu verächtlichen ausdrücken verwandt werden. Påtánije Pfingstrose; es scheint eine entstellung von Päonie, Weig. II, 299, unter verwechselung mit Betonie, Weig. I, 207, mhd. bâtânje, zu sein.   [pess.

patze f. Hündin, engl. bitch, Gr. Wb. I, 1160 bätze; russ. påtzen m. Masse, Menge, Haufen; bair. batzen Schm. I, 314; Gr. Wb. I, 1160; davon auch nach Grimm patzig unartig, frech, keck; vgl. auch Weig. II, 316; Vilm. 27.

pêkefåsz, nd. bûkefat, Schb. 35a, das zur Aufnahme der Büchenlauge bestimmte Faß; inpêken Wäsche einlaugen, in Lauge legen; nd. bûken, bair. bäuchen, s. Gr. Wb. I, 1166 u. Weig. I, 158 Bauche, bauchen, bäuchen oder beuchen. nach Gr. u. Weig. aus dem Roman.: franz. buer (buquer), it. bucare.

pel•ken, nd. bölken, laut schreien, schreiend weinen; Schb. 29a. holl. balken, bulken; pel•k m., nd. bölk, lauter Aufschrei. die ableitung ist zweifelhaft; auch Gr. Wb. II, 231 bolken, bölken gibt keine. sollte es vielleicht zu ahd. pelgan, mhd. belgen anschwellen gehören, bair. belgen zanken (Schm. I, 236)?

pel•ker Böttcher; pel•kern Böttcherarbeit machen, betreiben; dann hämmern, vom hämmernden festschlagen der dauben hergenommen. die bildung dieses wortes ist sehr merkwürdig; aus boedeker, s. Weig. I, 255, mit vertauschung von d und l kann es kaum entstellt sein.

pêr'n heben, selten gebraucht für hêb'n, dem nd. boeren, ahd. burjan, holl. beuren, entlehnt; s. Schb. 30a.

pêre Beere und Birne; nd. bêre, ags. pera, Schb. 21b; ahd.

peri, beri, mhd. ber einerseits und ahd. pira, birä, mhd. bire,
bir andrerseits sind hier also in père zu einem worte verschmolzen.
pèrt n. Küchenbret, Bücherbret; nd. bôrd Schb. 30a; ags. bord,
holl. bord, got. baurd in fôtubaurd; Weig. I, 252 Bôrt; woher
in unserer und der nd. form der umlaut?
pewer oberhalb, über, aus bi- ober, vgl. nd. boben, bobene; so
wird ahd. pî überall mit folgenden adv. loci contrahiert: pinger
unterhalb, pi-unger, puszen, puszene außerhalb, nd. bûlen;
pôb'n oben. [Schm. I, 225: die Beyladen.
pîlâde f. Lade, leichter Koffer, Kasten; nd. bîlâe, Schb. 24b.
pîst n., pistpotter, die erste Milch der Kuh nach dem Kalben
und die daraus gemachte Butter; nhd. der Biest, Weig. I, 222;
ahd. piost, biost, biest, mhd. biest m., nd. bêst. bair. Biest
Schm. I, 300. Gr. Wb. II, 3.
pîte f. Backtisch, große Mehlkiste; nhd. Beute s. Weig. I, 211.
got. biuds Tisch, Opfertisch; ahd. piutta Bienenfaß; mhd. biute.
vgl. Schm. I, 304; Gr. Wb. I, 1750, 1816 u. 1818; hess.
Beute, Vilm. 34.
pîten, nur in inpîten stark einheizen; nd. boiten, an-, in-, vor-,
underboiten, Schb. 28b; ags. beatan, holl. boeten, alts. bôtan,
engl. to beat; also eigentlich stossen, schlagen, holz in den ofen
stossen; Vilm. 50, 49. [kürzung des vokals ist auffällig.
pittel Beutel; mhd. biutel, ahd. pûtil, nd. bûdel, bûel; die ver-
plâd'n, opplâd'n, blatten, abblatten, die äußersten Blätter von
Kohl, Rüben u. dgl. abnehmen; Schb. 25b blâen; Weig. I, 231.
plaek n. Stück Land, bes. flaches und großes; Schb. 27a blêk;
vgl. auch dort 155b plaek m. ags. plaec. gehört das wort zu
hd. blach?
plaeken blöken, schreien, von schafen und kindern ges.; Weig.
I, 238. Gr. Wb. II, 62, 143; ahd. plegan, mhd. blaejen, ags.
bleatan, engl. bleat; zu vergl. ist auch bair. bläßen, ahd. plâszan,
s. Schm. I, 319, 331. [to blow Weig. I, 229, Gr. Wb. II, 61.
plaen und plên blähen, aufblasen, mhd. blaejen, blaen; engl.
plaffen blaffen, bellen; Gr. Wb. II, 60, Weig. I, 229.
plänk blank, rein, glänzend, fein geputzt; sich plänk mâchen
Sonntagszeug anlegen, sich putzen. plitzplänk hell glänzend,
fein gekleidet.

plerrn blärrn, schreien; mhd. blêren, nd. blarren, Weig. II, 359.

plingeschlink, m. Blindschleiche; das wort ist eine ganz selbständige, vom nhd. blindschleiche, mhd. blindslîche, verschiedene bildung von schlingen, mhd. slingen sich windend, gleitend fortbewegen, wovon auch schlange stammt; s. Weig. II, 592 schlingen 1.

plinken blinken, glänzen Weig. I, 237, Gr. Wb. II, 127.

plôsepâlej, m. Blasebalg, gewöhnliche benennung der Ziehharmonika.

pôken schlagen, hämmern, pochen; nd. bôken, holl. beuken, Schb. 29a. davon das iterat. pêkern. das wort scheint mit hd. pochen identisch zu sein, mhd. bochen, bair. puchen Schm. I, 380; vgl. unten puchen und s. 105 puckern. davon pôkemelle Stampfmühle, pôkemilder Stampfmüller.

polton, m., nd. bolte, bolten Schb. 29a. 1. das Eisenstück, welches heiß gemacht und in das Plätteisen gesteckt wird; 2. der Bolzen; Pfeil. die nd. form ist beibehalten. s. Weig. I, 248, Gr. Wb. II, 234 f.

polwarken bollwerken, lärmend klopfen, stark schlagen, lautes Getöse durch Anschlagen an bröhnende und dumpftönende Gegenstände machen. nd. bollwarken Schb. 29b.

porn, m. Brunnen; brunnen ist gar nicht gebräuchlich.

porschte, 1. Borste, mhd. borste, ahd. burstâ Weig. I, 252, Gr. Wb. II, 246. 2. Riß, aufgebrochene, geborstene Stelle der Haut, nhd. der Borst, Weig. I, 252; engl. to burst, zu bersten; nd. borste, boste Schb. 30b.

pôtzemän, das Gespenst, der Geist, womit man unartige Kinder ängstigt und schreckt; nd. Schb. 37a butzeman, busseman, butteman, butzekêrel. Gr. Mythol. s. 474, 956. Gr. Wb. II, 595 butzenmann und Weig. I, 294 unter butze. hess. bôzemann, Vilm. 50.

praide, f. die Breite; ausgebreitete Lage, Schicht von Gras, Heu 2c., breites Stück Feld, mit Getreide bestandenes Ackerland, vgl. Schm. I, 370 die braiten; Gr. Wb. II, 358, 5. daneben selten praidige als mass, ausdehnung in der breite.

prâke, f. Dickicht, junger noch nicht durchhauener, dichter Wald,

bes. Buchenbeſtand, Stangenholz. nd. braken, pl. bei Schb. 316.
gehört das wort zu brechen?
prāke in: flászprāke Flachsbreche, Schb. 316 brāke, brḗke.
prāken, rinprāken, hineinbrechen, ſtürzen, ungeſtüm, mit Geräuſch und rückſichtslos irgendwo eindringen; iſt das wort etwa
ein intensivum zu brechen? dann würde es in der form identisch
mit dem nd. brāken Flachs brechen sein, s. Schb. 316, nur mit
anderer anwendung.
prām, m. Bregen, Gehirn; pramkásten, m. der Kopf. ags.
braegan, engl. brain, holl. brein; bair. das bregen Schm. I, 352;
mhd. brēgen, st. n., Mhd. Wb. I, 235. Gr. Wb. II, 353. Schb.
31 a. auffällig ist das mascul., während es sonst überall als
neutr. erscheint, und das m am ende statt n; g ist ausgestossen.
prāmpêre, bisweilen prumpêre Brombeere; es hat das ursprüngliche a, wenn auch gekürzt, erhalten: mhd. brâmber, ahd.
brâmberi, Weig. I, 271.
prāne, auggenprāne Braue, Augenbraue, Wimper, auch nhd.
oft Braune mit n statt w. mhd. brâwe, brâ, ahd. prâwa, prâ,
russ. brow. unsere form ist identisch mit dem bei Weig. I, 261
angeführten augenprâu (voc. theut. Bl. c. 1 b); nerd. brûn, bryn;
vgl. auch Schm. I, 335.
prâtsch! selten prâtsch! interj., für den schall des hinge-
worfenen; davon henprâtschen mit Schall, Klatſch hinwerfen,
ſchleudern. Schb. 32 b bratsch; vgl. oben pritschen u. Schm. I,
374 bratschig und britschen.
pred'm, pre'm der Brodem, dicker Dunſt; pred'men, pre'm
brodmen, ſchwitzen. Weig. I, 270, Gr. Wb. II, 291. mhd. brō-
dem, ahd. prâdam, nhd. bradem, brodem; verb. mhd. brâdmen,
ahd. prâdamôn. eigentümlich ist der umlaut und die vokal-
verkürzung.
prêje, f. Brühe; prêjen, opprêjen brühen, abbrühen, mhd.
brüeje; brûejen; das mhd. j ist gut erhalten.
prēm°se, f. 1. Stechfliege, blinde Fliege; Weig. I, 265; Gr. Wb.
II, 363. 2. Hemmvorrichtung; spätmhd. bremse; prem°sen
hemmen, md. prempzen Weig. I, 265. das erste gehört zu ahd.
prēman brummen, dieses zu ndl. prame Preſſung, Klemme.
prenderig nach Brand riechend, brandicht; nd. brennerig Schb. 33a.

prichsch, anprichsch brüchig; angefaultes, nicht ganz ge=
funbes, leicht brechenbes Holz wird sogenannt; von pruch ber
Bruch mit der endung isch, die gewöhnlich blos sch lautet,
gebildet.

prink erhöhter, freier Platz; Weig. I, 269. nd. brink Schb. 33a;
schwed. brink steiler Berg; dän. brink sanft ansteigender Hügel,
engl. brink äußerster Rand, Ufer; Gr. Wb. II, 391.

pröche, f. Brache, brach liegendes Ackerland; pröchen brachen,
zum Brachliegen pflügen; mhd. bräche f. Weig. I, 256; Gr. Wb.
II, 282.

pruckert starker, untersetzter, breitschultriger Jüngling, Mann;
die herkunft ist mir dunkel; zu vergleichen nd. brucker Schb. 34a
und bair. brack, brackel unförmliche, bicke Person Schm. I, 346.

prüsche, f. Brausche, durch Schlag oder Stoß entstandene An=
schwellung, blutunterlaufene Beule; Weig. I, 262; mhd. brûsche
m., engl. bruise; Gr. Wb. II, 328.

prüse, f. Brause, trichterförmiger und durchlöcherter Ansatz an
der Gießkanne; Schb. brûse 34b, Gr. Wb. II, 328 brause.

pûker Bursche, Knabe, etwas verächtlich; es scheint das franz.
schimpfwort bougre zu sein, worüber zu vgl. Diez, Wb. II, 234.

puddel, m. kleine Trinkflasche; nd. buddel Schb. 34b; vgl. franz.
bouteille, holl. bottel; vgl. bütte gefäss. Diez I, 79. patélle
Flasche ist direkt aus dem franz. bouteille entstellt; s. Vilm. 307
zu pulle.

puf, m. Schlag, Stoß; puffen schlagen, stoßen; mhd. buf. Mhd.
Wb. I, 276b. nd. buffen Schb. 35a; Weig. II, 404 f. Gr.
Wb. II, 490 f. Schm. I, 213; vgl. fr. buffe, buffet. kaum dazu
gehören möchte puffert, m. Pfannkuchen aus Kartoffeln, dessen
ableitung mir unklar ist.

puje Wiege; pujen wiegen; Gr. Wb. II, 229 führt diese be=
deutung von boje an mit dem zweifel, ob es zu diesem worte
gehört. es ist vielmehr = engl. pew, sp. pg. poyo, ital. poggio,
ndl. puye, aus dem gr. lat. podium, s. Müll. II, 201.

pulle, m. Ochs, Zuchtstier. Weig. I, 284; Schm. II, 886. Gr.
Wb. II, 512. nd. bulle, bolle Schb. 35b. engl. bull u. bullock.

pulmuks, schelte für trotzige, eigensinnige knaben. das wort
scheint eine entstellung des schon viel besprochenen, aber

schwierigen bulwechs und bilwisz zu sein (nd. auch pulmuks,
pulmucker (Schb. 161a) ein finster blickender, verschlossener Mensch)
mit anlehnung an mucken heimlich thun; über bilwisz s. Gr.
Wb. II, 30 und Mythol.' 441—445. Schm. II, 840 u. 1037,
auch I, 230.
purren, purn saufen, fliegen; mhd. burren braufen, saufen; Gr.
Wb. II, 545 burren, purren fremere, furere; Weig. II, 408 purren;
Schm. I, 268 burren brummen; engl. to pur.
purn, purln, ânpurn, -purln stechen, reizen, antreiben; nd.
purren Schb. 161b. Weig. II, 408. Gr. II, 545 burlen, purlen
und 546, 3. ûszpurln aus der Erde graben, wühlen; zu ahd.
purjan?
purzel, purzelchen kleiner Mensch, bes. kosend zu kindern
ges. Weig. I, 290 burzel, kurzer, dicker mensch; purzeln topf=
über stürzen, ebenda; Gr. Wb. II, 554 f.; s. auch Vilm. 62:
burzel.

P = nhd. p.

Pâdde Kröte; nd. padde Schb. 151a; ndl. padde, pad. Weig.
II, 289; schw. padda, dän. padde; engl. paddock, Müll. II, 170.
paffen den Rauch mit Schall ausstoßen; nd. paffen Schb. 151a.
pânzen, m. der Magen der wiederkäuenden Tiere, bef. der
Rinder; Schb. 151b. Weig. II, 296 die panse und der pansen;
vom lat. pantex, s. Diez I, 302 pancia; fr. panse.
pappen effen, von kindern ges.; pappe Rinderspeise Weig. II,
300; Schm. I, 398. Mhd. Wb. II, 463b. davon verpêpeln
und verpäpeln Kinder durch zu gute Pflege verwöhnen, ver=
weichlichen.
pâss, nur in der wendung: ze pâsse kom' zu Statten, zu
rechter Zeit, gelegen kommen; Schb. 152a. ob das wort masc.
ist oder fem. (pâsse), ist nicht zu entscheiden. das verb pâssen
wie nhd.; jedenfalls gehört das wort zu fr. passer. man könnte
jedoch auch an eine dem nd. bâte, f. Nutzen, Vorteil (Schb. 16a)
entsprechende hd. form denken; s. Weig. I, 156 batten helfen,
dienlich sein; Schm. I, 360 zu batten und 286 zu bass. Gr.
Wb. I, 1157 batte und 1158. auch unpâsz, unpaszlich

krank, unwohl, kränklich würde dann ahd. unpata lentus entsprechen; bair. unbass unzufrieden, Schm. I, 287.

pàtsche, f. gewöhnlich: pàtschhànt, pàtschhangechen die Hand, Handschlag; s. Weig. II, 316 und vgl. fr. patte Fuß der Säugetiere; vgl. auch Schm. I, 415 unter patschen.

pickelhàrt steinhart, bes. von eingetrockneten gegenständen ges.; Weig. I, 219 bickelfest; Schb. 154 b. Gr. Wb. I, 1809.

pinken, 1. mit dem Feuerstahl Funken aus dem Feuerstein schlagen, einen klingenden Ton durch Anschlagen auf einen festen Gegenstand hervorbringen; Schb. 155 a. Weig. II, 352 f. 2. mit den Augen blinken, sie zukneifen; ain'n zöupinken jemand durch Blinzeln ein Zeichen geben; engl. to pink; vgl. darüber Ed. Müller II, 209. mhd. pinken bei Lexer 2, 273. ndl. pinken, pinkoogen.

pip, pips, m. Verhärtung der Zungenspitze der Hühner; Weig. II, 353 pips; ndl. und nd. pip; aus mlt. pîpita, lat. pituita.

pîsàcken quälen, peinigen mit Reden oder körperlich durch Kneifen, Stoßen oder fortwährende Aufträge. Schb. 155 b. Weig. II, 354. ableitung unbekannt.

plàck, m. Plage, Anstrengung; sich plàcken sich plagen, mühen, abarbeiten. Weig. II, 355. es ist intensivform von plàgen quälen.

plàne, plône, f. großes Stück Leintuch, bes. zum überspannen von wagen, heu- oder getreideladungen zum schutze gegen regen; bair. die blàhen, Schm. I, 325 f.; Weig. II, 357; Gr. Wb. II, 61; mhd. blahe Mhd. Wb. I, 195 b.

plàtzen platzen, mit Knall bersten, zerreißen; davon platz-pikse Knallbüchse; Weig. II, 361 f., Schm. I, 463. Gr. Wb. II, 81. mhd. blatzen Mhd. Wb. I, 203 b.

pletzchen, zuckerpletzchen Zuckerstückchen, Bonbons; bair. der pletz, pletzen Schm. I, 464; Gr. Wb. II, 109 bletz; jedoch könnte es auch das aus dem slav. placek entlehnte platz dünner Kuchen sein; Weig. II, 361. Schm. I, 464 der platz; vielleicht sind beide darin verschmolzen.

plîte, f. Eisenplatte, Rost. das wort ist hinsichtlich seiner herkunft dunkel; bei Schb. 156 b ist plîte alapa und nach Dähnert plite ein degen mit einer kurzen und breiten klinge; das weist

auf nhd. plaute bei Weig. II, 363; bair. die plotzen Schm. I.
465. Gr. Wb. II, 153. daselbst wird aus Stieler 191 pliete,
plaute und aus Woeste, märk. - westf. gloss., bluote beigebracht.
danach würde unser î in plîte regelrecht = ie, iu oder üe sein;
nur die bedeutung wäre abweichend, aber nicht zu fern liegend,
und wenn nach Schm. I, 465 got. blôtan, ahd. pluoszan opfern,
dem worte zu grunde liegen sollte, würde dieselbe als ursprüngliche „opferplatte, schüszel“ sogar ebenso regelrecht und alt erscheinen als die gewöhnliche sonst belegte bedeutung: messer,
degen, klinge.

plunne, f. (assimil. aus plunde), gewöhnlich pl. plun', Lumpen,
Flicken, altes Zeug; Schamb. 157b. nach Weig. II, 365 zu
plunder gehörig.

pluszchen oder pluschen, adj., von feinem, zarten Ausfehen,
zartem Teint, rötlich zart; zu diesem merkwürdigen worte finde
ich nirgends etwas entsprechendes ausser bei Schm. I, 331
bloschet rötlich. die herkunft ist ganz dunkel; auch zu blutt
calvus, nudus Gr. Wb. II, 194 gehört es wohl kaum; vgl. dazu
auch Weig. I, 242 blutt und engl. to blush erröten.

pol•k, m. das Kerngehäufe, Fruchtbalg des Obstes. das wort
stellt sich sehr gut zu ahd. palc, got. balgs Balg, lat. follis,
folliculus; es würde dann eine nebenform in dieser speciellen bedeutung sein neben dem gewöhnlichen pâl•j Balg; vielleicht ist
es aber auch ganz anderen ursprungs. vgl. übrigens Schm. I,
237 bulgen, Mhd. Wb. 124b bulge; Gr. Wb. II, 511 bulge,
aber auch 512 bulk nanus bei Fischart.

pot Topf, neben top; Weig. II, 377. Diez I, 330 fr. pot.
Schambachs erklärung (158) als eine umstellung von top ist
jedenfalls falsch, da das wort schon altfries. pot, altnorweg. pottr,
mndl. pot, put lautet.

prâl'n laut fprechen, fchreien; s. Weig. II, 380 f.; md. prâlen
fchreien, clev. prâlen viel reden; fr. brailler, braire fchreien, vom
esel, mlt. bragire. Schb. 159a. auch die bei letzterem angeführte bedeutung „in die Augen fallen“ von grellfarbigem zeuge
ist unserm prâl'n eigen.   [Weig. II, 381.

prålle, adj., ftraff, gefpannt, rund und voll. Schb. pral 159a;

prångel bicer Prügel, ftarfer, bicer Burſche; Weig. II, 382 zu prange und prangel; ebenso Schb. 159a.

prel, m. ber Prall, Zurückſtoß, 'n prel krīn an ctwas anſtoßend zurückfaḩren, erſchreckt werden. Schb. 158b. davon preln praſſen und preÜen, tr. und intr., s. Weig. II, 382, 387.

prīche Priecḩe, Emporfirche, Stand ber Männer in ber Kirche; das wort ist weit verbreitet und findet sich bei Frisch 144 als brūge wohl richtig mit brücke identificiert; dort wird auch die schreibung prieche aus Schultz, Beschreibung der Stadt Gardelegen, angeführt. vgl. ags. bryeg, altnord. bryggja; s. was bei Gr. Wb. II, 414 f. zu brücke über dessen ursprüngliche bedeutung u. unter 7) gesagt ist. brücke ist in unserer mdart pricke. pricke, adj., fett, woḩl genäḩrt; nd. prik Schb. 159a. Weig. II, 389. der ursprung dunkel.

prickel, m. Dünfel, Stolz. Schb. 159 a. ursprünglich Stachel. Weig. II, 390 prickeln; engl. prick Müller II, 236. Diez II, 167 priego.

prîmechen, m. ein Stückchen Kautabat; nach Schb. 160b prûmken, prûmchen, holl. pruimpje so viel als pfläumchen, also mit urspr. r (prunus) statt spätercm l.

prot Trotz, Ueberḩebung; prot fêrn, 'n prot ḩân das große Wort füḩren, räſonnieren, ſich überḩebend ſaut vordrängen; nd. prot Schb. 159 b. ags. pryta, altengl. pride, prute, engl. pride stolz, adj. proud; vgl. auch nhd. protzen, protzig Weig. II, 399; bair. brotzen, brotzig Schm. I, 376.

prûst'n nieſen; Schb. 160 b. schwed. prusta, holl. pruisen; Weig. II, 402. man kann das wort entweder zu bresten, ahd. prēstan, nhd. bersten ziehen (wovon auch brust, Gr. Wb. II, 371, 443, I, 1527, Weig. I, 196), so dass es also das hervorbrechen des niesens bedeutet, oder auch zu brasten, ahd. prastôn (Gr. Wb. II, 308) crepare, strepere; bair. brasteln, brazeln, Schm. I, 366; mhd. brasten, Mhd. Wb. 256b, so dass es das plötzliche prasselnde geräusch bezeichnet; jedoch geht letzteres auch wieder auf das erstere zurück.

puchen ḩeftig bitten, brängend anſiegen, mit Bitten verfolgen; ursprgl. woḩl klopfen, schlagen, nhd. bochen Gr. Wb. II, 199 f.;

Weig. II, 366; Schm. I, 380 puchen; mhd. bochen in ähnlicher bedeutung Mhd. Wb. I, 220.

puddeke, f. Puſtel, Eiterbläschen; wohl dem nd. entlehnt: Schb. 160b pudde, putje.   dasselbe bedeutet pul°ker, f. beider herkunft dunkel.*)   [pfausten Schm. I, 442.
pûsten heftig blaſen, hauchen; Weig. II, 409; bair. pfausen,

T = nhd. d.

Tāke, f. zähe, klebrige, teigige Maſſe, wie Lehm, Leim, Thon, Schmiere; täkig klebrig, zähe; es scheint mhd. dähe, f. lehm, thon zu sein, Mhd. Wb. I, 299a; bair. der tähen Schm. I, 597; got. thaho, sw. f., πηλός; ahd. dâhâ. Gr. Wb. II, 677. auffällig bleibt nur das ä, das nach dem lautgesetze einem ae entspricht.**)
tâmp, m. 1. Dampf; 2. beklemmter Atem, Engbrüſtigkeit, Not, Bedrängniß; tempig, adj., engbrüſtig, kurzatmig, aſthmatiſch; temp'n erbroſſeln, erwürgen; vgl. nhd. dämpfig, dämpfen Weig. I, 347; nd. dempen Schb. 42b. Gr. Wb. II, 715 dampf 7) u. 8). Schm. I, 510 f.   ain'n tâmp ântôun, jemand in Not, Bedrängniß bringen, Ärger anthun.
tarwe, adj., derb; Gr. Wb. II, 1012; Weig. I, 3, 62.
tâwert, m. die trockne, leicht brennende Rinde der Birke; nd. dabber bei Schb. 37a fem. pl.   danach scheint das t unorganisch zu sein.
telmer ſchläfriger, gedankenloſer Menſch; verb. tel'm gedankenlos, träumeriſch hinſchlendern; nd. dalmer, dalmern, Tändler, läppiſch tänbeln, Schb. 39a. Gr. Wb. II, 696 dahlen, dallen, dalmen. vgl. bair. delm, Schm. I, 505. mhd. twalm Betäubung, Mhd. Wb. III, 160; Gr. Wb. II, 1229 dolm, tolm von duēlan torpere, sopiri.
tesel Kopf, verächtlich; nd. dössel Schb. 46b. Gr. Wb. II, 1757.
tetsch, adj., dumm, ſtumpf, albern, einfältig; nd. detsch, dötsch, Schb. 43b; Gr. Wb. II, 1313 dotsch, dötsch.

---

*) höchstens könnte man verweisen auf butze, nd. butt abgeſtumpft, s. Weig. I, 294 und Diez I, 79 zu bozza, bosse beule.
**) man könnte noch vergleichen: dalk und dalket Gr. Wb. II. 699.

tinnengen, pl., bie Schläfen; bair. tünne, tine, dünne, düninge; Schm. I, 609; ahd. tinna, mhd. tinne; Mhd. Wb. III, 38, 131. Gr. Wb. II, 1582.

tocke, f. Strohbündelchen unter ber Dachziegel; Puppe; nd. docke, Schb. 44. ahd. toccha, Weig. I, 380. Gr. Wb. II, 1208 ff. mhd. tocke Mhd. Wb. III, 45. bair. docken, tocke, Schm. I, 488.

tost, m. Büschel, Strauß von Gras, Blattpflanzen; ahd. dosto, tosto; Weig. I, 386. bair. dosten, Schm. I, 550. Gr. Wb. II, 1311. mhd. doste Mhd. Wb. I, 386a. auch als pflanzenname, origanum vulgare, kommt es vor, wenn auch seltener; Schb. 46b.

trälle, adj. u. adv., schnell, hurtig, eilig; auch diminut. trällechen; s. Gr. Wb. II, 1331 f. drall; Weig. I, 388; nd. dral, Schb. 47a. es gehört zum verb. mhd. drillen Mh. Wb. I, 391b. Schm. I, 566. daher scheint auch trälle, f. zu stammen, welches eine stelle in bächen und kleinen flüssen bedeutet, wo das wasser über steine, geröll etwas stärker fallend und daher schneller fliesst; nd. dralle bei Schb. 47a Furt; auch bair. die dral Schm. I, 566, das dort nicht erklärt wird, scheint dasselbe zu sein, wie auch Gr. Wb. II, 1332 die unter 3) citierte stelle eine ähnliche bedeutung aufweist.

tramel, m. bicker, unterseßter Knabe, Bursche; mhd. drëmel, ahd. drëmil, trëmil, Balken, Riegel; Mhd. Wb. I, 391b. bair. tremil, Schm. I, 662. Gr. Wb. II, 1399 f.

träschäken, trischäk'n tüchtig burchprügeln, bleuen; nach Gr. Wb. II, 1420 vom ital. giucare i tre sciacchi; Schm. I, 570 und 676 leitet es aus dem böhmischen drzak Stiel am Dresch= flegel ab.

trâte schnell, eilig, nicht häufig mehr gebraucht; ahd. drâti, adv. drâto. Gr. Wb. II, 1340. Mhd. Wb. I, 387 draete und drâte; Schm. I, 571.

trêje trocken, bürr; nd. dröge, engl. dry; Schb. 49a; Gr. Wb. II, 1426. trêjen trocknen; trêjnisse, f. Trockenheit, Dürre.

trêwesch trotzig, verschlossen, breist, entschlossen; nd. drewisch Schb. 48a, nach dem es nur kühn, breist bedeutet; dieses hält Regel (s. 177) für anderen ursprungs als das thüring. drêbsch träge, verdrossen, welches er vom mhd. draejen brehen mit vertauschung von j gegen w und dessen verhärtung ableitet. beides

scheint mir zweifelhaft. denn unsere mdt. zeigt deutlich den
übergang der bedeutung vom thüring. zum nd. und hinsichtlich
der herkunft könnte man wohl richtiger an dräuen, drohen denken
(vgl. Gr. Wb. II, 1347 dräuig, dräuwig) oder auch an derb, von
dem es dann eine metathesierte und mit -isch gebildete form
wäre; die Gr. Wb. II, 1012 zu letzterem unter 3. gegebenen
bedeutungen stimmen dazu sehr gut wie auch die häufige zusammensetzung ticktrêwisch dickfellig, unempfindlich, trotzig.

trêwes, m., mhd. drîvuosz, Dreifuß, Rost mit drei Füßen, worauf
Kochtöpfe gesetzt werden; Regel s. 178 dribbes, dribs. die verkürzung ganz wie in pårwes aus barfuss. ob, wie Regel meint,
mlt. trispietum, ahd. trispiz eingewirkt hat, ist wohl sehr fraglich;
vgl. Gr. Wb. II, 1380 f. dreifuss.

tri'seken, intri'seken leise einschlafen, in leichten Schlummer
fallen. das wort ist eine eigentümliche bildung von drusen,
druseln; Schb. 50a drusseln; Gr. Wb. II, 1462; engl. to drowse
schlummern, wahrscheinlich zu ahd. driusan gehörig, s. E. Müller,
I, 321.

trîzen peinigen, quälen, Gr. Wb. II, 1409, ahd. driuzan, mhd.
driezen, got. thriutan beschweren, engl. to threaten drohen; dazu
nhd. verdriessen.

trôst'l Drossel; das ursprüngliche t ist erhalten; s. Weig. I, 395;
mhd. trostel; Gr. Wb. II, 1435. Schm. I, 570.

tûsel, tusel, 1. m. Taumel, Schwindel, Betäubung, Verwirrung;
Gr. Wb. II, 1756 f. dusel, dûsel; vom verbum dusen, dussen
(s. oben tuseln s. 92), abd. dûszan, mhd. tûszen, engl. to doze,
nd. dösen; s. Schb. 51b f., Schm. I, 548, Weig. I, 407 f.,
E. Müll. I, 311. — 2. als schelte (dann zugleich stets neutrum):
Dummkopf, verwirrter, thörichter Mensch, besond. von frauen-
zimmern gebr.

tûte, f., in der kindersprache: Trompete, Horn. tûten blasen
auf dem Horne, dann, wie Gr. Wb. II, 1767 vom tönen des
weisels der bienen und schreien der kinder. zusammensetzung:
tûthorn. got. thuthaurn, thuthaurnjan; Schb. 237b, bair. tüten
Schm. I, 634, Weig. II, 949.

tûte, f. Papierbute, Düte; Gr. Wb. II, 1770 dutte 2. Schm. I, 554.

tutten, nur in der wendung: in tutten jaen, entzwei gehen, zerbrechen; es gehört offenbar zu der in Gr. Wb. II, 1771,⁵ angeführten bedeutung des vorigen, nur dass hier die kürze des vocals und vielleicht schwache form (wenn es nicht pl. ist) erhalten scheint; s. Schb. 52a dut.

T = nhd. t.

Tâd'l. m. Geschwür am Finger; diese ganz specielle bedeutung ist schwerlich aus der allgemeineren „gebrechen, mangel" hervorgegangen, sondern ist vielleicht die ursprüngliche; s. Schm. I, 584, Mhd. Wb. III, 10; Weig. II, 870. Schm. weist auch auf zadel hin, Mhd. Wb. III, 833. Schm. II, 1085.

talle, f. Vertiefung, muldenartige Einsenkung im Boden oder an weichen Gegenständen; Gr. Wb. II, 699 talle, telle, ahd. talili, vallicula. Schm. I, 498. nd. delle, Schb. 42a.

tâpen mit den Händen sich klopfend spielen; franz. taper; von tâpe Pfote, Mhd. Wb. III, 14. Weig. II, 877. bair. täppen, Schm. I, 612 f.; daneben täppen wie nhd. tappen, tasten.

täte Vater, Papa, in der kindersprache; über dieses weitverbreitete und uralte wort s. Weig. II, 880. Schm. I, 631. Gr. Wb. II, 914 deite u. 827 dätteln; unsere form mit ä entspricht nd. tēte, Schb. 224 b.

Tâtern Zigeuner, pl.; auch sg. tâter, m. und täterschen, f. Zigeunerin; s. Weig. II, 879, Schb. 224b. die benennung beruht auf einer verwechselung der Zigeuner mit den Tataren oder Mongolen.

tëiker Teufel, besond. in der fluchformel älle tëiker alle Teufel; es ist euphemistische entstellung statt des gewöhnlichen tëiwel Teufel. s. Schm. I, 589.

'n tails einige, manche; der partitive genitiv ist mit dem vorgesetzten unbestimmten artikel zu einem indef. zahladjektiv geworden; ähnliche wendungen bei Schm. I, 599 u. Schb. 42a dëls.

télejen bezwingen, überwinden; es ist wohl das nhd. tilgen

(welches entlehnt als vertilejen vorkommt), mhd. tilegen, ahd. tiligôn, tilĕgôn. Weig. II, 905.

ternaisnâme der Zu=, Bei=, Spottname; ebenso nd. terneis-, torneis-, terneiznâme, Schb. 229 b. die herkunft des wortes ist dunkel. vgl. die ausdrücke anderer mundarten: bair. nick-, nâch-, übernamen; nd. spitsnâme, ekel-, eker- oekernâme, engl. nickname; schwed. öknamn, dän. ögenavn, altn. auknefni.

tĕwe, m. Hund, etwas verächtlich; Schb. 229 b têwe; holl. teef, schwed. täfva und nd. tifte, tiffe Hündin.

tĕwert, m. schelte für unartige, vorlaute knaben; es ist wohl das nhd. Taubert, Tauber, Täuber, mhd. tiuber mit verkürztem umlaut und unorganischem t am ende.

ticken, bes. anticken 1. berühren, anrühren; 2. leise tönen wie tick; s. Weig. II, 904. Schb. 230 a; nd. ticken, holl. tikken; engl. to tick; to tickle kitzeln E. Müll. II, 549.

tille, f. Tülle, hölzerne Röhre zum Aufnehmen des Wetzsteines bei Mähern, Schnittern; sie hat unter dem boden einen zapfen zum einstecken in die erde, getragen wird sie während des mähens am gürtel; Röhre der Lampe wie bei Weig. II, 944. mhd. tülle, n. Mhd. Wb. III, 127. bair. das tüll, die tülle Schm. I, 602. Gr. Wb. 1150 dille, fr. douille vom mlt. ductile Röhre; Kluge 351.

tränte, f. Schlag, Art, Größe, Alter; nur in der wendung: in, von där tränte, in, von dem Alter, der Größe; nd. trante Schb. 233 b. s. Schm. I, 671 zu trantbahn. hess. der trant, Schritt, Gang, Gewohnheit. das wort gehört gewiss zu dem stamme: trinne, tran etc., wovon trennen; s. Mhd. Wb. III, 95. trecken ziehen, schleppen; nd. trecken Schb. 234 a; mhd. trëchen, Mhd. Wb. III, 90 zu triche, trach etc.; bair. träckeln Schm. I, 646; vgl. Müller II, 565 engl. to track; Kluge 347.

trîwel, m. Traube, Büschel, Dolde von allen trauben- oder büschelartigen früchten, z. b. auch von kirschen, haselnüssen; nd. drüfele, f. Schb. 49 b und Weig. II, 920 f. zu traube; mhd. triubel, st., n. Mhd. Wb. 119; auffällig ist das masc. unseres wortes.

tubb'n, m. hölzerner, eimerartiger Kübel mit einem Griff, bes. für die aufnahme der zu melkenden milch; nd. tubben Schb. 235 b; holl. tobbe, engl. tub. Müll. II, 582.

tuffel, m. der Pantoffel; Schb. 236a; s. Weig. II, 298, Diez II, 302; auch nürnberg. toffel und schwed. toffel.

tûk'n tauchen; nd. dûken, ducken; engl. to duck. Weig. II, 882; mhd. tûchen, ahd. tûhhan.

tull toll; comp. tilder; nd. dul, engl. dul; Weig. II, 909.

tunne, f. Tonne; mhd. tunne, ahd. tunna; engl. tun; Kluge 345a, Weig. II, 911.

E.

Ecke, f. die Ecke; Spitze, Kante; merkwürdig ist die bedeutung Strecke, Entfernung, und von der zeit: längerer Zeitraum, einige Zeit, besonders auch im diminutiv eckchen Weilchen; ebenso erweitert ist die bedeutung von enge, n. Ende, sowohl Strecke im Raume als Ort, Platz, Stelle, Dienststelle von Dienstboten; s. Schb. 55a und 56b.

enke, m. der Knecht, Enke, Ackerknecht; mhd. enke; Weig. I, 449, Kluge 66a. Schm. I, 112; Gr. Wb. III, 483. Schb. 56b.

enter entweder; diese verkürzte form fängt an vor dem aus dem nhd. entlehnten entwêder zu veralten.

erpel Enterich; auch nd. erpel.

êsige, f. Menge, ungeordneter Haufen; bair. oesen, oesigen ausleeren, Schm. I, 164. Gr. Wb. I, 923 ausöden; ahd. ôsan, ôsjan; mhd. oesen, ôsen, Mhd. Wb. II', 447. vgl. unten ôsemunt.

F.

Fai schüchtern, ängstlich, furchtsam; feige; mhd. veige. die etwas abgeschwächte bedeutung ebenso bair. faig Schm. I, 695 und derselbe abfall des g im schott. fey.

falije, f. Felge, Stück des Radkranzes; Weig. I, 519. mhd. vëlge; einschub des i als hilfsvocal zwischen zwei consonanten wie bei ahd. fëlaga.

fâstlôbnt Fastnacht; nd. fastlâbend etc. Schb. 257b. s. dazu Weig. I, 508 fasttag und Gr. Wb. III, 1351 fastelabend und 1357; mhd vasteltac.

fâtschen ſehr hungrig, adj., nd. fâtsch Schb. 257; das wort ist offenbar nd., von fäten faſſen, zufaſſen; von derselben bedeutung und bildung ist jrifsch hungrig, zugreifend von jrifen greifen. feln, n. das Füllen, Fohlen; mhd. vůln, fůln; ahd. fulin. die seltenere nebenform filn hat den richtigen laut (i = ů) bewahrt; das e von feln steht für ö in föln, umgelautete form zu mhd. vole, vol, altnord. foli; nd. fôlon, fôlen Schb. 274 b. Gr. Wb. III, 1868 f.

ferchen fürchten, mit ausstossung des t; praet. furchte; die volle form fercht'n ist seltener. fêrn führen; âufêrn betrügen, tâuſchen wie nd. anfôren Schb. 10a. Schm. I, 749; Gr. Wb. I, 335, 3. verfêrn, refl. erſchrecken, von Schrecken befallen werden; das letztere aber gehört wie das nd. zeigt (vervaeren Schb. 268b) zu mhd. vâre, f. und vâr, m. das heimliche Lauern, Furcht; s. Mhd. Wb. III, 267 a, 4 u. er-, vervaeren 268 f. Regel 182 f.

fer, präpos., vor; fêr, adv., vor; die präp. hat die kürze bewahrt, das stärker betonte adverb. den vocal gedehnt. zugleich sind beide bedeutungen vor und für in fer ungeschieden vereinigt. fert, n. die Furt; auffällig das neutrum; vgl. bair. die fert Schm. I, 760. Gr. Wb. III, 1266 und 1547.

feste, adv., feſt, ſtark, ſehr, in viel ausgedehnterer weise gebraucht als nhd. fest, aber ebenfalls mit unregelmässigem umlaut. s. Weig. I, 524.

ficke, f. das gewöhnliche wort für Taſche; dieses selbst als tâsche nur für Beutel, getragene Taſche, jenes nur für taschen in kleidern. nd. ficke, Schb. 269b, schwed. ficka, Weig. I, 528; Gr. Wb. III, 1616; hess. vicke.

fider, n. das Fuder, die Ladung; ahd. fuodir, daher der umlaut, aber verkürzt; s. Weig. I, 585.

filfâsz, n. wie bei Regel 185 fôlwes, länglicher, wannenförmiger Henkelkorb, meistens sehr flach, geflochten aus weidenstäben, die geschnitten sind. Regel hält es für eine ableitung von ahd. felwa, mhd. felwe Weide, Weidengeflecht, (bair. felber, Schm. I, 710) und verwirft Vilmars zurückführung des wortes auf mhd. vasz (hess. füllfass); jedoch bestätigt letztere ableitung auch unser wort vollständig.

fille, f. Schöpffstelle im Bache, Flusse wie nd. fülle Schb 283a.

fitch, fitchen, m., pl. fitchen, der Fittig, Gänseflügel zum Abwischen; nd. fitch Schb. 270; Weig. I, 537; mhd. vëtech, vitech und vitch. davon auch fitchen mit einem Fittich abfegen.

flack, m. der Fleck, Flecken, als andersfarbige, bes. fehlerhafte stelle; als neutr. Stelle, Fläche, Platz, Raum, Acker=, Wiesen=, Angerfläche; letzteres ist mhd. vlëc, m., jenes vlëcke; von jenem das adj. flackig fleckig, mhd. vlëkeht; von diesem das verb. flacken forwärts kommen, Erfolg haben, mhd. vlëcken, tr., förbern; s. Mhd. Wb. III, 337 f.

fladerwisch, m. Flederwisch, Weig. I, 545.

flawwe, f. dicker Mund, dicke Unterlippe; 'ne flawwe mächen das Maul hängen lassen, schmollen; nd. flappe, flâwe Schb. 271a; Gr. Wb. III, 1724 flappe; vgl. unten flunsche.

flaz grober Mensch, ungeschliffener, unfeiner Mensch; nd. vlaets Schb. 271a; Weig. I, 543 fläz; sich fläzen, henfläzen sich in grober, unpassender Weise setzen, legen; mhd. vletzen breit liegen, lagern. Gr. Wb. III, 1734 flätz, flötz. fläzig unanständig, nnartig.

flêszpâpêr Fließ=, Löschpapier; Weig. I, 549; Gr. Wb. III, 1797.

flunsche dickes Maul; mhd. vlans, Mhd. Wb. III, 336, Gr. Wb. III, 1951, 1802, 1723. Schm. I, 794 flenschen; hess. vlontsch.

frângen, refl. sich balgen, mit einander ringen; nd. wrangen, vrangen, Schb. 306a. s. fringen.

frejen freien, heiraten; frejât Heirat, Brautwerbung; nd. frîen, frîjâde, Schb. 280a; Gr. Wb. IVa, 105 freien; Weig. I, 571.

fringen drehen, ringen, bes. feuchtigkeit aus nassem zeug durch drehen auspressen; nd. wringen, engl. to wring, ahd. bringan, nhd. ringen, got. vruggo; s. Müller II, 664. Weig. II, 477. Schb. 306a.

frint Freund, hat den vocal verkürzt, mhd. vriunt; der plural bedeutet oft Verwandte: mîne fringe meine Blutsverwandten. ebenso Schb. 281b zu frünnd u. Gr. Wb. IVa, 162², Vilm. 110.

frôme, adj., von tieren: zahm, sanft, gedulbig, s. Gr. Wb. IVa, 242, 5b. der vocal ist gedehnt, kurz erhalten nur in dem ausruf: dû frommer jot du lieber Gott! Schb. 280b; in

der nhd. bedeutung und form gotte8fürd)tig wird es selten gebraucht; vgl. Vilm. 111; Gr. Wb. zu fromm.

fud)tig zornig, wütenb; Schm. I, 688; Gr. Wb. IVa, 358, 360.

fuld)ents boCenb8, zumaf; es ist eine corruption vom nhd.
vollends, mhd. vollen, ahd. follon, s. Weig. II, 1022; thür. fol-
chens, ruhl. valks, Regel 83, 5 b; bair. folgends Schm. I, 714.

fuuzel, f. Heine, fd)led)tbrennenbe Cllampe, meistens in veräcbt-
lichem sinne; nd. vunsel, vunzel Schb. 283 b; s. Gr. Wb. IVa,
613 f. funse und funsel; vgl. got. fon und funa Feuer.

furt, fort, adv., fort; beide formen werden nebeu einander gebraucht, die erstere etwas häufiger; die letztere ist mehr nd.,
s. Schb. fort 277 b; holl. voort; Weig. I, 562; Gr. Wb. IVa,
7 ff. bair. furt, Schm. I, 762.

fusel, m. fd)led)ter Branntwein, gemeine8 Getränf; s. Gr. Wb.
lVa, 961, wo es, wie auch bei Schm I, 769, zu fuscln gestellt wird.

J = nhd. g.

Jaen get)en; das ae ist nicht umlaut von â, mhd. gân, sondern
= ê, mhd. gên.

jâlle, f. 1. fd)led)te Stelle im Aderlanbe, die wegen zu grosser
feuchtigkeit unfruchtbar ist; s. Weig. I, 607 galle 3) u. Gr. Wb.
IVa, 1188 c; 2. wâszerjâlle falfd)er Regenbogen, Stüd Regenbogen, ebendas. 1189.

jalt, n. Gelb; pl. jalder Gelber, Gelbfummen; unjalder
Steuern, Abgaben jeber Art; mhd. ungëlt, n. und m.; Weig. II,
968; Schb. 243 a ungeld; ags. ungyld; bair. ungeld Schm. I, 907.

jânter ber Gänferid); nd. gante, ganter, Schb. 59 b; engl.
gander; s. Weig. I, 610. Gr. Wb. IV a, 1309 ganzer.

jappen nad) Luft fd)nappen, müt)fam, turz atmen; s. Gr. Wb. IVa
1311 unter gappen u. IVb, 2264 zu jappen und Weig. I, 871.

jâtlid) mittelmäßig, nid)t zu groß, paffenb, bequem; s. Gr. Wb.
IVa, 1490 gâtlich, getlich; Kluge 98a gätlich; bair. gättlich
Schm. l, 956. vgl. gatte, gattung, ahd. ungigat.

jelm, m. der Schrei; jel'm schreien, laut rufen, daß es hallt; s. Gr. Wb. IVa 1199 galm; mhd. galm, pl. gelme; bair. galm, Schm. I, 902.

jeln jaen von kühen: keine Milch gebend, nicht trächtig sein; das letztere wird auch wohl durch: ewerjaen übergehen, d. h. ein Jahr überschlagen ohne Kalben, ausgedrückt. das erstere: nicht Milch geben wird daneben durch trêje schtaen trocken stehen bezeichnet; vgl. bair. galt, galt gên Schm. I, 903 f., Gr. Wb. IVa 1206. unserer form scheint gelten (mit assimilierung des t) als adjekt. oder infinitiv zu grunde zu liegen; s. auch Weig. I, 651 gelt u. Vilm. 123.

jelte, f. Gelte, Schöpfgefäß mit zwei griffen, etwas flacher und breiter als ein eimer; mhd. gelte, gellite, ahd. geltâ, gellitâ; Weig. I, 651; Kluge 103a; mlt. galeida; it. galea; fr. jale Kübel. Schm. I, 908; Vilm. 122.

jemachte, n. das Gemächte, die Genitalien; mhd. gemaht f., ahd. ki-, gimaht, f. und n. Weig. I, 653; Kluge 103b; bair. die gemächten Schm. I, 1564; das wort gehört zu nhd. macht.

jepsche, f. die hohle Hand voll, so viel man mit einer oder beiden zusammengelegten hohlen händen fassen kann; bair. gepsche Schm. I, 929 u. gâuffen 874; schles. gabsche; vgl. mhd. goufe, ahd. coufan. Vilm. 113 u. 118.

jerîsche, n. die edleren eingeweide des wildes, herz, leber, lunge; auch das der gänse, selten des geschlachteten viehes; nhd. geräusch, Weig. I, 663. bair. gereusch Schm. II, 156. mit dem eu des letzteren stimmt unser î = iu = nhd. eu; spätmhd. ingeriusche. [Gänschen.

jessel, n., pl. jesseln, nd. gössel, Schb. 66b; Gänseküchlein, jeschrichte, n. das Geschrei; ebenso nd. Schb. 63a.

jesímesze, n. das Gesims, mhd. gesimesze; ahd. simisz, lat. sima. Kluge 318b zu sims, Weig. I, 676 und II, 717.

jetarmesze, n., neben jetarme, n. das Gedärm, die Gedärme; mhd. gederme, ahd. gatharmi, gidermi; nordthüring. gedermesze s. Gr. Wb. IVa, 1982.

jewarwe, n. Gewerbe, Vorwand, Gelegenheit; sich'n jewarwe mâchen einen Vorwand suchen, nehmen.

jift, n. auch m. Haß, Groll, Erbitterung; vgl. Weig. I, 697;

nd. gift, m. Schb. 64a; bes. in der verbindung: jift uu jålle
Gift unb Galle, bitterfter Groll; adj. jiftig zornig, erbittert;
s. Schm. I, 875 f.

jîr, m. ftarke Begierbe, heftiges Verlangen nach etwas; jîr'u
begehren, bes. von kindern: nach Speife verlangen, bei fremden
Leuten fich zum Effen brängen; vgl. nd. gìrhals Schb. 64a; vgl.
mhd. gir, f., ahd. kirî, girî, f.

jlî'm glimmen, glühen; vgl. mhd. glîme, gleim; Mhd. Wb. I,
548; glîme, ahd. glîmo ber Glanz. daneben jlim' wie nhd.
glimmen.

jlippen gleiten; opjlippen abgleiten, abpritfchen; nd. glippen
Schb. 65a; engl. glib glatt, fchlüpfrig. Müller I, 451.

jlou, flect. jlougger; z. b. jlougge koln glühenbe Kohlen,
Augen etc.; nd. glû Schb. 65a; bair. glau, glauch Schm. I, 969.
mhd. glou-, wes perspicax; got. glaggvus ist wohl desselben
stammes; Weig. I, 713.

jlûmelig trübe, getrübt, vom wasser; s. Weig. I, 713 glum;
engl. gloom büfter, Müller I, 452.

jlûp'n finfter bliđen, unheimlich brohenb breinfchouen, ungefähr
dem homer. ὑπόδρα ἰδών entsprechend; nd. glûpen, glûben.
Schb. 65a; Weig. I, 713 glupen; davon adj. jlûpsch, jlîpsch
glupifch, tückifch, boshaft, grob. schwed. glupsk, dän. glubsk.
Vilm. 130.

verjnaist geizig, filzig; es scheint ursprünglich ein partic.
praet. zu sein; s. Weig. I, 714 f. zu gneist u. gnätze.

jnåz Grinb, Hautfchmuß und dann meistens: Geiz, filzige Karg=
heit; nd. gnatz, adj. gnatzig Schb. 65b; Schm. I, 980. mhd.
gnaz. Vilm. 131.

jråde, adj. u. adv., gerabe; als adv. bedeutet es in der antwort:
bennoch, nichtsbeftoweniger, erft recht; sonst: eben, foeben, im
Augenblick.

jraiwe, adj. fcharf, beißenb vom käse, der stark angegangen ist,
gesagt; das wort ist vielleicht zu ruhl. gråwelts, Regel 199 zu
stellen und bair. gråuen, gråuwen grau werben, graeuweln
fchimmeln, nach Schimmel riechen, Schm. I, 981 f. Regel vergleicht auch gruwen, grawen, grewen nauseare, Diefenb. gloss.
376c; hess. greibe, Vilm. 136.

jrâm, m. nicht wie nhd. Gram, Kummer, sondern: Ärger, Groll,
Zorn; jrâmmig böſe, erzürnt; nhd.: jem. gram sein; die alte
bedeutung iſt also gut bewahrt; s. Weig. I, 721; mhd. gram
Zorn, Unmut, Mhd. Wb. I, 575. dagegen: jrä'm, refl. ſich
grämen, jrîsjrämig griesgrämiſch entsprechen dem nhd.,
s. Weig. I, 730.

jrânt Grand, grober Kies; nd. grand Schb. 67b; zu ags. grindan
zermahlen, engl. to grind; Weig. I, 722. Müller, I, 467.

jrâsz, adj., grau, abgehärmt, krankhaft grau ausſehend; nhd.
grass wütend, zornig; grässlich; mhd. grasz leidenſchaftlich erregt;
das wort drückt also mehr das durch den gemütszustand ein-
tretende ausſchen, besond. des gesichtes, aus.

jrêl'n grölen, ſchreien; nd. grölen Schb. 69a; Weig. I, 733;
zu vgl. bair. grellen, grillen Schm. I, 993 und mhd. gröllen rauh
ſein, ſchreien vor Zorn. Vilm. 138.

jreschen, m. Groſchen; der umlaut des wortes ist auffallend,
da derselbe keinen grund hat; mtl. grossus; s. Weig. I, 734;
Schm. I, 1014 ff.

jrêwe, f.; nd. grêbe, grêwe Griebe, überbleibsel ausgeschmelzter
fettwürfel; Schb. 68a; Weig. I, 730; mhd. griebe m., ahd.
kriupo; engl. gravy; bair. grieben, greuben Schm. I, 983. Müll.
I, 464. Vilm. 137.

jrêwest, m. das Kerngehäuſe des Obſtes; nd. grôwest, thür.
kröbs, Schb. 69b; Weig. I, 733 gröbs u. 733 griebs; bair. grübs
Schm. I, 984. unserm worte sind eigentümlich die übertragenen
bedeutungen: Ärger, kleiner Groll; und: kleiner, trotziger Knabe,
Bube, die ich sonst nirgends finde.

jrint, m. Hautausſchlag am Kopfe; s. Weig. I, 732; Schm. I,
1003. mhd. grint, ahd. krint, ruhl. gräind, Regel 198.

jrips, pi'n jripse krîn, näm' jem. faſſen, an der Kehle oder
beim Kragen nehmen; nd. grips, m. Schb. 68b; bair. die grips
Schm. I, 1007; vgl. fr. gripper Diez, II, 332. Weig. I, 730
hält es für griebs Kehlkopf, während es doch offenbar für ein
subst. masc. gen., mit s von grifen gebildet, zu halten ist;
höchstens kann vermengung mit griebs stattgefunden haben.

jriwel, m. schelte für knaben: Trotzkopf, unartiger Knabe; es

scheint mhd. griuwel, mnd. grüwel, holl. gruwel zu sein, eigentl.
Greuel, aber in abgeschwächter bedeutung.

jrîsz Grießmehl; mhd. griesz, ahd. kriosz, griosz, Weig. I, 731.
Vilm. 137. [gral, grullen.

jrul, m. Groll, Ärger; jrullig erzürnt, grollend; zu mhd. grille,
jrunt, f. Niederung, kleines Thal; nd. grund, f. Schb. 70a; das
femin. scheint nur im nd. bereich vorzukommen; vgl. Vilm. 139.

H.

Haderich, m. Haberich, ein ackerunkraut; nd. hederik, hederk
Schb. 77a. mhd. hederich; s. Gr. Wb. IVb, 751 u. Weig. I, 783.
hädern, pl. die Habern, abfälle vom flachse; ahd. hadara, mhd.
hader Lumpe, Fetzen, geringfügiges Ding; s. Gr. Wb. IVb, 111
hader 2); Weig. I, 749.

haer'n 1. hören; 2. gehorchen; 3. gehören; in der letzten bedeutung steht es mit dem genit. der personalpron.: esz haert
mîne, dîne, sîne, êre, unse, ûre; vgl. ahd. gahôrit mîn bei
Schm. I, 1156 und zu beiden letzten bedeutungen Gr. Wb. IVb,
1811, 5, 6.

hai, m. Wald, wo die alten bäume bis auf wenige gefällt sind
und zwischen diesen die jungen schösslinge als lôd'n heran-
wachsen; nd. hai Schb. 71a; nach Gr. Wb. IVb, 793 f. alte
nebenform von hag und hagen. mhd. heie, hei; bair. hai, schwäb.
hei, hess. hî, Vilm. 156.

haidî (auf der letzten betont); interj., fort! weg! auch prädicativ
mit sîn fein gebraucht: fort, schnell verschwunden fein; s. Gr.
Wb. IVb, 809 f., Schm. I, 1053. Vilm. 157.

haime zu Hause, nach Hause; der alte dativ wird also auch für
den accusat. gebraucht; er ist zu einem adverb. erstarrt; s. Gr.
Wb. IVb, 855 f.

haister, m. junger Waldbaum, meistens buche; Schb. 77b;
Gr. Wb. IVb, 903; Weig. I, 792; Schm. I, 1186; davon fr.
hêtre. Vilm. 161.

häke, f., auch hêke, meistens nur in wendungen wie: uf der
häke sitzen, nich von der hêke jaen, an j. hängen, ihm

nicht von der Seite weichen; nd. hêke, hëke bei Schb. 77b;
eigentl. die halbe gatterthür vor der hausthür, Gr. Wb. IV b, 744.

hâl*we, f. die Halbe, Seite; uf dr hâl*we beiseite, seitwärts;
uf de hâl*we jaen auf die Seite, zur Seite gehn; mhd. halbe,
ahd. halpa Seite, Gegend; got. halba. s. Weig. I, 757; Schm.
I, 1086; Gr. Wb. IV b, 196. nd. halwe, halbe Schb. 72 b.

hallije tâge heilige Tage, Tage der großen Feste.

hallije ôbnt der heilige Abend, Abend vor dem kirchlichen
Festtag. nd. hilig, hilg, helg Schb. 82 a. ags. halig. sonst ist
heilig: hailig.

hâlwäje, adv. einigermaßen, ziemlich, nicht übertrieben; nd. hal-
wëge Schb. 72 b; s. Gr. Wb. IV b, 218 f. zu halbweg, halbwege.

hâmel, m. Drecksaum an einem langen Kleide der Frauen; Schb.
73 a; Schm. I, 1106; aber hammel Hammel, männl. Schaf.
jenes hâmel scheint aus dem nd. entlehnt zu sein, s. Gr. Wb.
IV b, 310 f. bes. 3) und 10).

hâmm hôln stille halten, aushalten, ausbauern; s. bei Gr. Wb.
IV b, 309 f. unter hamm eingefriebigtes Grundstück.

happ'n 1. essen, bes. in der kindersprache beliebt; 2. ab-, nieder-
schlagen von nicht festsitzenden Schuhen, nachschleppen; von letzterer
bedeutung scheint hâpern gebildet zu sein, s. s. 108. von der
ersten sehr verbreiteten bedeut. das adjekt.: happig stark, hart
in der wendung: dâsz is zôu happig das ist zu stark; vgl.
Gr. Wb. IV b, 473, wo dasselbe für das Osterland angegeben
wird; dann Schb. 74 b; happen, m. der Bissen, hapchen
kleiner Bissen, Gr. Wb. IV b, 472. auffällig ist bei unserem
worte das a, welches eigentlich nach dem lautgesetze â sein
müsste; es scheint demnach der nd. laut bewahrt zu sein; oder
gehört das wort zu „heben"? vgl. auch Vilm. 153.

hârken, m., selten hârke, f. Harke, Harken, Rechen; hârken
mit dem Harken zusammenbringen; s. Gr. Wb. IV b, 478 f.,
Weig. I, 770. hârkels, n. Zusammengeharktes; nd. harkelse
Schb. 74 b.

hâsel, f. die Hasel, hat den kurzen vocal bewahrt; ahd. hasala,
mhd. hasel.   [I, 783. Vilm. 156.

hêde, f. Werg, Flachsabfall; s. Gr. Wb. IV b, 750 und Weig.

el*m, m., 1. der Helm; 2. Stiel der Axt, des Beiles, Hammers ꝛc.;

Gr. Wb. IVb, 976 f.; Weig. I, 796 f. in der zweiten bedeutung gehört es zu halm und helb; s. diese wörter in Gr. Wb. IV, 240 und 930. Schm. I, 1095; mhd. halm, engl. helm; dazu vgl. nd. helf Schb. 78a und nhd. hülfter.

hemme, n. Hembe; das d ist assimiliert; bisweilen lautet es hemet; ahd. hemidi, mhd. hemede, Gr. Wb. IVb, 980, Weig. I, 797. Schm. I, 1110.

henk, n. Griff, Henkel an Gefäßen, Beuteln, Taschen; nd. henk Schb. 79b. Gr. Wb. IVb, 987 henk und henkel, Weig. I, 798 die henke.

herchen, refl. sich grämen, heimlichen Kummer haben; bes. sich op-, henherchen hinschwinden vor Kummer; dies merkwürdige wort, das ich sonst nirgends finde, kann ich nur zusammenstellen mit dem Gr. Wb. IVb, 473 beigebrachten adj. harch herb, bair. härg Schm. I, 1161; jedoch ist mir der zusammenhang zweifelhaft; vgl. was Gr. Wb. IVb, 1054 unter herb über die ursprgl. bedeutung von herb, ahd. harewe, harwe, mhd. herwe gesagt ist. herb ist in uns. mdt.: har'we, her'we, harwe, herwc. nd. herken Schb. 80b lässt sich noch vergleichen; auch das s. 84 angeführte subst. herks, m. der Schlag, Stoß; vielleicht auch engl. to jerk schlagen, stoßen, Müll. I, 540.

hespe, f. Thürangel, Thürhaken; Weig. I, 774 die haspe, Gr. Wb. IVb, 543 f. u. 1267: haspe, häspe, hespe. altnord. hespa Spange; vgl. haspel.

hesse, f. die Hechse, Flechse am kniebug und auch über dem fusse, der ferse. mhd. hahse, hehse, ahd. hahsâ; Weig. I, 748 hächse, Gr. Wb. IVb, 738 hechse. die assimilation des inlautenden guttural schon in mhd. hasse, Mhd. Wb. I, 612b; nd. hesse Schb. 81b; vgl. noch Schm. I, 1046. Vilm 153.

hetze, f. Menge, Schar; ebenso thür. hetze, Regel 203 f. zu hätz, wo es mit hetze Jagd, treibende Menge erklärt wird.

hichen, -ânhîchen anfahren, schelten; das simplex bedeutet keuchen, schwer atmen; vgl. Schb. 82a hichepachen, holl. hijgen; bair. hechezen, hichezen, keuchen Schm. I, 1042. Gr. Wb. IVb, 1308 hiechen, 795 heichen u. V, 438 keichen. das compos. ânhîchen scheint eine verwechselung mit hichen zu sein, da es, nd. anhûchen Schb. 10b, wohl zu hûchen hauchen gehört; eigentümlich ist ihm jedoch auch die bedeutung betrügen, anführen, überliften.

hickel, m. der Hügel, kleine Erhebung, Erdhaufen, bes. auf wiesen; daneben auch huckel, die nicht umgelautete form; s. Gr. Wb. IVb, 1858 huck u. hicke, mhd. houc-, ges Hügel; Gr. Wb. IVb, 1859 buckel. Schb. 87b hückel.

hille fchnell, eilig; 's hille hân es eilig haben, preffirt fein; nd. hille Schb. 82a; Gr. Wb. IVb, 1332, wo es zu hälden, helden gestellt wird.

himmelhunt schimpfwort, s. Regel 206, Gr. Wb. IVb, 1346. himmel ist verstärkend, s. das. 1334. Regel vermutet einen mythologischen anklang darin.

hippe, f. Meffer mit fichelartiger Krümmung; Gr. Wb. IV, 1552; Weig. I, 813. zu vgl. häpe, heppe, hepe und happe in Gr. Wb. IVb, 471 f. bair. die heppen Schm. I, 1139; ahd. happa, mhd. heppe; hess. heppe Vilm. 164.

hippel! lockruf für ziegen; Gr. Wb. IVb, 1554, hipplein junge Ziege u. 999 heppe, hippe Ziege, tirol. hip, hap Ziege; die form mit a hat sich erhalten in happelpârt Spitzbart, offenbar eigentl. Ziegenbart. vgl. ausserdem Weig. I, 813, Schm. I, 1139 die heppen; Vilm. 164.

hitzen hetzen; nd. hissen Schb. 83b; holl. hitsen, pomm. hizzen Schm. I, 1179 hessen u. 1194 die hitze = nhd. Hetze.

hitzen, inhitzen heizen, einheizen, von brennmaterialien: Hitze von fich geben; nd. hitten Schb. 83b; nürnberg. hitzen Schm. I, 1194. Gr. Wb. IVb, 1583 hitzen; ahd. hizzôn; hizjan; mhd. hitzen Mhd. Wb. I, 658.

hôch, comp. hecher, sup. hechste; es behält also überall ch, auch im posit. vor flexionssilben; vgl. dazu Gr. Wb. IVb, 1591, Schb. 70 hâch.

hechte, f. u. hae die Höhe; nd. högde, högte Schb. 83b. hae entspricht nhd. Höhe mit ae = oe und abfall der letzten silbe, ahd. hôhi, mhd. hoehe.

hôjä'n gähnen; s. über diese weit verbreitete lautnachahmende form Gr Wb. IVb, 1731: hojahnen, hojähnen; Schb. 71a hâgaenen, hôjaenen.

holle, f. Stirnfchopf, Haarfchopf der Stirn; nd. holle Schb. 84b;

Gr. Wb. IV b, 1744 nur aus Nemnich erwähnt als name für kuppe
der hühner und enten, vgl. auch Vilm. 173.

holschen, m., gewöhnlich plur., Holzschuh; ebenso gebildet wie
hanschen Handschuh; Schb. 84 b holsche; das n des pl. ist
offenbar in den sg. eingedrungen, über die verkürzung der letzten
tonlos gewordenen silbe s. Gr. Wb. IV b, 416 unter handschuh;
vgl. Vilm. 174 holsche.

holster, m. längliche Reisetasche, an der seite getragen; Schb.
84 b holster. vgl. ahd. mhd. hulst; got. hulistr Hülle, Decke;
zu huljan hüllen; s. Weig. I, 824 unter holfter; schwed. hylster
theca, Schm. I, 1093.

homaischel Ameise; eine dieser form ganz entsprechende finde
ich in keiner mundart; am nächsten steht noch schweiz. hum-
beisze in Gr. Wb. I, 277. die form dieses wortes ist höchst
auffällig und eigentümlich.

horte, f., gewöhnlich pl. hort'n, Hürde, Horde; s. Gr. Wb.
IV b, 1804 und 1956; mhd. hurt; Schb. 85 b f. hört. Weig. I,
828 und 839; got. haurds Thür.

hotte! zuruf an die pferde, nach rechts zu gehen; Gr. Wb. IV b,
1844 u. Weig. I, 830, der es von hotten antreiben, bair. hutzen,
ableitet.   [räuber, 4, 3.

hottô Pferd, in der kinderspr.; Gr. Wb. IV b, 1846: Schiller,

hotzel, f. getrocknete Pflaume, Zwetsche; davon inhotzeln zusammenschrumpfen, eintrocknen; Schb. 86 b hotzel; Gr. Wb. IV b,
2000 hutzel; Weig. I, 842; Schm. I, 1195 f. verhotzeln
umkommen, zu Grunde gehen.

howel, m. Hobel, hat den kurzen vocal bewahrt; mhd. hovel;
Gr. Wb. IV b, 1587; howeln hobeln; Weig. I, 816.

hucke, f. Haufen, aufgeschichtete Menge; Gr. Wb. IV, 1858
hucke; selten daneben hucken, m. wie bei Schb. 87 b. nhd.
meistens hocke Gr. Wb. IV b, 1648.

hucke, f. kauernde, sitzende Stellung; mhd. hocke in der turner-
sprache, s. Gr. Wb. IV b, 1648 hocke; zu diesen beiden subst.
gehören die verba hucken 1. auf den Rücken nehmen (ufhucken),
auf b. R. tragen; ophucken vom R. absetzen; s. Gr. Wb. IV b,
1649 hocken und bucken 1859. 2. Hüpfen, in kauernder Haltung sprungweise sich vorwärts bewegen. letztere bedeutung

scheint eine modificierte von der gewöhnlichen des nhd. hocken
zu sein, ist aber beachtenswert, da sie sich mit dem nord. hokra
to go bent, crouch, zu dem das wort Gr. Wb. IVb, 1649 gestellt
wird, ganz nahe berührt. auch das daselbst angeführte ahd.
hûchau, mhd. hûchen fauern (Weig. I, 818) ist noch ganz in
henhûchen, refl. ſich hinkauern erhalten. die bedeutung des
zusammengekauerten und hüpfenden springens tritt ferner noch
recht hervor in dem jedenfalls sehr alten huckepolte, m.
Irrlicht, Irrwiſch; dieses ist entweder eine selbständige bildung
aus hucken und dem alten bold (s. Gr. Wb. II, 229), oder eine
volksetymologie zu nhd. kobold (worüber Gr. Wb. V, 1548 ff.,
Weig. I, 980). zu bucke und hucken vgl. noch Schm. I, 1050
hocken, hocker ·Hauſe Getreide; huckeln auf ben Rücken ſetzen
und hückeln auf einem Bein hüpfen; ferner hauchen bucken, fauern
1041 u. Gr. Wb. IVb, 512. ebenso die hess. hüchel, huchen,
huck und huckeln, Vilm. 176 ff.
hûfe, f. in der wendung: uf der hûfe sitzen fauernb ſitzen, ist
das alte ursprüngliche wort für nhd. hüfte: ahd. huf, f., pl. huffi;
got. hups, m.; mhd. buf, hüffe; s. Gr. Wb. IVb, 1871 u. 583.
(daneben als gewöhnliches wort für hüfte: huft, f., noch häufiger
hifte). zu jenem alten hûfe möchte ich auch das verbum
hûfen, häufiger mit umlaut hîfen zurückweichen, zurückgehen,
von zugtieren ges., setzen, das bei Weig. I, 833 mit altnord.
hopa zusammengestellt wird und Gr. Wb. IVb, 1868 u. 1867,
zu der interj. huf gestellt wird; diese kommt doch aber wohl
als imperat. erst vom verbum her. s. zu beiden Schm. I, 1063
huf, hucfen und die hüff. Regel 208 und Vilm. 177.
hulᵉker, f. Unebenheit des ·Erdbodens, Zuſammengerolltes sich
aneinanderhängender gegenstände, wodurch eine fläche uneben,
durchbrochen hulkerig wird; s. Gr. Wb. IVb, 1743 holkricht
(bei Lessing) u. holper, holpern, holpericht 1760 f.; Weig. I,
825. Schb. 84b holke und vgl. bair. hulgen, aushulgen Schm.
I, 1083 u. Schb. 88a hulleke, m. kleiner Hügel.
hulle! lockruf für die gänse; auch im deminut. hullechen.
Gr. Wb. IVb, 1331 hill, hillo, Schb. 88a hulle.
huppen hüpfen, ſpringen; Gr. Wb. IVb, 1956 huppen, hüppen;
1799 hoppen, und 1954 hüpfen; die umgelautete form hippen

ist besond. gebräuchlich im compos. éwerhippen überfpringen, übergehen; s. Schm. I, 1140 f.

busche, f. 1. plötzliches, kleines Regenschauer; 2. Schelte, Schläge; beides wie Gr. Wb. IVb, 1974; Schb. 89b, Schm. I, 1185 und Weig. I, 840 f.   [IVb, 1974.

huschen fortgleiten, schweben, verschwinden wie nhd. Gr. Wb.

hutsche, f. Fußbank, Schemel; nd. hutsche Schb. 90b; s. Gr. Wb. IVb, 1993 hutsche, hütsche; 1580 hitsche.

J.

Jâg'n jagen, fast nur für das jagen des weidmanns gebraucht; in der bedeutung eilen zu Fuß oder mit Wagen schnell fahren, fortjagen etc. ist jochen üblich; furtjochen fortjagen, rinjochen hineinjagen. jenes jâg'n ist offenbar nur aus der schriftsprache übernommen, wie û zeigt, während das zweite jochen das alte oberdeutsche wort jeuchen ist, mhd. jöuchen, jouchen, jochen, schweizer. jäuchen, bair. jauken, Schm. I, 1200; s. Gr. Wb. IVb, 2325 f. und 2331.

jipper, m. sehnsüchtige Begier, heftiges Verlangen nach etwas; dazu jipperig begierig, heftig verlangend; Schb. 94b. sie gehören vielleicht zu dem s. 144 angeführten jappen.

jôr, n. Jahr; zu bemerken sind die verbindungen: fern jôre voriges Jahr, im vorigen Jahre; es könnte einfach = fer'n jôre „vor einem Jahre" sein, jedoch steckt möglicherweise das alte fern noch darin; bair. fern im vorigen Jahre, Schm. I, 757, auch fert, ferten 761; got. af, fram fairnin jêra. vgl. Gr. Wb. III, 1675 f. firn. dasselbe bedeutet ze jôre, wie nd. te (to, tau) jâre Schb. 94a; bair. aber ze jâre übers Jahr, Schm. I, 1209, wie mhd. ze jâre Mhd. Wb. I, 770. ufsz jôr, ewersch jôr übers Jahr, nächstes Jahr.

jûchen laut rufen, jauchzen, jubeln; Schb. 94b jüchen; Gr. Wb. IVb, 2345. auch für das blöken der kuh wird es gebraucht.

juchên (auf der letzten betont) juchheien, juchhei rufen; Gr. Wb. IVb, 2345.

juks, m. Spaß, Scherz, Streich; von iocus, s. Gr. Wb. IVb,
2350 engl. joke; sîn' juks hân ân wâsz seinen Spaß an etwas
haben; 'n juks mâchen einen Scherz, spaßhaften Streich
spielen; Vilm. 187.

junk jung; behält auch vor der flexion k; aber compar. jinger,
sup. jingeste. junk wär'n geboren werden.

juppe, f. Joppe; mhd. joppe, juppe; ital. giubba, giuppa; fr.
jupe, s. Gr. Wb. IVb, 2336; Weig. I, 877, Diez I, 214, Vilm. 186.

K.

Käb'n den Mund aufsperren, die Zähne zeigen, eine Fratze
schneiden zum Zeichen des Hohnes und der Verachtung; mhd.
giwe, ahd. giwêm, gêwôm, Mhd. Wb. I, 543a; vgl. engl. to gibe
höhnen, spotten und gab Mund, E. Müller, I, 422, 442; bair.
gêuen, gêuwen, gaiwm, hess. guepen, geipen; Schm. I, 861 f., 868:
geben, geiben; nd. kaewen weinen und schreien, Schb. 98a.
auffallend ist bei diesem worte die tenuis im anlaute, während
alle andern parallelen, selbst das ahd. und bair., die media
zeigen; es scheint dies, wie bei kucken, nd. kîken, auf einfluss
des nd. zu beruhen; das wort würde also noch zu den s. 52
angeführten beispielen der anlautenden tenuis zu zählen sein·
in hohes altertum scheint das compositum pekäb'n zu weisen;
es bedeutet behexen, bezaubern, etwas Böses anthun durch falschen
Blick (mal'occhio) und höhnisch, mit verzerrtem Mund geflüsterte
oder angedeutete Zauberformeln. die fähigkeit dieser art der
behexung, namentlich des viehes, wird bestimmten personen zu-
geschrieben, sowohl männern als frauen; die vorstellung des
fratzenhaft teuflisch verzerrten gesichtsausdrucks, womit solche
hexenkundigen das pekäb'n ausführen und die deshalb immer
mit diesem ausdruck verbunden ist, scheint bis ins heidentum
zurückzugehen. das wort ist daher wahrscheinlich sehr alt. wie
weit es aber ausser den oben angeführten wörtern noch mit
andern nahe liegenden verwandt ist, lässt sich schwer bestimmen;
zu vergleichen nämlich sind noch: gabeln, gaufeln Gr. Wb. IVa,
1122 f.; gäbisch verkehrt, unrecht, ebendas. 1125, Schm. I, 863;

ferner engl. to gape den Munb auffperren, schwed. gipa, altn. gjeipa den Munb verziehen, altengl. jape, mockery, joke, Müll. I, 431, 442; dazu auch nhd. gaffen, Weig. I, 601 und unten kâpen. schliesslich berühren sich noch keifen, keiben, kifeln u. kafeln damit, worüber s. Gr. Wb. V, 442 u. 18, Weig. I, 919. kaiseke, meistens pl. kaiseken, Flieber=, Hollunberblüte unb Beeren. nd. kisseke u. compos. bei Schb. 100b und keilcke 98b. die herkunft dieses wortes ist unklar. vgl. noch Gr. V, 64: kalinkenbeere.

kâk, m. ber Pranger, jetzt name des platzes, wo derselbe gestanden hat; Schb. 95b kâk; Gr. Wb. V, 47 f., Vilm. 190; sollte das bis jetzt noch nicht genügend erklärte engl. jag, mit einem Sperrholze knebeln, nicht dasselbe sein? s. Müll. I, 424.

kalderhâls ber Kellerhals, s. darüber Gr. Wb. V, 517.

kâmig, mit Kahm überzogen, schal, schimmelig; Gr. Wb. V, 31 f. Schm. I, 1253. das subst. kâm, m., mhd. kân Mhd. Wb. I, 785b, ist nur noch selten.

kânker, m. bie Spinne; kânkerschpinne Spinngewebe; der ursprung dieses merkwürdigen wortes ist behandelt Gr. Wb. V, 163.

kânthâken, gewöhnlich nur in der verbindung: ain'n pî'n kânthâken krîn jemanb faffen, greifen, beim Kragen nehmen; s. Gr. Wb. V, 175, Schb. 96b. Vilm. 192, wo der ausdruck aus der schiffersprache erklärt wird.

kâpen, mit offenem Munbe baftehen, gaffen; nd. gapen Schb. 59b; engl. to gape; mhd. kapfen, ahd. chapfên, kapfên; nhd. gaffen, kaffen, s. Gr. Wb. IVa, 1136 ff; V, 24 u. oben kâb'n. dazu gehört kâphorn, eine schelte für ein müssig dastehendes, dumm dreinschauendes frauenzimmer.

kâpp'n abschneiden, bie Spitze nehmen, kappen; Gr. Wb. V, 196 f.; nd. kappen Schb. 96b; bair. koppen Schm. I, 1271, Vilm. 192; engl. to chap, chip, chop; fr. couper; letzteres jedoch wird von Diez, I, 133 auf κόλαφος zurückgeführt.

kâr'm klagen, jammern; jekârmeso, n. bas Klagen, Jammern; Gr. Wb. V, 218, Vilm. 193; engl. charm; ags. cirman, cyrman; vgl. Müll. I, 190 u. ahd. charôn klagen; karen u. karjammer in Gr. Wb. V, 211, 217.

kâwe, f. bie Spreu, leere Getreidehülfen, wie nd. kâwe Schb.

98 a und hess. (Vilm. 188) femin., während mhd. kaf, mnd. kaff, nndl. kaf überall neutrum ist; s. Gr. Wb. V, 20, Weig. I, 885. in den oberdeutschen mdarten fehlt das wort.

kaweskop Dummkopf, eine schelte; eigentlich Kohlkopf von kabiss, kabis brassica capitata, mhd. kabesz, ahd. chapusz; s. Gr. Wb. V, 9 über den ursprung und die verbreitung des wortes; bair. gabess, Schm. I, 864, hess. kappus Vilm. 193.

kech, m., der Husten, Reichhusten mit asthmatischen Beschwerden; dazu kechen husten, keichen. es ist offenbar das in Gr. Wb. V, 433 f. angeführte keich, keuch, m., mhd. der kiche, welches nur bei Goethe (meine mutter liegt am bösen keuch) u. in der Schweiz: der chich, sich erhalten findet. das verb kechen entspricht dem kichen in Gr. Wb. V, 437 c; das daneben gebräuchliche kichen bedeutet nur schwer atmen, anhelare, pfeifend atmen, mhd. kichen, nhd. keichen, keuchen; s. Gr. Wb. V, 434.

kêken, auch refl., vomere, eructare, wie käken in Gr. Wb. V, 49; engl. to keck, keckle sich würgen. kêke f., das Ausgebrochene. bair. gögken. [Vilm. 216.

kêkig blaß, kränklich aussehend, s. Gr. Wb. V, 49 käkig, kägsch.

kêr, f. die Kehr, Wende, Biegung, Krümmung; usz der kêre jaen jem. aus dem Wege gehn, vor jem. weichen, ausbiegen; usz der kêre lên abseits, vom Wege ab, zu entfernt liegen. s. Gr. Wb. V, 440 ff., besond. 1, b, d. vgl. nhd. ein-, heim-, rückkehr. gött. kêr, f, Schb. 99 a. Schm. I, 1283. hess. kêren, kâre, Vilm. 199.

kêrsch wählerisch, ekel, körisch, von menschen und vom vieh gebraucht; es ist nhd. kürisch, körisch von kür, küren; s. Gr. Wb. V, 2810 kürisch und 1810 körisch; dazu Regel 227 f., Schb. 110 a, 109 b. Vilm. 220.

kête, f. Kette, mit dehnung des vocals durch den schon früh auf die erste versetzten accent (catena) wie altn. kaeta, nd. kêe, lett. kîde; s. Gr. Wb. V, 630.

kête, f. die Hütte, Köte, Kote, bes. Köhlerhütte; nd. kôte, köaete Schb. 110 b; Gr. Wb. V, 1882, kot, kote; mhd. kote; vgl. engl. cot, cote, cottage, schwed. kåte, dän. kaade; auch bair. kote Schm. I, 1311. hess. kode, kâte, Vilm. 214.

kêtsch in der zusammentzung ungerkêtsch eiternd, faul,

ſchwärenb, von wunden und schäden ges.; bair. unterkettig, unter-
kittig, wie griech. ἕλχος ὑπόνομον; s. Schm. I, 1310, Gr. Wb.
V, 1886 köte Geſchwür; dort wird verglichen schott. kitter eitern
und engl. quitter Eiter am Pferbehuf. unsere bildung ketsch
berührt sich zugleich mit kätsch, ketsch weich, breiartig, Gr.
Wb. V, 277, Schm. I, 1313 ketschig, wird aber wohl nur zu
obigen beispielen gehören, da die bildung mit sch (isch) in uns.
mdart sehr beliebt ist.

kichen, n. bas Küchlein, Hühnchen; Gr. Wb. V, 2515 küchen,
ahd. mhd. kuchin, kuchen; nd. küken Schb. 115b; engl. chicken,
Müll. I, 196.

kiks un käks in der redensart: von kikse un käkse nischt
wiszen, nicht bas Geringſte wiſſen, ſehr bumm, unwiſſenb, uner-
ſahren ſein; s. Gr. Wb. V, 662 f. kicks, 2 u. IV a, 1130 gacks
u. Schm. I, 884: gigk oder gagk. die ablautformen gehören zu
kicken Gr. Wb. V, 661.

kilkrop, m., schelte für hässliche und unartige kinder; s. darüber
Gr. Wb. V, 680 kielkropf, Schm. I, 1236 kielkopf und kiel.

kilder Eber, männliches Wilbſchwein; nd. kiler, kilert Schb.
100a, Gr. Wb. V, 650 keuler, keiler.

kille, f. bie Kälte, nd. külle, Schb. 115b; sich verkilln ſich
erkälten; s. Gr. Wb. V, 511 f. kellen, killen, engl. to chill; auch
V, 2562 kühlde.

kimme, f. Einſchnitt, Kerbe; dann auch hervorragenbe Spitze in
Linienform, z. B. bas Viſier bes Gewehres; feiner Ranb. Gr.
Wb. V, 705 f. danach gehen die beiden entgegengesetzten be-
deutungen auch auf zwei verschiedene wurzeln zurück, nämlich
die erste auf keimen, keinen (eigentl. platzen, ſich ſpalten) Gr.
Wb. V, 455, die letztere auf kimb, engl. chimb, chimbe.

kimm' eine Kimme machen, vorn zuſpitzen, oben abſpitzen.

kinrusz, kinrust, letzteres mit unorgan. t, Ruß. Gr. Wb.
V, 684.

kipe, f. geflochtenes Korbgefäß, das, aus 2 hälften bestehend,
die übereinander geschoben werden, an einem riemen an der seite
oder auf dem rücken getragen als proviantbehälter dient; s. Gr.
Wb. V, 685 f.

kippe, f. Spitze, Schwebepunkt, entſcheidenber Punkt; dazu

kippen umfallen, umſtürzen, trans. u. intr., umwenden, mit
vielen composit. imme-, ufkippen etc. s. Gr. Wb. V, 782 kippe;
u. 784 kippen; dazu vgl. oben kippeln s. 95, Vilm. 202.

kiwel, m. ber Kübel, holzgefäss für wasser, milch u. dgl.; nhd.
kübel; s. darüber Gr. Wb. V, 2485 f., Weig. I, 1026, Schm. I,
1218.

kläjen kraßen, ſcharren, bes.: mit ben Nägeln wund kraßen; nach
Gr. Wb. V, 1085 kleyen mnd.; bei Aschersleben kläjen und
sonstige verschiedene formen je nach den landschaften; auch
unsere form weist genau auf die bei Gr. angesetzte nebenform
klaja von klaue hin, denn ä ist umlaut von a.

klämme, adj., eng, bicht, von thüren: bicht ſchließenb; s. Gr.
Wb. V, 935 ff., Schb. 101a klam, Schm. I, 1329; vgl. nhd.
klemmen, die klemme. Vilm. 204.

kläppen ſchlagen, klappen dass es schallt; kläps, m. Schlag,
Stoß; s. Gr. Wb. V, 959 ff., 980; Weig. I, 942.

kläter, f., meistens pl., Feßen, Lumpen, Schmußklümpchen am
Kleiderſaum, in ben Augenwinkeln; s. Gr. Wb. V, 1008; Schb.
101b, Weig. I, 943 f. kläterig elenb, erbärmlich; unhöflich,
grob, unwirſch. Vilm. 204.

klêbn ſpalten, zerſchlagen: klötze, erdschollen u. dgl.; klêwe, f.
knorriger Holzkloß, feſte Erbſcholle; nd. klöben, s. Gr. Wb. V,
1219 kloben, klöben, Schb. 104a, Gr. Wb. V, 1160, klieben,
Weig. I, 957 kloben. Schm. I, 1323.

kleje, f. Kleie; mhd. klîe, abd. chlîa, klîwe, chlîwa; unsere
form zeigt das Gr. Wb. 1084, 1b neben w, g u. h erwartete j
wie nd. in Geldern kleije.

klêkn, in bem compos. ûszklêkn erſinnen, erbenken, aus=
klügeln; ein unmittelbar vom adj. klôuk klug abgeleitetes verbum,
wie klugen, klügen, Gr. Wb. V, 1283 f., wo auch „ausklugen" als
rhein., westerw. angegeben wird; vgl. mhd. überklüegen.

kliks, m. Klecks, Flecken; neben klaks, was dasselbo bedeutet;
s. Gr. Wb. V, 1158 u. 889 ff. die form klaks ist = nhd.
Klecks, da a = e ist.

klinke, f. Thürgriff, Schloßbrücker; zôu-, ufklinken bie Thür
zu=, aufmachen. Gr. Wb. V, 1194, 1196.

klinken klingen, klingend anschlagen, z. B. Gläser aneinander stoßen; Weig. I, 955; engl. to clink; mhd. klenken.

klinken, in den compos. inklinken, ungerklinken einhaken, die Arme in einanderlegen, unterfassen, Arm in Arm legen; Gr. Wb. V, 1196; engl. to clinch, cleuch zusammenfassen, nieten; ahd. chlenkan, klenkan in einander verschlingen, knüpfen; bair. klanken, klenken schlingen, in einander schlingen; Schm. I, 1335. Schb. 90 f.

klôbn, m. Holzstück, Kloß, gespaltener Holzstamm; Gr. Wb. V, 1215; ahd. chlobo, mhd. klobe; Weig. I, 957; Schm. I, 1323.

klocke, f. die Glocke; ahd. klocca, clocca; zum verbum klocken klopfen, Gr. Wb. V, 1220; Weig. I, 710. engl. clock; nd. klocke.

kloggen, n. das Knäuel, Garnknäuel; das wort ist zu der Gr. Wb. V, 1032, 3 angeführten dritten hauptform (md., nd., ags.) von kläuel zn stellen, altmd. klûwen. dabei steht g für w wie in den formen klugel, klügel (daselbst 1031, e) und o für ou = û unter dem einflusse dieses g, s. oben s. 20, 3, wo diese erscheinung behandelt ist u. vgl. Vilm. 205 unter klauwen.

klucke, f. die Bruthenne, Glucke; s. Gr. Wb. V, 1258, Weig. I, 712. dazu das verb klucken glucken u. das adj. klucksch. über den anlaut s. Gr. Wb. a. a. o. unter klucken 1); schon mhd. glucken und klucken, nd. klucken, engl. cluck, nl. klokken.

klunker, f. Kot-, Schmutzklümpchen in wolle, haaren, am kleidersaume u. dgl. über verbreitung und abstammung des wortes s. Gr. Wb. V, 1297 f., Weig. I, 961, auch Schm. I, 1335; hess. klunder, Vilm. 208.

klunz, m., pl. klinze; Kloß, Mehl-, Kartoffel-, Fleischkloß, nur von kloss als speise gebraucht; es scheint die hd. form für nd. klunt, nl. klont Klump zu sein; s. Gr. Wb. V, 1302 klunz und 1222 klonz.

knäcken knacken; knäks, m. Schall, Bruch; wie nhd. Gr. Wb. V, 1328 ff., Weig. I, 963, Schm. I, 1347. Schb. 105a knaks; engl. knack.

knäd'n kneten; ahd. chnëtan, mhd. knëten; mit erweichung des t zwischen vocalen, wie ags. cnedan, nl. kneden. übertragen bedeutet es: langweilig, unaufhörlich über etwas sprechen, seine Unzufriedenheit äußern. Gr. Wb. V, 1412 ff.; Weig. I, 969; Schm. I, 1356.

knåppe knapp, spärlich, kurz bemessen; als adv. kaum, auch deminut. knåpchen, knapchen. bair. knapp, knapps kaum Schm. I, 1351. Gr. Wb. V, 1338 ff., Weig. I, 964. dazu opknåppen abknappen, kleinlich verringern, abzwacken; nd. afknappen Schb. 3a; Gr. Wb. V, 1347, d).

knaster, m., 'n öldr knaster ein alter Mann; s. Gr. Wb. V, 1357 f. unter knaster und knasterbart u. Weig. I, 965 f. danach ist es = knasterer von knastern zänkisch brummen, knurren.

knatsch, m., flüssiger Schlamm, Kot, bes. auf der strasse; Gr. Wb. V, 1360 u. oben s. 118 f. zu knatschen. ebenso hess. knatsch und die entsprechenden verben, Vilm. 210.

knauggen verdrießlich reden, weinen, mürrisch thun, bes. von kindern u. frauen ges.; nd. knauen, ndl. knauwen, engl. to gnaw; das g ist also wieder = w; übrigens berührt es sich zugleich mit nhd. nagen, ahd. chnagen, mhd. gnagen, bair. gnagen; s. Gr. Wb. V, 1365; Weig. II, 190; Schm. I, 979; Müll. I, 454. seltenere, mehr veraltende nebenform dazu ist knengen, die sich mit den hess. knengerei, gekneng, Vilm. 211, deckt u. wahrscheinlich die naselierte form desselben stammes ist.

knechen dringend bitten, lästig fallen, plagen, quälen; nach Gr. Wb. V, 1457 unter knöchen weit verbreitet; bair. knöchen Schm. I, 1345. dauach ist es = knöcheln mit der Faust schlagen; s. auch Vilm. 212 knöchen.

knårken, mit umlaut knerken knarren, crepare, von thüren, fussbekleidung gebraucht. es ist mir zweifelhaft, ob es identisch ist mit dem Gr. Wb. V, 1484 u. Schm. I, 1354 angegebenen bair. knorken, knörkeln geizig sein, oder ob es eine weiterbildung von knarren ist wie schwed. gnarka Gr. Wb. V, 1353 knarren b).

knewel Knebel; kneweln knebeln; der kurze vocal ist erhalten; ahd. knebil, mhd. knebel, nd. nl. dän. knevel.

knewelauch, m. der Knoblauch. der umlaut e (= ö), den ich sonst nicht belegt finde, würde auf eine ahd. form chlobilouh (Gr. Wb. V, 1449,1) zurückzuführen sein.

knick, m. der Knick, Bruch, Einbiegung, Umbiegung; knicken brechen, biegen; inknicken umbrechen, umbiegen; s. Gr. Wb. V, 1416 ff., Vilm. 212.

knîft, m. das Messer, bes. des schuhmachers, verächtlich; bair.

11

der kneif Schm. I, 1349; engl. knife Müll. 556; ags. cnîf, altnd. knîfr; fr. canif; Weig. I, 967 f.; Diez II, 245. das t ist unorganisch. vgl. noch darüber Gr Wb. V, 1401 kneif, besond. 2, b hess. kneif, Vilm. 211.   [knül.

knille ſtark betrunken; Gr. Wb. V, 1516 knüll; Schb. 107b knilln in verknilln zerknüllen, in Falten drücken kleider, papier etc., mhd. knüllen; Gr. Wb. V, 1516 f., Schm. I, 1351; Weig. I, 977.

knîp'n kneifen, kneipen, zwicken; s. Gr. Wb. V, 1406 kneipen u. 1402 kneifen; nd. knîpen Schb 106b; Weig. I, 968.

knippel, m. der Knüttel, Stock, Holzſtück, Rundholz. Gr. Wb. V, 1522; nd. knüppel Schb. 107b; bair. knüppel Schm. I, 1353.

knippen knüpfen, knöpfen; zôuknippen zuknöpfen; es ist das verb. zu knup Knopf, wie auch nbd. knüpfen, ahd. chnuphan, mhd. knüpfen, mitteld. 15 j. knuppen, knüppen zu knopf in der alten bedeutung knoten gehört; s. Gr. Wb. V, 1518, Weig. I, 977.

knitten ſtricken, bes. strümpfe; imperf. knutte, part. jeknut; Gr. Wb. V, 1536 knütten; engl. to knit, ags. cnythan. das subst. knutten, m. der Knoten, nd. knutte, wovon es stammt, ist der mundart noch erhalten.

knuffen ſtoßen, puffen; knuf, m. der Stoß, Schlag, Puff; Gr. Wb. V, 1515 f., Weig. I, 977; bair. knuffen, Schm. I, 1350. Vilm. 212.

knurpel, m. Knorpel; knurpelig; knurpeln nagen, am Harten beißen. s. Gr. Wb. V, 1484 f., Weig. I, 975. vgl. hess. knarbeln, Vilm. 210.

knurps, knirps Knirps, Knurps, Zwerg, kleiner Kerl; beide formen kommen neben einander vor, die mit u allerdings seltener; s. Gr. Wb. V, 1439, 1524. Weig. I, 971. dieselbe bedeutung haben: knurz, knurzel, knurzelchen; die ursprüngliche: knorre ist nicht mehr damit verbunden, aber der urspr. vocal gut erhalten; s. Gr. Wb. V, 1525 knûrzel, 1492 f. knorz Schm. I, 1354; Weig. I, 976.

knuspe, f. die Knoſpe, hat ebenfalls, wie überhaupt die mundart mit vorliebe, das alte u bewahrt, wie (Gr. Wb. V, 1526) das demin. knüspel u. knuspel; vgl. auch Schm. I, 1355, Weig. I, 976.

knûseu, nur: in verknûsen und der wendung: wâsz nich verknûsen ken etwaš nicht ertragen, leiden können, die nach Gr. Wb. V, 1526, 2 sehr weit verbreitet ist. knusen ist kauen; vgl. Schm. I, 1355. Vilm. 213.

knûst, m. baš End- ober Rinbenftück beš Broteš, dann großeš, berbeš Etück Brot überhaupt; s. darüber Gr. Wb. V, 1373 knaust, knust u. Schb. 108 a; bair. knaus Schm. I, 1354; Vilm. 213.

knutter, f. kleiner, knotenförmiger Ausmuchš ber Haut ober Baumrinbe, Puftel, Hitzbläšchen; auffallend ist das fem.; vgl. schweiz. knûder, Gr. Wb. V, 1514 u. ferner zur abstammung daselbst 1499 und 1464. Weig. I, 976 knoten.

kôb'n, m. Schweineftall; Gr. Wb. V, 1542; Weig. I, 980; nd. kowe Schb. 110. [verwirrt.

kolder, m ber Koller, Wut, Raferei; kolderig kollerig, wütenb, koldern toben, rafen, verwirrt reben ober hanbeln. Gr. Wb. V, 1616. Weig. I, 985.

kole, f. bie Kohle; der kurze vocal ist erhalten; aber kôln Kohlen brennen, hat ihn gedehnt wie im nhd.; Gr. Wb. V, 1582 ff.

kops, genit. v. kop Kopf, als längenmass gebraucht ('n kops jretter einen Kopf größer) wie ein neues subst.; Schb. 109 a kops ebenso.*)

kràck, m. in der redensart: àn' kràck kom' feine Strafe bekommen, büßen für etwaš. das wort scheint das Gr. Wb. V, 1926 angeführte krach Haken, Riegel zu sein.

kràcke, f. alte, fchlechte Kuh, seltener Pferd; über die herkunft dieses weit verbreiteten wortes s. Gr. Wb. V, 1927 ff. u. Weig. I, 1001. bair. kracke u. kricke, Schm. I, 1362; nd. krake Schb. 111 a. Vilm. 222.

kràg'n als schelte: fchlechter, ungezogener, ungehorfamer Burfche, Knabe, Menfch, hat seine ursprüngliche bedeutung Halš, auf den ganzen menschen angewandt, noch bewahrt; vgl. Gr. Wb. V, 1956 ff. u. bes. 1963, 4: mhd.: der oede krage, toerscher krage, lôser krage, wo die bedeutung dieselbe ist.

*) über diese mit altem partitiven genitiv-s gebildeten wörter im nd. s. die beiträge im Korrespondenzblatt des Vereins für niederd. Sprachforschung, Jahrgang IV, 10, 11 u. 52.

kraike, f. Schlehe, schlechte, verkrüppelte Pflaume, Zwetsche; nhd. krieche Gr. Wb. V, 2205; mhd. krieche; bair. die kriechen Schm. I, 1360. unsere form ist nd.: Schb. 112a: kreike, kreichel, sonst krēke. jedoch kann es wohl nicht, wie Schb. meint, aus cerasum entstanden sein, sondern wahrscheinlicher aus grecum (sc. prunum), Gr. Wb. V, 2206, 6. Weig. I, 1015. Vilm. 226.

krampe, f. eiserner Haken, Klammer an Thüren, Krippen; engl. cramp-iron; Gr. Wb. V, 2005, Schm. I, 1369 der krampen, krämpel; Weig. I, 1005.

krampel, m. Kram, Tröbel, Plunder, aufgehäufte Sachen; am häufigsten: der jânze krampel, wegwerfend und verächtlich. das wort gehört zu bair. grempeln Handel treiben, tröbeln, grempler Tröbeler, grempelmarkt Tröbelmarkt; Schm. I, 998 u. 1368. Gr. Wb. V, 2007 krämpel und krampe Höter.

krüwesz, m. Krebs, ahd. chrēpaszo, mhd. krēbesz; das verb. kraweszen bedeutet ausser „Krebse fangen" auch: langsam hin= und hergehen, kriechen, von kindern, alten oder trägen leuten gebraucht wie Gr. Wb. V, 2131, 1 u. 2b krebsen.

kraweln, f. pl., das Froftjucken, die Kälte in den Fingern. das wort gehört natürlich zu den verben krabbeln und kribbeln (Gr. Wb. V, 1911 und 2202), ist aber merkwürdig wegen seiner nur pluralischen form; am nächsten kommen ihm nd. kriwel, krêwel, m., nl. krevel Schb. 113b, schweiz. krâbel, f., Kratzwunde, Schramme Gr. Wb. V, 1914, 7; u. kribbel Gr. Wb. V, 2202 der Kitzel, schweiz. kribel.

krêjel munter, wohl, lebensfrisch; nd. krêgel Schb. 112a; ostfries. kraegel, hess. krêgel u. krêl, s. Gr. Wb. V, 2136; hier wird es zum stamme kragein, krabbeln, strampeln gestellt. s. noch Vilm. krêgel, krêl, 225.

krêkel, m. Verdrießlichkeit, Verwirrung, Hinderniß, Schwierig= keit, Zank. das wort kommt fast nur vor in verbindung mit mâchen: ai'n 'n krêkel mâchen, und in der weiterbildung krêkelêje von derselben bedeutung; es gehört wohl zu krackeln, kräckeln zanken, streiten Gr. Wb. V, 1930; bair. krackeln, schwed. kräckla; Schm. I, 1362. jedoch berührt es sich in form und bedeutung auch mit krakel bürrer Zweig, sperriges Holz,

Gr. Wb. V, 1978. über das verhältnis zu nhd. krakeel s. Gr.
Wb. V, 1976 u. bes. 1977, 3a˙ und b.

krîmig beißend, ſcharf, von speisen z. b. käse, senf, merrettig;
von getränken: ſäuerlich. das wort scheint zu kren, krän, kreen
Merrettig zu gehören, s. Gr. Wb. V, 2167, das auf altslav.
chrênu, russ. chrjen u. s. w. zurückgeführt wird; bair. krên,
krênsaur Schm. 1371 f.; schles. krên, krîn; ruhlaisch krînbôs,
krînsiur, krînbetter und krînen ſcharf und beißend zuſammenziehen.
das m scheint für n zu stehen wie bei verkwîm' = quînen.

kringel, f. rundes Gebäck, Kringel, bes. zum grünen donnerstage
gebacken; Weig. I, 1017; Gr. Wb. 2315 f., 2a u. b. es gehört
zu: **krink**, m. der Kreis, Ring, kreisrunder Rand; das wort ist
noch weit verbreitet, s Gr. Wb. V, 2314, Schb. 113a, Schm. I,
1373, Weig. I, 1017; ahd. kriuc, alts. ags. kring, altnord. kringr,
kringr. Vilm. 227.

krônspêre, f. die Preißelbeere, eig. Kranichbeere, vom nd. krôn
Kranich; s. Gr. Wb. V, 2390 kronsbeere u. 2021, 4, c, u. 2022;
engl. croneberry.

krôp, n. das Vieh, die Haustiere, immer collectivisch; s. Gr.
Wb. V, 2392 f. kroop, krop, kropzeug. es wird gestellt zu
nd. krûpen kriechen, engl. creep.

krôus, m. der Krug, Becher, Trinkgefäß; nnd. krôs, croes ebenfalls masc.; mhd. krûse, altn. krûs, nhd. krause Gr. Wb. V,
2093. nd. kraus, krûs Schb. 112a, der gr. κρωσσός vergleicht.
dazu gehört das deminutiv: **krîsel**, m. kleine Lampe, Hänge-
lampe; nd. krûsel Schb. 114b, nhd. krausel, kräusel Gr. Wb. V,
2096; bair. krusel Schm. I, 1380.

kruckelich krumm, ſchief, verbogen, bes. von der schrift; zu
kricke, selten noch ohne umlaut **krucke** die Krücke; s. Gr.
Wb. V, 2429 kruckelicht u. 2425 krücke; ferner Vilm. 222
krackelich, krockelich. dazu gehört auch **kruckelpaine** krumme
Beine, im sg. auch als spottende schelte gebraucht; vgl. bair.
die kruckeu Schm. I, 1363. zu der herkunft des grundwortes
s. Diez I, 145 croccia, gruccia.

krulle, f., häufiger **krul•ke**, f. Locke, lockiger Haarbüschel,
Falte, Krauſe, bes. durch einschrumpfen oder unordentliches zusammendrücken entstandene falte in kleidern; s. Gr. Wb. V,

2351 ff. kroll adj., kroll m., krolle f.; Vilm. 227; Schb. 114 b
krülke, krulke; engl. curl; mhd. krülle. dazu das verb. krulln,
besond. reflex. krümmen, ſich falten, in Locken, Falten legen,
brehen; bair. krollen, krullen, krüllen Schm. I, 1367. zur herkunft s. Gr. Wb. V, 2352, d, wonach es auf ein altes st. v.
krillan geht; vgl. auch Diez I, 145 crollare.

krunken ächzen, ſtöhnen, vor anstrengung oder infolge von
unwohlsein; Gr. Wb. V, 2470, wo auf kronen 2379 brummen,
ſchwatzen, ahd. chrônian, chrônen garrire, engl. to groan als das
mutterwort verwiesen wird. diese ableitung scheint mir ebenso
wie die des engl. to crunk, crunkle = to cry like a crane or heron
(Müll. Wb. I, 260) sehr zweifelhaft; vielleicht ist das wort
besser zu nhd. krank zu stellen, welches nach Gr. Wb. V, 2023
u. 2012, 7 zu einem alten stammworte gehört, das sich deutlich
im ags. cringan, crincan fallen, zuſammenfallen, ſich zuſammenziehen engl. to cringe zeigt; dazu krimpfen, krampf und krumm;
denn das „ſich krampfhaft Zuſammenziehen, ſich ächzend Krümmen“
ist der eigentliche begriff unseres krunken; vgl. noch Müll., I,
248 f. unter crank.

kucken ſehen, blicken, gucken; in gleicher ausdehnung und anwendung wie ſên ſehen gebraucht, aber mehr concret als dieses;
s. Gr. Wb. V, 2519 kucken, kücken u. gucken; nd. kîken, Schb.
99 b, oberd. gucken, Schm. I, 886 gugken, gugkezen, guczen;
Weig. I, 739 gucken. kuckelêcht Gucklicht in der kinderspr.
für auge.

kuffe, f. Hütte. ôle kuffe verfallene, alte, erbärmliche Hütte,
altes Haus. Gr. Wb. V, 2533 kuffe u. küffe, 700 kiffe elendes
kleines Haus, wo naheliegende wörter verglichen werden; nd.
küffe Schb. 115 b; holl. kuf, schwed. kyffe.

kuffert, m. der Koffer, Kiſte, Truhe; dän. schwed. koffert,
kuffert, nd. kuffert zeigen ebenfalls das (wohl verstärkende) unorgan. t;
s. Gr. Wb. V, 1576 f.; fr. coffre Diez I, 132 cofano; engl.
coffer, coffin Sarg, Müll. I, 224; sollte das vorige wort kuffe
nicht auch dazu gehören?

kûle, f. 1. Grube, Loch, Einſenkung; 2. Kugel. Gr. Wb. V,
2557 kuhl, kuhle und 348 ff. kaule; Schb. 115 b kûle; Vilm.
231 kûle und kulle.

kul•k, m. Kolf, Wafferſchlund, Strubel, durch stürzendes und strudelndes wasser eingerissene vertiefung in einem flussbette; das wort findet sich noch in strassennamen niederd. städte, z. b. in Braunschweig: Nickelnkulk. s. Gr. Wb. V, 1613; nd. kolk, Schb. 108b; Weig. I, 984. vgl. kulkern s. 111.

kulpen tief ſchlafen, ſchnarchend ſchlafen, verächtlich; nd. kulpen Schb. 116a. ob das wort zu hd. kulpe, külpe Gr. Wb. V, 2587, (vgl. daselbst nd. kulpöge Glotzauge, kulpen glotzen unter e) zu stellen ist, oder zu kolpern 1622 (rülpſen), bair. kolpern, nd. kolpen, upkolpen wage ich nicht zu entscheiden; man vgl. noch Müll. I, 477 to gulp.

kummes, adv. kaum; zu dieser durch kurzes u und das auslautende s höchst auffälligen form des ahd. chûmo, mhd. kûme lautenden adverbs finde ich nirgends gleiche formen; nur fränk. kaumends Schm. I, 1243 u. Gr. Wb. V, 353 angeführtes kumme zeigen je eine entsprechende eigentümlichkeit. man könnte für unsere form entweder adverbiale genitivbildung oder blosse corruption annehmen. [2771, 1784 und Weig. I, 1056.

kuppe, f. Spitze, Gipfel, runder, oberſter Teil; s. Gr. Wb. V, kurrig leicht auffahrend, reizbar, erregbar; Gr. Wb. V, 2818, Weig. I, 1039. das verbum kurren stridere kennt unsere mdt. nicht.

kutteln, pl., nur noch selten neben kâldû'n Kalbaunen, Eingeweibe; vgl. zu beiden Gr. Wb. V, 2899 f. u. 61; Weig. I, 1042 u. 889; Schm. I, 1312.

kûz, m. kopfputz der frauen, die am hinterkopf kranzförmig um einander gewundenen haarflechten; s. Gr. Wb. V, 2908 das hess. kutz (Vilm. 233) Wirrwarr, Menge, ordnungsloſer Haufe; auffällig ist, dass es in unserer mdt. grade den sorgfältig, wohlgeordneten kopfputz bedeutet.

kûzen, reflex. ſich mit dem Kopfe niederlegen, an kissen oder dgl. anſchmiegen; s. Gr. Wb. V, 370 f. kauzen; holst. kûzbedde, nl. koets; nd. hurkûzen niederhocken Schb. 89b; zu vgl. fr. coucher und engl. couch.

Kw = Qu.

Kwacke, f. bie Quecke, Unfraut; daneben die nd. form kwêken,
pl., Schb. 164a quêke, holl. kweek, schwed. qvickrot. Weig. II,
416. das unkraut hat von queck lebenbig seinen namen wegen
seiner schnellen wucherung.*)

kwäcken, intr. erſchüttert werden, zittern unb beben burch Stoß,
Schlag ober Wurf, an etwas erſchüttert anprallen unb burch den
Anprall bebenb ſich bewegen. dazu kwâks, m. erſchütternber
Stoß, Anprall. das wort gehört zu engl. to quake zittern, alt-
engl. quaken, quakien, ags. cvacien. s. Müll. II, 255, nd.
quackeln wackeln Brem. Wb. 9, 390. Vilm. 308.

kwâdel, f. gewöhnlich pl. kwâdeln, entzünbete Hautanſchwellung,
Hitzbläschen, Puſtel. nd. quadel Schb. 162a.

kwaije, adj., weich, ſanft, von der gelinden luft, weichem zeuge,
frischem, biegsamem grase, moose u. dgl. gebraucht. nd. queie
Schb. 164a. über herkunft oder sonstige verbreitung des wortes
vermag ich nichts anzugeben; vielleicht ist zu vgl. engl. quaggy
ſumpfig, weich und quagmire.

kwäk'n quäfen, ſchreien mit heller stimme, von tieren u. kindern
ges.; dazu gehören: quîken quieken, ſchreien mit sehr feiner stimme
(besonders von der der mädchen, kleiner tiere und der schweine
gebraucht) und kwâk'n mit tiefer, breiter Stimme ſchreien, wie
die frösche, enten etc. alle drei verben bilden eine ablautreihe
und sind weit verbreitet; nd. quaeken, quîken Schb. 163a, 165a;
Weig. 411 quaken, 412 quäken, 419 quieken, quieksen; bair-
quachezen und quichezen Schm. I, 1391 f.; engl. to quake
quäfen, ſchreien.

kwâl'm, m. betäubenber Dunſt, Bebrängnis, Not, Angſt, Be-
flemmung, Schwierigkeit; s. Weig. II, 413 qualm u. Schm. I,
1393 f.; mhd. twalm, m. Betäubung, ahd. tualm, dualm, alts.
dualm u. mhd. qualm, ahd. qualm, chualm von tuëlan, quëlan.

kwâlstr ber ausgeworfene, zähe Schleim; kwâlstern Schleim
auswerfen, ſpeien; nd. qualster Schb. 163a; Weig. II, 413.

kwânt ſtarf, tüchtig; nur in den wendungen: dâsz is kwânt,

---

*) daher vermutet Krause in dem zu kwatsche in der anmerkung
citierten aufsatze wohl mit recht, dass dieser stamm auch jenen wörtern zu
grunde liegt.

zôu kwânt; 'sz kimmet zôu kwânt u. ähnlichen; ebenso nd. quant Schb. 163a. die herkunft des wortes ist dunkel; vgl. bair. gewandig, gwantig bidjt, gut, von kleidern: lang unb weit Schm. II, 942.*) kwânz, m. Borwanb, Sdjeingrunb; sich'n kwânz mâchen einen Borwanb ſudjen, neḥmen; adv. kwânzwîs(e) zum Sdjein, vorgeblidj. nd. quantwîse, holl. kwanswijs Schb. 163a, Weig. II, 414. bair. gewandsweis, gewandes wîs Schm. II, 942. ob letzteres die richtige ableitung zeigt, ist zweifelhaft.*) kwâr•k, m. ber Quarf, weidje Maſſe, unbebeutenbes wertloſes Ding. Weig. II, 414. Schm. I, 1396; mhd. quarc, twarc. kwârre, f. pfeifenbes, ſdjnarrenbes, ſdjledjt tönenbes Muſifinſtrument als pfeife, trompete, mundharmonika, immer im verächtlichen sinne; auch ſdjreienbes, weinenbes Kinb; nd. quarre Schb. 163b; Weig. II, 414 f.; dazu kwârn wiberlidj tönen, weinenb ſdjreien; vgl. ahd. quêran, chêran ſeufzen; bair. quargeln Schm. I, 1396.

kwâsen verſdjwenberiſdj verthun, umgeḥn mit etwas; bes. verkwâsen unorbentlidj verzeḥren, verpraſſen, verſdjwenberiſdj verbraudjen; mhd. quâszen ſdjlemmen, praſſen; nd. quâsen 163b; bair. quâszen Schm. I, 1397. hess. quâszen, v. Pfister 217.

kwâst, m. bie Quaſte, Trobbel, Sdjleife; mhd. quaste, caste, koste, m. Weig. II, 415. die ursprüngliche bedeutung Zweigbüſdjel hat das wort nicht mehr.

kwatsche,**) f. Zwetſdje, Pflaume; bair. zweschen Schm. II, 1184; nhd. zwetsche, Weig. II, 1207; thüring., hess. quetsche,

---

*) etymologie u. erklärung diescr beiden wörter, namentlich des schwierigen kwantswise versuchen im Korrespbl. des Vereins f. nd. Spfchg. K. Regel nach J. Grimm Jahrg. V, 20—24; C. Walther ibid. aus lat. quamsi, quasi; Sandvoss VI, 30 aus wân, Kern VI, 55 aus kwant = bruder, bube, schalk. — unser obiges subst. kwânz scheint sonst nicht vorzukommen. vgl. noch Vilm. 308 quanzen u. v. Pfister 216 quankeln.

**) K. E. H. Krause hat, wie mir scheint, sehr richtig die wörter quetsche, zwetsche nebst seinen vielen nebenformen, quitsche u. quisselbeere auf das alte quek zurückgeführt in einem vortrefflichen Aufsatze im Jahrbuche des Vereins f. nd. Sprachf., Jahrg. XII, 1886, S. 97—105. „Quetsche, Zwetsche. Prunus domestica L. von K. E. H. Krause.‘‘

mit dem bekannten wechsel von tw (zw) und qu, wie er auch
erscheint in:

kwĕrl ber Quirl, kwĕrln quirlen, umrühren; mhd. twirel, twirl,
ahd. thwiril, bair. zwirel Schm. II, 1180; Weig. II, 420, 418.

kwêse, f. durch quetschung oder druck entstandene Hautblase,
Blutblase; nd. quêse Schb. 164b; schwed. quāsa quetschen, ags.
cwysan.

ver-kwî'm umkommen, hinsiechen; das simplex kwî'm siechen,
kranken ist nur noch selten; nd. quînen wimmern, hinwelken,
kränkeln, selten quîmen, Schb. 165a; mhd. verquînen, bahin=
schwinden Mhd. Wb. I, 898; vgl. bair. quenem Schm. I, 1395
u. Weig. II, 1078 unter weinen; v. Pfister 219 quinen, verquineu.

kwischen, kwuschen zwischen, präp.; oft auch derkwuschen,
derkwischen, mhd. dar zwischen. v. Pfister 108 höschen,
köschen; im angrenzenden nd. gebiete auch kwischen, s. Damköhler, Mundartliches aus Cattenstedt am Harz, Progr. des Gym.
zu Helmstedt, 1884, s. 5.

kwiszelspêre, eine art kleiner Kirschen; vgl. bair. zwiselböa'bam
Vogelbeerbaum, Schm. II, 1183 u. altn. kvisl Zweig, Weig. II,
416 unter quast.

kwitsche, f. Vogelbeere, Vogelbeerbaum; nd. quitschere, quitzere
Schb. 165b; Weig. II, 421 quintze, quitsche.

L.

Lach leck, zertrocknet, rinnend; verlachen durch Trockenheit
Risse bekommen, spalten, von hölzernen gefässen; vgl. Gr. Wb.
VI, 471 f., auch 431, Schm. I, 1421; Weig. I, 1079. nd. lecken
Schb. 121b; engl. leak. Vilm. 240 lechen.

läde, f. unfruchtbares ober noch nicht tragendes (ausgerobetes)
Stück Land, meistens dürftig mit gras bewachsen; nd. legte
Niederung, ndl. leeghde vallis, s. Gr. Wb. VI, 537 lehde; Weig.
I, 1083. [Wb. VI, 281, Weig. I, 1067.

ladeken, pl. Lattich; ahd. ladducha, mhd. lateche, latiche; Gr.
laech mager, dürr, abgezehrt, von menschen und tieren; die bedeutung ist wie im ahd. aba-lâgi, abe-lâgi; mhd. laege. ags. lâh;

nd. laeg, leeg, Schb. 120 b lĕg; bair. lâg Schm. I, 1452, lêg
1459. s. Gr. Wb. VI, 58 lâg u. Weig. I, 1082. cf. hess.
leilich, leich, lêch Vilm. 245 und v. Pfister, Nachträge zu Vilm.
158 lêghe.

lâjel, n. Fäßchen; Lagel, Lägel; ahd. lâgela, mhd. lâgel, laegel
aus lat. lagena; s. Gr. Wb. VI, 61, Weig. I, 1083; nd. lechel
Schb. 120 a.

lâne, f. fahler Abhang, bloße Seite eines Hügels; bair. lâne
Schm. I, 1400; Gr. Wb. VI, 77 lahne.

lângen holen, bringen. das nhd. wort holen ist der mdt.
ganz fremd und wird stets durch lângen ersetzt; compos.: hâr-,
op-, wach-, zôulângen. das nhd. langen sufficere wird durch
recken reichen, zureichen ersetzt. s. Gr. Wb. VI, 169, 6 ff.
Schm. I, 1490. Schb. 118 b. Vilm. 237.

lârfe, f. Maske Gr. Wb. VI, 207, 2.

lêcht, n. 1. Licht; 2. Lampe; das wort hat den langen vocal
bewahrt wie bair. liecht, oberpf. leihht Schm. I, 1430; ahd.
lioht, lieht, mhd. lieht. das adj. hat die länge nur in der wendung usz'n lêchten jaen zur Seite treten, um jem. das licht
nicht zu versperren, erhalten, sonst ist es wie im nhd. verkürzt;
lichterlô ganz hell, ân halln lichten tâge am hellen Tage ꝛc.
s. Gr. Wb. VI, 854 ff. Weig. I, 1108.

lêdig lebig, los, frei, ohne Last, leer; das wort hat die alte
kürze erhalten. mhd. lêdic, lêdec; nd. ledig, lêig Schb. 120a;
Weig. I, 1081; Schm. I, 1438 ff., Gr. Wb. VI, 497 ff. es ist
noch zu bemerken, dass das wort in uns. mdt. der alleinige
ausdruck für leer ist, letzteres wort fehlt ihr.

lennewânt, linnewânt Leinwand, n. u. f.; nd. lenewand Schb.
122 a. der erste teil ist das adj. linn, lenn leinen, aus Leinen,
daher die kürze. auch das subst. linn, n. Leinenzeug ist nur
das neutr. davon; das ursprüngliche lîn bedeutet nur Leinsamen,
Flachs. s. Schb. 124 b lîn u. linnen; Gr. Wb. VI, 709 f. (bes. 2),
702 f., 1051 f. Weig. I, 1095 und 1119.

lîch, n. die Leiche, der Tote, namentlich in ehrendem sinne:
„der ehrfurchtsvolle scheu verlangende tote.“ dass die mdt.
das alte neutrum bewahrt hat, (das fem. fängt erst durch einfluss
des nhd. an einzudringen) ist gewiss höchst bemerkenswert; got.

leik, alts. lik, ags. lic, altengl. lîch, fries. altnord. lîk; während
ahd. gewöhnlich lîh fem. und mhd. lîch immer st. f.; s. Gr. Wb.
VI, 612 ff. Weig. I, 1087 f.; Schb. 124a.

licken leđen; nd. licken Schb. 124b; engl. to lick, ags. liccian,
alts. liccôn, ahd. lecchôn, lekkôn, mhd. lecken; Gr. Wb. VI, 477.

lichte, f. Laterne, nd. lûchte Schb. 126b; lichten leuđten,
mit der Laterne oder Lampe den Weg zeigen. der kurze vocal
scheint aus dem nd. eingedrungen zu sein; nhd. leuchte, ahd.
liuhta, mhd. liuhte; Gr. Wb. VI, 827 f. Weig. I, 1104; Schm.
1429 f. auch lichte, adj. und adv., leiđt, zeigt verkürzten
vocal wie nd. licht, lichte, Schb. 123a, während got. leihts, ahd.
lîhti, lîht, lîhto, mhd. lîhte und alle andern alten dialekte langen
vocal haben; s. Gr. Wb. VI, 629; Weig. I, 1089. eigentümlich
ist das adv. lichtchens, selten lichtens, welches eine genit.-
adverbielle bildung zu sein scheint, zugleich mit deminutivendung.

lîd'n läuten; praet. lutte; mhd. liuten, praet. lûte. Weig. I,
1074. Gr. Wb. VI, 375 ff. nd. lûen, praet. ludde, Schb. 127a.

liften, ûszliften enthülſen erbsen oder andere schoten; das
wort hat nichts zu thun mit nhd. lüften oder lichten, sondern
gehört zu ahd. louft, lôft, fränk. lâuf, nuss-, erbsenlauf Sđale,
Hülſe, läufeln enthülſen; mittelrhein. leiften, nyssleyften; s. darüber Schm. I, 1450, Weig. 1069 f., wo auf die weitere verwandtschaft mit tschech. lupina u. griech. λοπίς, λέπειν hingewiesen wird; ebenso v. Pfister, 156.

lîm, m. Leim, ahd. lîm, mhd. lîm; aber laim, m. Lehm mit
oberdeutschem vocal: ahd. leimo, während alts. lêmo, nhd. Lehm.
s. Gr. Wb. VI, 695 ff. und 544. Weig. I, 1093 und 1084.
ebenso die verben: lî'm leimen, kleben u. lai'm mit Lehm über-
ziehen, zukleben.

lîse, adj. u. adv., leiſe (wofür gewöhnlich aber sächte gebraucht
wird), wenig geſalzen; so auch Gr. Wb. VI, 715, 3. u. bair. z'
leising g'salz'n Schm. I, 1513; schwäb. leins, leen, Schmid,
Schwäb. Wb. 352, v. Pfister 159.

lîte, f. Bergabhang in dem forstnamen Schällîte, Abhang,
an dem es ſđallt, wiberhallt; nd. lid, f. Schb. 123b; ahd. hlîta,
mhd. lîte, nhd. leite, vgl. Hainleite; s. Gr. Wb. VI, 727 f.;

Weig. I, 1096; Schm. I, 1534 die leiten; hess. ebenfalls in flur-
und waldnamen, Vilm. 251 lîte.

lôde, f. junger Baum=, Strauchschoß, Trieb, Zweig; Gr. Wb.
VI, 1115 lode u. 1204 lote, 280 latte; Weig. I, 1126 u. 1137.
ahd. liotan wachſen. hess. lote, v. Pfister 166.

lop, n. gewöhnlich deminut. lepchen kleine Ladung, Fuhre von
Heu oder Getreide; das schwer abzuleitende wort scheiut dasselbe
wie nd. lop eine Anzahl von 10 Garngebinden, Schb. 125 b zu
sein und ist vielleicht verwandt mit lappen; vgl. auch engl.
lop abgehauene Baumzweige Müll. II, 48 und fr. lopin Stück
Fleiſch Diez II, 362. zu vgl. ist auch hess. lock mit derselben
bedeutung, Vilm. 252.

lork, m. 1. der Froſch; nd. lork Kröte (letztere heisst in uns.
mdt. stets pádde) Schb. 125 b; 2. schelte für kinder Gr. Wb.
VI, 1151 u. 1313. hess. lorch, lork, Vilm. 253.

lôuwârme lauwarm, lau; ahd. lauuêr, mhd. lâ, lâwes; das alte
â scheint durch den einfluss des w verdunkelt und so der diphthong ôu entstanden zu sein, der sonst in uns. mdt. für altes
uo steht. der vocal erscheint rein und das w zugleich in g verhärtet und vertauscht, wenn das wort allein, was jedoch selten
ist, steht, z. b. lauggesz wâszer laues Waſſer.

lowe, m. großer, ungeſchlachter Hund; nd. lowwe, lobbe Schb. 126 a.

lucker locker; luckern, uflockern lockern, locker machen;
Schb. 127 b lucker; auch bair. luck, lugher Schm. I, 1435, 1463;
mhd. lücke locker, Mhd. Wb. I, 1024 b. Gr. Wb. VI, 1110
locker u. 1224 luck, lück.

lûder, n. das Aas, Luder, meistens als schimpfwort gebraucht.
mhd. luoder, lûder; bair. lueder Schm. I, 1446; Gr. Wb. VI,
1231. Weig. I, 1140.

lûke, f. Öffnung im dache, der scheune, im heuboden u. dgl.
ursprünglich der solche öffnungen schliessende holzladen, bretter-
thür, später auf jene allein übertragen; got. lukan, alts. ags.
lûcan ſchließen; Gr. Wb. VI, 1286 f., Weig. I, 1144. Vilm. 254.

lûmig feucht, bumpfig, halb trocken; bes. vom heu gebraucht;
nd. lom, lon Schb. 125 b; der bedeutung nach stellt sich das
wort gut zu dem Gr. Wb. VI, 344 besprochenen laum, m. Flamme
und Dampf, Dunſt, da gerade das dumpfige, dampfende heu

vorzugsweise l û m i g genannt wird.   lautlich scheint es andrerseits identisch zu sein mit bair. luemig, luemicht kraftlos, ſchwach;
schwed. lomig, holl. loom faul, Schm. I, 1473; allem. luhm,
luem, lüem, ahd. luomi, mhd. lüeme; s. Gr. Wb. VI, 1289
unter lumm.   noch kann vielleicht auf mhd. loum, m. Feuchtig=
keit Mhd. Wb. 1048 a hingewiesen werden.
l û n e, f. die Laune; lînsch, watterlînsch launiſch, ver=
drießlich, in der stimmung veränderlich wie das wetter; Gr. Wb.
VI, 344 ff.; Weig. I, 1072.
l u r r e, f. Lüge, Erdichtung, erfundene Ausflucht; l u r n lügen,
fabeln.   nd. lurre Schb. 128 a; Gr. Wb. VI, 1313. Weig. I, 1148.

M.

M ä b ' n kläglich weinen, unaufhörlich und mit kläglicher miene
weinen, meistens nur von kindern gebraucht; praet. m ä w e t e.
mhd. mâwen, ndl. maauwen, nhd. mauen; engl. to mew Müll.
II, 96.   Weig. II, 48; jedoch scheint es eine selbständige bildung
mit umlaut neben diesen formen zu sein, da der vocal nicht
stimmt; nhd. würde â (mâben, mâwen) entsprechen; auch besteht
die bezeichnung für das schreien der katze als mauggen (g = w)
getrennt daneben.
m â c h e n machen hat ausser der gewöhnlichen bedeutung oft die
des reisens, besonders in verbindung mit städte- und länder-
namen und adverbien; so auch bair. u. hess. s. Schm. I, 1556
u. Gr. Wb. VI, 1395 machen III, 8. Vilm. 257.
m â d e r, m. weicher Schlamm, Kot, Straßenſchmuß.   auffällig ist
das â, denn das wort zeigt sonst nur o und u: mnd. modder
Schlamm, nd. mude, môe Schb. 136 b; engl. mud, dän. mudder
Müll. II, 124.   bair. motter, mott, muet Schm. I, 1693 u. 1698;
Gr. Wb. VI, 2442 f. und 2600 Weig. II, 119 moder und 167
mutich.
m a e r e, f. Möhre, gelbe Rübe; ae = oe; Gr. Wb. VI, 2473 f.
m a i j e, f. junge Birke im ersten blätterschmuck; solche werden
schon (vorher künstlich zum treiben gebracht) zum weissen sonntag

den confirmanden bes. aber zu pfingsten von jungen burschen
ihren mädchen an die hausthür genagelt; s. Gr. Wb. VI, 1473 f.,
Weig. II, 12; Schb. 128b maibâm; Schm. I, 1550.

mäjen mäßen; mäjer 𝔐äßer, Schnitter. mhd. maejen; Gr. Wb.
VI, 1450; nd. mējen, mēen. meicn Schb. 132b; Weig. II, 8.

mäl, n. 𝔐ehl; ahd. melu; mhd. mel, melwes. Gr. Wb. VI,
1864.

mal•k, mal•ksch, meistens mit frisch zusammengesetzt, milchend,
von neuem 𝔐ilch gebend; nd. melke, melksch Schb. 133a; Gr.
Wb. VI, 1996 melk, adj. ahd. mhd. melch; engl. milch, nord.
milkr.

malme, f. Staub, 𝔐olte, trockener, feiner Straßenstaub. got.
malma Sand; mhd. melm Sand, Staub Mhd. Wb. II, 27b.
dazu das verb: malm' und milm', esz milmet, malmet es
stäubt; nd. mülmen Schb. 139b. Gr. Wb. VI, 2657. bair.
melm Schm. I, 1593. hess mēlm, melmen, v. Pfister 176. vgl.
nhd. malmen, zermalmen Gr. Wb. VI, 1510, Weig. II, 16. das
sonst gebräuchliche mulm, m. Gr. Wb. VI, 2657, Weig. II, 150
ist in uns. mdtart nur wenig neben malme gebräuchlich, wohl
aber das davon gebildete adj. mulmig, mulmicht faulend,
zerbröckelnd.

mamme, f. 𝔐utter, in der kindersprache, wie in andern mundarten, s. Gr. Wb. VI, 1517; Schb. 133b memme, mamme.
Vilm. 268.

mån nur; nd. mant, man, men Schb. 130a; Gr. Wb. VI, 1524,
Weig. II, 19. oft wird es durch plôsz (bloß) tautologisch verstärkt. Vilm. 260.

månge, mångel, f. Zeugrolle, Glätterolle, noch öfter aber
bezeichnen beide die kleine holzwalze (mit griffen an beiden
enden versehen), welche zum dünnrollen und glätten des kuchen-
teiges gebraucht wird; daher auch das verbum mångeln teig
rollen, kuchen formen; s. Gr. Wb. VI, 1539 f. Weig. II, 21 f.
Schb. 130 mange und mangeln.

månk, präp. c. dat. u. acc., unter, zwischen; nd. mank, manke
Schb. 130a; engl. among; schles. mang. Gr. Wb. VI, 1539.
als adv. dient dermånk dazwischen; månkenånderim durcheinander, pêle-mêle Vilm. 260.

mârâchen, nur in: sich opmârâchen ſich abarbeiten, müde arbeiten, abmergeln, bis aufs Mark entkräften; nd. sich afmarachen, Schütze holst. idiot. 1,24; ebenso in Meissen sich abmarachen, s. Gr. Wb. I, 78 unter abmergeln; danach kommt es von ahd. marag, marg das Mark. das nhd. mergeln jedoch wird Weig. II, 77 auf ein md. adj. morgen, morghen ſaft= und kraftlos, nd. sich mörken, mörkeln Schb. 138b zurückgeführt. das wort unserer mdtart würde die Grimmsche erklärung bestätigen.

mârâst, m. der Moraſt, Schlamm=, Sumpfboden; das ursprüngliche a in der ersten silbe ist erhalten; altfr. maresc, fr. marais; s. Gr. Wb. VI, 2527; Weig. II, 133. Diez I, 264. Schb. 130b auch maraz, marast.

mâr'n in Flüſſigkeiten rühren, unreinlich mengen und wühlen; nhd. mâhren, mhd. mêrn; dazu mârte, f. Mährte, unreinliches Gemiſch, halbflüſſiges Gemengſel, s. Gr. Wb. VI, 1468 f. bair. merren Schm. I, 1640 und die merd 1645. Weig. II, 11. nd. mêren Schb. 133b. Vilm. 261.

mêje, f. die Mühe; ahd. muohi, mhd. müeje, müege, Gr. Wb. VI, 2626. [milch.

mel•ch, f. die Milch; got. miluks, ahd. miluh, mhd. milich, melle, f. die Mühle; schwed. möl, dän. mölle, engl. mill. Gr. Wb. VI, 2636 wird nhd. mühle auf lat. molina, mola zurückgehend betrachtet, nicht unmittelbar auf das deutsche verb. maln, mahlen; damit stimmt der vocal unseres melle = mölle sehr gut; auch nd. môle Schb. 137b.

mengen mengen, bedeutet speciell auch: Brotteig machen, das Mehl und Waſſer dazu miſchen, mengen; ebenso nach Gr. Wb. VI, 2016, 2 westfäl.; auch die bedeutung unzuſrieben reden, langweilig murren und tadeln, die es sehr häufig hat, tritt der Gr. Wb. VI, 2018, 6 (Unruhe ſtiften, verhetzen durch Reden) angegebenen sehr nahe. schliesslich ist auch die form mengelêrn mengen, miſchen, mit der fremden endung der mdtart geläufig; nd. mengelêren Schb. 133b, Gr. Wb. VI, 2015 unter mengeln.

mensche, m. der Menſch; das wort bewahrt stets das alte e am ende, s. darüber Gr. Wb. VI, 2021; es wird gern als anrede und ausruf beim ausdruck des erstaunens, der ab- u. ermahnung gebraucht; ebenso menschenkint, pl. menschenkinger Leute. mensche als neutr. bezeichnet ein frauenzimmer als ein fremdes, dienendes, gewöhnliches oder unordentliches; s. dazu Gr. Wb. VI, 2033 u. Schb. 135 f., menschhait, f., große Menschenmenge, Volkshaufen. endlich wird mensche sowohl mit frau als mann zusammengesetzt zu: frauggensmensche, mansmensche, weibliche, männliche Person; s. Schb. 281b. Vilm.268. mêr, seltener merwe mürbe, weich, vom obst gesagt; nd. môr, Schb. 138a; ahd. muruwi, mhd. mürwe, müre, mûr, Gr. Wb. VI, 2713; bair. mar, mär, Schm. I, 1636 u. mürw 1657.

mêser, m. Mörser; r ist vor s ausgestossen zur erleichterung der aussprache; nd. môser Schb. 138b. vgl. Gr. Wb. VI, 2592.

mêwest, m. scheltwort für einen trotzigen, eigensinnigen knaben; das dunkle wort gehört vielleicht zu dem verbum, von dem Gr. Wb. VI, 2525 mops abgeleitet wird: ndl. moppen, westf. möpen, engl. mop das Gesicht verziehen, Gesichter schneiden; oberd. mupfen, woran sich dann muffen (auch bair. Schm. I, 1573) schliesst; am nächsten stände dann das schweizer. möff, sauertöpfischer Mensch; Gr. Wb. VI, 2448; vgl. auch engl. mow schiefes Maul Müll. II, 123; fr. moue, Diez II, 382; ndl. mouwe maken.

mickelig, seltener wie nd. Schb. 135a mickerig klein, undeutlich, kritzlich, von der handschrift ges.; es gehört nach Gr. Wb. VI, 2170 zu nd. mick zerbrechliches, unfestes Hausgerät.

milder, m. der Meiler, Kohlenmeiler; d ist wie gewöhnlich zwischen l und r eingeschoben; über den wahrscheinlich slavischen ursprung des wortes (böhm. mile, milje f.) s. Gr. Wb. VI, 1911 und Weig. II, 65.

mîz! mîzchen, mîze, f. u. mîzekätze lockruf und kosename für die katze, auch im roman. ital. micio, micia, span. micho, mizo; wahrscheinlich onomatopoetischen ursprungs; s. darüber Gr. Wb. VI, 2183; Diez, I, 276.

er-mintern, noch häufiger reflex., munter machen, aufwecken; erwachen, munter werden; nd. mündern, ermündern; Gr. Wb. VI, 2702 f.

môl weich, überreif, vom obst; tirol. môl, nd. môl, mol Schb.

137b; nhd. moll Gr. Wb. VI, 2480. vielleicht vom lat. mollis. Vilm. 271.

molle, f. Mulbe; nd. molle Schb. 137b; schwäb. mulle, molle etc. Wanne, Trog, Schmid 393; nach Gr. Wb. VI, 2652 aus lat. mulctra Melfgelte, ahd. muoltra; in unsrer form ist d assimiliert. 's morjens am Morgen, früh; tirol. z' morgez, z' mórgats, nhd. morades s. Gr. Wb. VI, 2589 und 2558b, β. unsere form scheint nur abkürzung aus „des morgens", wie 's'ôbends des Abends, am Abend, zu sein.

moppe, f. Ohrfeige, Backenstreich. in dieser bedeutung finde ich das wort sonst nicht, es gehört aber offenbar zu dem oben unter méwost besprochenen verbum moppen; engl. mop verzerrtes Gesicht, altengl. moppe; die wirkung scheint in unserem worte auf die ursache übertragen zu sein; bair. bedeutet mopseln (Schm. I, 1638) auch prügeln. nd. (Schb. 138a) bezeichnet es dagegen eine den ganzen kopf bedeckende mütze der bäuerinnen.

mucken maulen, böse sein, brummen, grollen; muksch mürrisch, grollend, unzufrieden trotzig; ebenso nd. Schb. 139a; Gr. Wb. VI, 2600 ff. u. 2615; Weig. II, 142. v. Pfister 182.

mûkêwechen, n. Johanniswürmchen, Glühwürmchen. dieses auf den ersten blick sehr rätselhafte wort ist ein interessantes beispiel der volksetymologie, die sich nicht nur auf unverständliche fremdlinge, sondern auch auf nicht mehr verstandene alte angehörige der eigenen sprache erstreckt. nach der jetzigen gestalt würde das wort, meist in der kindersprache üblich, Muh=kühchen, kleine Muh=kuh bedeuten, (mû Naturlaut des Rindes; kôu, pl. kêwe, Kuh, Kühe, dem. kêwechen), dessen anwendung als bezeichnung des glühwurms natürlich sinnlos und unverständlich ist. dasselbe scheint mir nun eine volksetymologische entstellung von muchheim, dem alten namen des heimchens, gryllus domesticus, zu sein, schweiz. mûchaime hausgrille, hêimchen, appenz. muchama, muchkama, brotschabe oder grille; s. Gr. Wb. VI, 2603; ahd. mûhheimo, später mucheim cicada, muchaheim grillus. dieses alte wort (aus dessen umstellung heimoch, heimoch sich das nhd. heimchen entwickelt hat, s. Gr. Wb. IV² 868), dessen erster teil mûh ahd. heimlich (s. Mhd. Wb. II, 226a unter mûche, v. Pfister 182 mûke u. vgl. Weig. II, 88 das unter

meuchelei gesagte), weil schon früh undeutlich geworden, tautologisch mit heim componiert wurde, konnte natürlich leicht auf
das glühwürmchen übertragen werden und würde demnach regelrecht mûchaimechen lauten, mit nd. vocale ê = ai mûchême-
chen, ward dann aber, da es nicht mehr in seiner ursprünglichen
zusammensetzung und bedeutung erkannt und verstanden wurde,
mit verhärtung des kehllautes und vertauschung des m mit w
zu jener sonderbaren form mûkêwechen umgebildet und zu ver-
deutlichen gesucht. ein seitenstück dazu bietet der am Rheine
gebräuchliche name für die hausgrille hammelmaus, s. Gr. Wb.
IV², 312.

mull, m. Staub, Unrat, Schimmel; mulsterig schimmlig, fau=
lenb, stockig, nach Schimmel riechenb; Schb. 139b u. Gr. Wb. VI,
2653 u. 2658. v. Pfister 184.

un- munstern, adj. unwohl, unbehaglich, nicht recht bei Ge=
sunbheit unb Laune; dieses nur noch in der compos. mit un vorhandene wort (bei Weig. II, 971 unmustern) beruht auf einem
ältern adj. muster, musterig frisch, kräftig, tapfer, bair. musper,
auch wuschper munter, lebhaft, lustig, s. Schm. I, 1682, daher
unmuster tristis, somuolentus, oscitans, piger bei Stieler 1241.
in unserer form unmunstern ist das n im inlaute offenbar in
anlehnung an munter eingeschoben, dasjenige am ende unorganisch
wie bei albern zugesetzt. s. Gr. Wb. VI, 2765 musterig 2.
auch kommt die endung ern bei adjektiven im Niederd. öfter vor,
vgl. was Fr. Woeste im Korrespondenzbl. des Ver. f. nd. Spf. III,
20 in seinem erklärungsversuche von „nüchtern" entsprechendes
beibringt.

múrki, f. Unorbnung, unorbentlicher Haufe von zerschnittenen
oder zerknitterten, zertretenen oder zerrissenen gegenständen; das
wort gehört zum verbum murken bas Brot in Stücke schneiben,
murkeln, murksen mit vielen abgeleiteten bedeutungen, murk, m.
ein Brocken, abgebrochenes Stück; Gr. Wb. VI, 2716 f., Schm.
I, 1649. v. Pfister 184 murke Runke, Schnitte Brotes; die
endung î aber ist eigentümlich und auffällig, da sie sonst nicht
erscheint, denn die fremde endung îe, nhd. ei, lautet in unserer
mdt. immer eje.

mursch morſch, hat den ursprünglichen vocal u, s. Gr. Wb. VI,
2590 u. Weig. II, 138, wo die herkunft des wortes erörtert wird.

murtchen, n. scherzhafte bezeichnung der laus; es ist wahrscheinlich ein subst. vom verbum murten, murtjen reiben, zer=
reiben, wie nd. murt baß ſleine Zerriebene, nur mit activer bedeutung baß Reibenbe, Freſſenbe; s. Gr. Wb. VI, 2728 unter
murz.

mûs, mûst, auch mȯust, n. baß Muß, Obſt=, bes. Zwetſchen=
muß; ahd. môs, muos, muas; mhd. muos; die letzte, im schwinden begriffene form môust hat noch den alten vocal, das û der
anderen ist wohl durch nhd. einfluss eingedrungen; t ist unorganische anfügung wie im nhd. obst. s. über herkunft des
wortes Gr. Wb. VI, 2728, Weig. II, 158.

mûsig mauſig, nur wie im nhd. in der wendung „sich mausig
machen", deren herkunft aus der Falknersprache Gr. Wb. VI,
1833 auseinandergesetzt wird; der urspr. vocal û ist erhalten,
sz aber wie im nhd. zu s geworden, mhd. mûsze Gr. Wb. VI,
1821. Schb. 140b leitet mûsig von maus (ſed wie eine Mauß)
her, wohl mehr in übereinstimmung mit der im volke herrschenden
vorstellung, der die ursprüngliche bedeutung des ausdrucks natürlich abgeht, als histor. richtig.

mutte, f. Motte, nd. mutte Schb. 140b, ags. modde, engl. moth;
zu der noch unerklärten herkunft des wortes s. Gr. Wb. VI, 2601
u. Weig. II, 141.

N.

Nâckig naďt, bloß, ohne Kleidung. diese form des wortes mit
der endung ig erscheint auch im henneb., nassau., sächs. u. schwäb.
alemann., wie Gr. Wb. VII, 244 f. angegeben wird, während
sonst die bildung mit d oder e, ahd. nachat, nahhut u. s. w.
nhd. nacket, nackt, nackend, engl. naked, vorherrscht. die unserer
mdt. eigentümliche form nâcketaich, welche als abmahnende
schelte für sich entblössende kinder angewendet wird, entspricht
(mit entstellter endung) den Gr. Wb. a. a. o. angeführten formen
nacketich, nackedig anderer mundarten.

néïschîrn neugierig, bisweilen auch néïschîrlich; es ist die in den dialekten weit verbreitete, in vielerlei nebenformen auftretende urspr. compos. mit dem genit. niuwes, in der sg zu sch verschmolzen ist (vgl. ud. bischen etwas, ein Bißchen, aus biszchen). Gr. Wb. VII, 667 werden die mannigfaltigen formen der nord- u. mitteldeutschen mundarten aufgeführt; auch bair. und hess. neuschierig Schm. I, 1711 u. v. Pfister 190 ist hinzuzufügen. in unserer form ist wie in oberd. dialekten das alte „gern" gut erhalten, wenn auch mit unrichtigem, wohl durch das nhd. ie in neugierig hervorgerufenem î; es würde also einem mhd. niuwes gërne entsprechen; vgl. noch Gr. Wb. VII, 665.

néï neu, flect. nejer, neje, nejesz; éi, resp. ej = mhd. iu, nhd. eu. prädicativ wird merkwürdiger weise davon nur die form nejet gebraucht; dieselbe scheint das neutr. in nd. form (nît, neit, neet, schwed. dän. nytt) zu sein und gebraucht zu werden, um dem worte eine festere, deutlichere form zu geben; jedenfalls eine singuläre erscheinung.

nêl'n langsam reben ober arbeiten, träge und langsam etwas betreiben; nhd. nöhlen, nölen, Gr. Wb. VII, 878, wo die weite verbreitung des wortes, besond. auf nd. u. md. gebiete des näheren belegt wird.   [Gr. Wb. VII, 420.

neszen, esz neszt fein, nebelartig regnen, von nâsz naß; s. nesteln binden, knüpfen, mit Häfchen schließen; ahd. in hals nestilst, mhd. nesteln, bair. nestln, nessln Schm. I, 1768. Gr. Wb. VII, 628. hess. nessel Gebinde, v. Pfister 190.

nîpe, adv., gewöhnlich nur beim verb. sên sehen vorkommend, genau, aus der Nähe, scharf; nd. nîpe nahe, genau, Schb. 145b; Gr. Wb. VII, 851.

nippen 1. ein wenig schlafen, nicken, schlummern; 2. ein wenig trinken, nur mit den Lippen berühren; nach Gr. Wb. VII, 852 zwei verschiedene wörter; jenes mhd. nipfen, nd. nippen Schb. 145b; dieses von gleicher form, aber wahrscheinlich andern ursprungs. s. auch Schm. I, 1752 u. v. Pfister 193.

nôchent, nôchen, nôchter, adv., nachher, später. ahd. nâhunt auch nur als adv., mhd. nâhent, naehent, nâhet u. nhd. in mehreren formen bis ins 17. jahrh. gebräuchlich; noch jetzt ebenfalls bair. nâhend, nâhet Schm. I, 1735; henneb. nachet hernach,

später. in unserer mdt. zeigt **nôchent** die ursprüngl. form rein, **nôchen** hat das t verloren u. **nôchter** ist wohl eine zusammenziehung von **nôchet-her = nhd. nachher.** s. Gr. Wb. VII, 294 ff. **nahend.**

nôune, adv., nun, in ursprünglicher form **nôu** noch häufiger; es entspricht mit seinem vocal **ôu** dem im mhd. neben **nu** u. **nû** in bairischen denkmälern erscheinenden **nuo** (Gr. Wb. VII, 982 u. 983, 2), bair. no Schm. I, 1712. daneben **nu, adv.** u. **interj.** vor fragen, aufforderungen, ausrufen; nd. **nu** Schb. 146a.

nucke, f., gewöhnlich pl. **nucken** u. **nicken,** verſtedte eigenſinnige Laune, Hinterliſt, Tüde, wie **nûck,** m. u. **nûcke** f. Gr. Wb. VII, 973 u. Schb. 146b.

nunne, f. Ronne; ahd. nunna, nonna; mhd. nunne; das alte u ist wie in fast allen mundarten bewahrt; s. Gr. Wb. VII, 881 u. Weig. II, 235, Schm. I, 1750.

nutze u. **nitze, adj.,** nüßlid, braudbar; ahd. nuzzi, nuzze; mhd. nutze, nütze; s. Gr. Wb. VII, 1022 u. Schm. I, 1776.

O.

Omâcht, f. Ohnmadt, Bewußtloſigkeit; **ômachtig** ohnmädtig, bewußtlos; die ursprüngliche form ist bewahrt: mhd. âmaht, âmehtec, ahd. âmahtig; mhd. später auch ômaht, s. Weig. II, 269.

ornunge, f. Ordnung; **orntlich, adj.** u. **adv.,** ordentlid, tüdtig, ordnungsliebend. d ist ausgestossen.

ôsemunt, n. u. **m.,** wüſter Haufen, Reſte von Viehfutter, Holz u. dgl., Unrat, Ruder. der erste teil des merkwürdigen wortes wird zum ahd. **ôsjan,** mhd. **ôsen, oesen,** Mhd. Wb. II, 447, gehören, das leer machen, ausschöpfen, ausschütten bedeutet, veroesen, verderben, verwüsten; nhd. ausösen ausöden Gr. Wb. I, 923, bair. oesen, oesigen Schm. I, 164, schwed. ösa ſdöpfen. der zweite teil ist dunkel.

ôrt, ort, m. die Schuſterahle, der Pfriem; nd. **ôrd** Schb. 148a, Weig. II, 279; ursprünglich Spitze, dasselbe wort wie nhd. Ort. n der redensart: **ewer ôrt kom'** über Ort kommen, ſid einigen, bei einer Verhandlung, einem Geſdäfte zum Ziele kommen,

übereinkommen, bedeutet órt Enbe, Ziel; s. Schm. I, 151, Hpts.
Zeitschr. II, 285, 19. Mhd. Wb. II, 445.

ver-órzen verberben, vergeuben, hauptsächlich nur von tieren
gesagt, welche das futter nur teilweise verzehren, das übrige verderben lassen; ebenso nd. orzen Schb. 148 a; brem. orten, verorten; bair. urassen, uräszen, urezen Schm. I, 134; ags., alteng.,
alts. ord, altn. oddr, engl. orts Ueberreste, Abfälle, Müll. II, 164.
vgl. zu diesem u. dem vorigen worte Vilm. 191 f. u. 425 f.

R.

Ráckern, nur im compos. sich opráckern sich abracfern,
abmühen, quälen, Gr. Wb. I, 85; Weig. II, 424. es ist gebildet vom subst. racker, Schinder, Feger, nd. racken scherren,
abfegen; s. auch Schb. 167a; ferner Müll. II, 269 zu engl.
rake Haake, scherren u. nhd. rechen Weig. II, 446. Vilm. 313.

rádl, m. Raben, Rabel, rote Kornblume; nd. râle, f. aus radele
nach Schb. 167a; mhd. râte, sw. m.; ahd. râto Mhd. Wb. II,
583; Weig. II, 425.

rádebáke, f. große, starke Hacke zum ausroden von wurzeln und
stämmen; nd. rôhacke Schb. 174a, Weig. II, 483 rodhacke.
auffallend bleibt das a, das Weig. als eine senkung (?) des o in
roden betrachtet.

raesch scharf, herb, prickelnb, vom geschmack gerösteten brotes
gesagt; mhd. raesze, raesse, ahd. râszi; Weig. II, 438 räss; bair.
räss Schm. II, 137 f.

raf, n. Traggestell aus holzstäben oder leisten zum tragen auf
dem rücken. nd. ref Schb 169a; bair. reff, n. u. m., Schm. II,
66. davon raftrájer, rafkarl händler, der kurzwaren in einem
solchen hausierend herumträgt, bair. refftrager bei Schm. a. a. o.
Weig. II, 451 reff. Vilm. 319. als schelte: ôles raf, für ein
altes, hageres weib, beide wörter werden sowohl von Schb. als
Schm. für dasselbe gehalten u. auf got. hraiv, st. n, Leiche, ahd.
hrêo, mhd. rê, rêwes Mhd. Wb. II, 585, alts. hrêu, hrêo, ags.
hreaw, hraew zurückgeführt; ob dies für das wort in der ersten

bedeutung richtig ist, scheint mir doch sehr zweifelhaft; s. auch
Mhd. Wb. II, 608 ref.

raise, f.; 'ne raise wäszer zwei eimer wasser, die mittels
eines tragholzes gehoben und getragen werden; ebenso nd. reise
Schb. 170a; es ist dasselbe wort wie das gewöhnliche raise
die Reise, nur in noch ursprünglicherer bedeutung; nämlich als
subst. zum factit. verbum got. raisjan, ahd. reisôn, mhd. uhd.
reisen, engl. to raise erheben, aufrichten (vom stammverbum got.
reisan, ahd. rîsan, mhd. rîsen sich in die Höhe oder Tiefe bewegen)
bedeutet es das „emporgehobene, fortbewegte"; s. Weig. II, 460.
Müll. II, 269, 307, Schm. II, 138 ff.; Korrespbl. des Vereins f.
nd. Spfschg., Jahrg. IX, 41 u. 76.*)
raine rein; das alte auslautende i ist als e erhalten, resp. das
o des adv.; comp. render, sup. renste wie nd. Schb. 170a. ein
neu abgeleitetes adj. rentlich reinlich, ehrlich, nimmt zugleich
unorganisches t an.
raitl, m. Baumstange; raitlholz holz aus jungen bäumen; nhd.
reitel Weig. II, 461; mhd. reitel Prügel, Knittel Mhd. Wb. II,
673; nd. reidel-, reitelholt Schb. 169b. nach Weig. stammt es
vom verbum ahd. rîdan, mhd. rîden, ags. vrîdan drehen, um=
winden; vgl. oben fraiteln s. 92.
rä'm, oprä'm den Rahm, die Sahne zum Buttermachen von
der Milch nehmen, von räm, m. der Rahm, die Sahne; daneben
rae'm mit nhd. umlaut.
rämänten poltern, lärmen, Gegenstände mit Gepolter durch=
und übereinander werfen, =rücken; nd. raménten Schb. 167a. Schm.
II, 90 vergleicht damit das bair. ramatten. die herkunft des
wortes ist dunkel. Vilm. 314 hält es für verderbt aus rumoren.
râmp, m. Kauf von warenresten oder grösseren mengen in bausch
und bogen. daher in râmpe kaufen oder râmpen; nd. ramp
und rampen Schb. 167. vgl. bair. ramsen, ramschen Schm. II,
101 u. hess. ramsch, ramschen, Vilm. 314.

---

*) daselbst wird von R. Sprenger ganz falsch auf mnd. rose vas rotun-
dum geraten, von Peters wird es richtig mit nhd. Reise identificiert, aber
die ursprüngliche bedeutung nicht hervorgehoben, Damköhler führt noch
andere verbindungen des wortes z. b. mit „zeug, röhren, holz, steinen" an,
welche die obige erklärung durchaus bestätigen.

ràmpràken heftig poltern durch Stoßen, Schieben von Gegen=
ständen; das wort berührt sich in form und bedeutung mit obigem
ramánten, ist aber ebenso dunkel.

rànᵒft, m. Stück Brot, bes. endstück eines brotleibes; s. Weig.
II, 430 Ranft; mhd. ranft Brotrinde, bair. rampf, rampft, ramft,
Schm. II, 100.

rànge junger, emporgeschossener Bursche, starker Knabe; Weig.
II, 430, Schb. 167 b; es gehört wahrscheinlich zu ringen.

rànk, adj., in der verbindung rànk un schlànk, von jungen
lang und schlank gewachsenen personen langen, schlanken und
gefälligen wuchses; s. Weig. II, 431, Schm. II, 122.

ranzen, ranzel, m. der Tornister, Ränzel; mhd. rans Bauch,
Weig. II, 432. àn-ranzen anranzen, anfahren, schelten; nd.
ranzeln, renzeln Schb. 167 b, 170 b; Weig. II, 432.

rànzig verdorben, ranzigen Geschmacks und Geruchs; vom lat.
rancidus, Weig. II, 432.

ràpen, seltener ràffen, raffen, an sich reißen, zusammenziehen;
die nd. form wird mehr im concreten, die hd. im übertragenen
sinne gebraucht.

rasten, reflex. sich zanken, erzürnt streiten; zu diesem worte finde
ich nirgends etwas entsprechendes; das a ist = ē; vielleicht stellt
es sich zu hess. gerästet müde, wovon v. Pfister (s. 226) event.
ein rēsten von raizen wie krēsten von kriszen herleiten möchte.

raufe, f. Futtergestell über den Krippen; s. Weig. II, 443.

ràwéldersch, pl. in der schale gekochte kartoffeln; ein
schwierig zu erklärendes wort; vielleicht aus roh (ahd. rô, ráo,
mhd. rá) u. welln kochen, wallen, sieden machen; d ist zwischen
l und r eingeschoben, sch = s pluralzeichen.

recken 1. reichen, darreichen; ahd. recchan, mhd. recken, got.
rakjan. 2. reichen, ausreichen, genügen; ebenso nd. recken Schb.
170 b in beiden bedeutungen.   [457.

rêje, f. Reihe; nd. rêge, rîge Schb. 169 a; mhd. rîhe Weig. II,
rêjen regen, in Bewegung bringen, nd. rêgen, hd. ragen; Weig.
II, 453.   [Dachrinne. nd. renne Schb. 170 b

renne, f. Rinne, hölzerne wasserleitung bei mühlen; tàchreune

rewwes, m.; 'n rewwes mächen ein gutes Geschäft, starken

Gewinn machen; jüd. rebbes, rebes Gewinn, Wucher; s. Heise &
Wittich, Fremdwörterbuch, 776. v. Pfister 230 rebbes.

richte, f. grade Richtung; in de richte jaen in graber Richtung,
kürzeren Weg gehen; mhd. rihte, riht; ahd. rihti; nd. richte Schb.
171b. Weig. II, 472.

anrichte Küchenbrett, worin u. woran das küchengeschirr auf-
bewahrt wird; nhd. u. schon mhd. Tisch zum Anrichten der
Speisen, Gr. Wb. I, 426 f., Weig. I, 60.

rick, n. gesims an der wand zum aufstellen von gefässen, quer-
stange zum aufhängen von kleidungsstücken; nd. rik Schb. 172a;
Weig. II, 448 reck.

ricken trans. rücken, von der Stelle bewegen; intr. u. impers.
es förbert, schafft, hat guten Fortgang; nd. rücken Schb. 176a.

ridl, m. großes Stück Brot, Runken; bei Schm. II, 58 f. ridel
Geflecht, Wulst, Bergrücken, Riegel; es gehört zu ags. wrîthan,
engl. to writhe, ahd. rîdan drehen, winden, wovon auch oben
fraiteln u. raitl.

rîfe, f. Riefe, Hohlkehle, streifenförmige Vertiefung; Weig. II, 473.

riffel, m. Rüge, Tadel, Rüffel; ahd. rifila, riffila Säge, Zinken;
nd. rüffel Schb. 175b, Weig. II, 475; vgl. bair. reffen rupfen,
zupfen, schelten, hart anlassen, Schm. II, 66; mhd. refsen schelten,
tadeln, züchtigen, Mhd. Wb. II, 608.

rille, f. langgestreckte Vertiefung, kleine Erbfurche, in der Wasser
läuft, Bächlein; nd. rille Vilm. 327. engl. rill Rinne, rinnen,
das von Müll. II, 304 zum franz rigole oder dem kelt. rhigol
gestellt wird; Diez II, 416.

un-rîmisch wild, toll, ausgelassen, unsinnig, von ausgelassenen
kindern u. leidenschaftlich sich geberdenden personen gebraucht
nd. unrimig Schb. 244a, der es auf alts. unrîm, ags. unrim
innumerus bezieht. jedoch sieht man nicht recht ein, wie die bedeutung unseres adjectivs sich aus dem begriffe zahl (ahd. hrîm,
rîm, series, numerus, gerîm ags. computus, calendarium, altn.
rîm Mhd. Wb. II, 703, Schm. II, 93 f.) entwickeln konnte; vielleicht lässt es sich daher besser mit dem von Schm. II, 99 angeführten ags.: vil-hrêmig, hrêmig compos, zusammenbringen,
sodass unrîmisch sui non compos bedeutete. das nhd. ungereimt
klingt nur zufällig an.

rinken, m. Ring, Griff an geräten, eimern, koffern u. dgl. ursprünglich wie noch nd. rinke Schb. 172b cin fem., mhd. rinke f., dann auch sw. m. Mhd. Wb. II, 709, fibula am gürtel, schuh etc., ahd. hrincha Weig. II, 478, Schm. II, 124 u. Vilm. 327.

risze (pl. von risz Riß) Schläge, Hiebe, mehr scherzhaft, die wirkung für die ursache gesetzt; so auch bair. riss kriegng Schm. II, 148 u. Vilm. 329.

rîstr, m. u. n., Pflugsterze, die gekrümmten hölzer, woran der pflug sitzt und geführt wird. mhd. riester f., ahd. riostra u. rêosta, riesta, Weig. II, 474, Schm. II, 161. für die noch unaufgeklärte herkunft des wortes lässt sich vielleicht das roman. it. resta, span. ristre, pg. reste, riste, ristre Gabel zum Einlegen der Lanze, vergleichen, Diez I, 347 f., der dieses von restare, rom. arrestare widerstehen ableitet u. als „widerhalt, anhalt" erklärt, was gut auf unser rîstr (wie auch bei Schm.) passt.

riwwe, f., pl. ribb'n, u. rippe, pl. rippen die Rippe. das wort zeigt beide formen wie auch schon mhd. rippe neben ribbe, ribe u. ahd. ribbi, rippi s. Mhd. Wb. II, 679 u. Weig. II, 478, Schm. II, 130.

un-rôu, f. Pendel der Uhr, Unruh; Schb. 244a unraue.

rûch rauh, mit haren, federn, stacheln bewachsen, mhd. rûch, rûhe, rû, ahd. rûh, rûch, ags. rûh, rûo, engl. rough, nhd. rauch u. rauh. das wort bewahrt stets seinen alten auslaut, nur im compos. rûrîf, m. Rauhreif, leichter Frost, fällt er aus; dazu rûrîf'n leicht frieren.

rucken rücken, ohne umlaut, meistens intr., während das umgelautete rücken meistens tr. ist. mhd. rucken u. rücken Weig. II, 497. davon ruckeln u. rickeln.

rûdl, n. Haufe, Schar, Rudel Wild; bair. der ruedel Schm. II, 63. Weig. II, 498. sollte das wort mit got. vridhus die Herde (Luc. 8, 33) zusammenhängen! auch an eine oberd. deminutivbildung von rotte, mhd. rote, rotte, rot, aus ruta, rutta, rupta könnte man etwa denken.

ruffen heftig stoßen, plötzlich und ruckweise reißen oder stoßen; ebenso nd. Schb. 175b. die herkunft des wortes ist zweifelhaft; es berührt sich mit rupfen, raufen, raffen u. bair. reffen Schm.

II, 66, auch ags. hreppan tangere. vgl. auch hees. raufen u. räufen, Vilm. 317.

rummel, m. 1. Lärm, Spektakel, Unordnung, Gedränge; 2. Haufen von allerlei Geräten; letzteres auch rummeléje, f. Durcheinander von Dingen und deren Fortschaffung; s. Weig. II, 502; Schb. 176; Schm. II, 98.

runge, f. oben gekrümmte Stütze der Wagenleitern; mhd. u. nd. runge, got. hrugga Stab; Weig. II, 504; Schb. 176b, Schm. II, 122; engl. rung Leitersprosse, Balken, Knüttel, Müll. II, 324.

runken, auch runks, m. großes Stück Brot; nd. rangen, ranken Schb. 176b; bair. ranken, runken, Schm. II, 122; Weig. II, 504 f., Vilm. 333.   [aus rund u. ümbe.

runtímme, runtím, adv. herum, umher, im Kreise herum; rûpe, f. Raupe; mhd. rûpe Mhd. Wb. II, 821; Weig. II, 443 f. rûp'n die Raupen vom Kohl lesen; Schb. 177a; Schm. II, 129.

ruppen rupfen, ausraufen; mhd. rupfen, rûpfen, intensiv. zu roufen, raufen; Mhd. Wb. II, 821; Weig. II, 505 f.; nd. roppen Schb. 174b. davon wahrscheinlich ruppig zerlumpt, erbärmlich, schlecht in Kleidung; Weig. II, 506; nd. ropperig, rupperig Schb. 174b. auch die scheltwörter:

rups, rupranzel, rupsáck, ruppert scheinen damit zusammenzuhängen, obgleich das letzte mehr an Rupert, Ruprecht, wozu auch Rüpel gestellt wird, erinnert; s. Schm. II, 130 f., Weig. II, 505. Vilm. 334.

rûschen rauschen, brausen, mhd. rûscheu u. rûszen Mhd. Wb. II, 822 u. 825; ahd. rûszjau, rûszôn, ags hrûtan, engl. rush Müll. II, 325; Schb. 177, Weig. 444; Schm. II, 155.

rust, m. Rost; rustig, rusterig rostig, vom Rost zerfressen; rusten rosten; mhd. rost, rösterec Mhd. Wb. 767 f.; Weig. II, 490; engl. rust, dän. rust Müll. II, 325, der es für verwandt mit to rot faulen hält, was nicht unwahrscheinlich ist, da auch mhd. rot, st. n., Rost, roten rosten, verderben, faul werden, bedeutet; s. Mhd. Wb. II, 768; vgl. auch Schm. II, 162 u. 153 rôssen, 186 der rott u. 196 rötzen. unsere mdt. bildet auch das verbum rustern, verrustern rosten, verrustert verrostet. irrtümlich ist dann ferner ruszt, rust Ruß, Kienruß durch unorganisch angetretenes t (wie Wetterau. rousst Weig. II, 508) damit verschmolzen, welches aber (mhd. ruosz, ahd. ruosz, ruasz, ags. got. u. altn. hrôt Dach, Rauchfang, Unreinigkeit Mhd. Wb. II, 821, Weig. II, 508, Schm. II, 154) ganz anderen stammes ist. ruste. f. der Rost, die Röste, Eisengitter, worauf geröstet wird; auch dieses wort scheint sich an die vorigen durch missverstand angelehnt zu haben, da es verkürzten und veränderten vocal zeigt; mhd. rôst, st. m. u. rôste st. f., ahd. rôsta Mhd. Wb. II, 766 f. Weig. II, 490.

rûsz adv. heraus; rûszene draußen; das r ist das abgekürzte her u. erscheint so in allen zusammensetzungen: rin herein; rop herob, ruf herauf, runger herunter, rân herau, rewer herüber, sowie n für hin (hën) im anlaute derselben adverbien.

S.

Sâ, adv. u. conj., so; got. sva, ags., altfries., altn. svâ, sâ Weig. II, 726.   [stimmten artikel.

sân, adj., solch, ein solcher, aus sâ und dem abgekürzten unbesäcken, insäcken einsacken, in einen Sack thun, einstecken; Schb. 179 a; sich säcken sich stopfen, voll werden, sich stauen; Weig. II, 512. s. auch Müll. II, 329.

sâdl, m. Sattel; sâdeln satteln, sâdlär Sattler; wie nd. sâdel, sâdeln Schb. 178 b.

saesze, f. Sense; nd. seisze, holl. zeis Schb. 189 b; schweiz. sägese, säges, mhd. sëgense, ahd. sëgansa, hat die inlautenden consonanten ausgestossen.

sâge, f. Erzählung; 'sz jaet de sâge, de sâge jaet man sagt, erzählt. ûszsâge Aussage, Behauptung, Zeugniß vor Gericht; auch: Aussprache des Redners.

sâge, f. Säge; sâg'n sägen; korz sâg'n in Stücke sägen; das wort ist ohne umlaut geblieben; ahd. saga, mhd. sage.

saijer, m. Uhr, Wanduhr; nach Weig. II, 682 in Meissen u. Schlesien gebräuchlich; mhd. seigaere, st. m. Wage, Uhr; gehört zu sîgen sich senken, sinken; wahrscheinlich zuerst von sand- und wasseruhren gebraucht. auch ein verbum saijern wird gebildet: wäsz het's jesaijert? Wie viel Uhr ist es? s. noch Schm. II, 241.

sälter, m. Kuhwagen; nach Weig. II, 402 psalter mit abge-
fallenem p, wie salm Pjalm; schon mhd. salter, ahd. saltari
neben psalter, psalteri.

säm', verb., vollständiger hausäm' Heu ernten; mhd. samenen,
ahd. samanôn vereinigen, fammeln; ebenso bair. sämen, sams
auch in technischer anwendung vom getreideauflesen, Schm. II,
276. ein subst., entsprechend mhd. samenunge gibt es aber
nicht; der substant. infinit. vertritt es.

sängen, pl., Aehrenfpitzen; mhd. sange Aehrenbüfchel, ahd.
sanga, Weig. II, 524. Schm. II, 310.

sätte, f. hölzernes oder irbenes Milchgefäß, Milchfatte; Weig.
II, 527 leitet das wort her vom bibl. lat. griech. satum, σάτον,
aramä. סָאתָא, Schb. 191a aber das nd. sette vom verbum
setten, gefäss, worin die milch sich setzt, u. Schm. II, 219 das
damit identificierte bair. sechter vom lat. sextarius, ahd. sehtari,
sehtr. diese etymologien lassen sich schwer vereinigen.

sawer, m. Seifer, Speichel, bes. bei kleinen kindern; sawern
fich mit Speichel verunreinigen; nd. seiwer, seiwern Schb. 189b;
ahd. seivar; wetterau. sâwer Weig. II, 682; bair. saifer, saifern
Schm. II, 229 f. Die von Schb. 179b noch besonders ange-
setzten saweln, sawern, die im vocal unserm worte entsprechen,
sind offenbar nur nebenformen zu seiwern. das wort gehört nach
Mhd. Wb. III, 244 seiver zum verb. sifen tröpfeln, triefen (daselbst 263), wovon das oben besprochene sîpern unserer mdt.
Vilm. 335, 380 f.

schäcke, f. gefleckte Kuh, fcheckiges Rind; bair. der scheck,
schegkel auch von andern tieren, Schm. II, 366; mhd. scheckot,
schecke gefleckt, nhd. scheckig, s. Weig. II, 557. schackig
= nhd. fchedig, bunt, gefleckt. Vilm. 340.

schäcken ftark gehen, mit ftarfer Bewegung anbauernb gehen;
vgl. bair. schäken, schägen hinfen, schechsen fchleppenb gehen,
schiechen, schieggen, schiecken latfchenb, mit fchief gefetzten Beinen
gehen, Schm. II, 366, 364, 368; aber auch zu vgl. Müll. II,
364 schackle, der ein nd. schake Bein anführt.

schaere, f. Schecre; mhd. schaere, ahd. scârî, bair. schaer;
Mhd. Wb. III, 158; Weig. II, 557, Schm. II, 446.

schaip, adj., fchief; der vocal stimmt mit dem nd. scheif Schb.

181 b, der verhärtete auslaut mit md. formen schebe, Weig. II,
570 u. bair. schepp, Schm. II, 436; letzterer stellt es zum
verbum scheiben ſdjicbeu, fehren, drehen, s 355; danach wäre es
verfehrt, verſchoben; hess. scheib, Vilm. 344.

zöu-schänzen, jemand etwas (eine Arbeit, läſtige Verrichtung,
unbequeme Perſon) zuſchieben, übergeben, aufdrängen; nach Weig.
II, 1199 ist es nd. toschranzen (Brem. Wb. IV, 691) geben,
zuwenden, mit ausgefallenem r.

schâp, n. Wandſchrank, Behälter für kleine Gegenſtände; nd.
schap Schb. 180b; alts. scap vas, schwed. skäp; mhd. schaf,
schapf, nhd. das schaff, Weig. II, 539; danach stammte es vom
mlat. scaphum, griech. αϑχίονσ Becken; Schm. II, 375 f. dagegen stellt es zum alten scaffan, sceffan, ſchaffen u. ſchöpfen.
das deminut. schapchen, auch käschapchen (dieses wohl
= geschaf, ahd. kaskap, wird auch scherzhaft in der kindersprache
für Bettt, bei tieren für Stall, enger Verſchluß, gebraucht.

scharn u. schâru ſcharren, kratzend an etwas hinſtreichen; die
erste form entspricht ahd. scërran, mhd. schërren, die zweite
nhd. scharren, mhd. scharren Mhd. Wb. II², 163 f., Weig. II,
551. bair. scharren u. scherren, Schm. II, 448 u. 452. dazu
die substant. schârre u. scharre, f. die Scharre, Hacke, Scharr-
eiſen; taichschërre u. -scharre, mhd. teicschërre Teigſcharre.

schârwarken hart arbeiten, allerlei arbeiten; spätmhd. schar-
wërk Frohuarbeit; bair. scharwerchen Schm. II, 444, Weig. II,
552. Vilm. 342.

schaup, m., pl. schaiwe, Strohbund, ausgedroſchene Garbe;
mhd. schaup, ahd. scoup, ags. sceaf, engl. sheaf; nd. schôf, bair.
schâub; Schm. II, 353; Weig. 554. das wort gehört zum verbum
schieben.

schâwernâck, m., adj. schâwernâcksch, -nacksch; wie
nhd. Schabernack, liſtiger, tückiſcher Streich, mutwillige Neckerei;
Schb. 180 a. Weig. II, 535 hält es für identisch mit mhd.
schabernac grober (den Nacken reibender) Winterhut, Mhd. Wb.
III², 283, Schm. II, 352 f. scheint dagegen die von Beigel und
v. Hammer-Purgstall gegebene erklärung aus dem arabischen
Chawrnak (Palaſt des Königs Noomann von Hira) zu billigen.

schawig, schāwig ſchäbig, lumpig, erbärmlich ausſehend; mhd. schebic; nd. schawig, schëwig Schb. 181 b; zu schaben abreiben.

schedd'n ſchütten, bedeutet reflex. von der milch gerinnen, ſauer werden; abd. scutjan, scuttan, ags. scuddian, mhd. schutten, schütten. zu jener bedeutung passt das nhd., bair. der schotten aus der Molke ſüßer Milch abgeſonderter Quark, mhd. schotte, ahd. scotto, Weig. II, 635. Schm. II, 486 dagegen leitet es ab vom ital. scotta; s. auch Diez II, 65.

schëi ſcheu; sich schejen ſich ſcheuen; schëisâl Scheuſal; schëi, f. Scheu. der eigentümliche, mhd. iu, ie, entsprechende vocal ëi ist schon oben in der lautlehre s. 34 besprochen; s. über das wort Weig. II, 567; Mhd. Wb. II², 108 f.

schelle, f. Schale des obstes und der hülsenfrüchte, der erbsen, kartoffeln etc. schelu ſchälen, die Schale abziehen, abſchneiden. das wort ist mit seinem umlaute die dem got. skalja Ziegel, ags. scell, altn. skel. engl. shell, dän. skjäl Hülſe, Muſchel, Schuppe genau entsprechende form, sowie das verb. = mhd. scheln, ahd. sceljan Mhd. Wb. III², 121; ebenso bair. die schel, schellen u. verb. schelen, schellen Schm. II, 395, wetterau. schele Weig. II, 542 f. unter schale. Müll. II, 373. auch das ital. scaglia, fr. écaille Schuppe, Rinde, Schale, scagliare, écailler stammt nach Diez I, 367 davon ab.

schëln ſpülen, Zeug oder Gefäße im Waſſer ſchwenken, reinigen, nd. schôlen Schb. 184 b; danach im Quickborn schaelen, schwed. skölja; die abstammung des wortes ist mir dunkel; gehört mhd. schülle Regenguß, Ueberſchwemmung, Mhd. Wb. III², 222 dazu?

schënepain, n. Schienbein; mhd. schinebein, ahd. scëna, mhd. schina, st. f; s. Mhd. Wb. III, ², 139 f., Weig. II, 571. köln. u. clev. auch schëne, schene.

ver-scheppen entſtellen, verunſtalten; verschept durch ein Gebrechen, verkehrte Behandlung verunſtaltet; ebenso nd. Schb. 285 b; ags. forsceapen - transformare; vgl. engl. shape Geſtalt Müll. II, 367 u. mhd. verschaffen entſtellen, Mhd. Wb. III, 70. Weig. II, 539 u. 631 schaffen u. schöpfen.

schër'm, m. Schirm; ahd. scirm, scërm, schërm, mhd. schirm,

schĕrm; s. Weig. 577; bair. scherm u. schirm, Schm. II, 468.
Diez I, 370.

scheterig ſchwach), elend, übel, nur vom gesundheitszustande
gesagt; nd. scheterig, schetrig Schb. 183a; es ist wohl identisch
mit dem bair. schitter bünn, lückenhaft, kärnt. schütter ſeltſam,
ſparſam Schm. II, 485; mhd. schëter, st. u. bünnes, unbichtes
Gewebe, schiteren bünn, locker machen Mhd. Wb. II², 165 f.
Weig. II, 567.

schettewänne, f. Schatten, kühler Aufenthalt durch Schatten,
beſchatteter Platz, Weg; das wort ist offenbar das mhd. schatewe,
schetewe Schatten, mit unorganischer weiterbildung (vielleicht
mit anlehnung an nhd. Wonne) des auslautes; Mhd. Wb. II², 88.
ahd. scato, scatawes.

schëwe, f. Flachsabfälle, Schebe; nd. schêwe Schb. 184b, md.
schebe Weig. II, 557. es gehört zu schâb'n, nd. schaven
ſchaben. Mhd. Wb. II², 60 schebe.

schewer, f. Schiefer, Steinsplitter, Scherbe; mhd. schĕver,
schiver, st. sw. m., ahd. scivaro, Mhd. Wb. II², 94, Weig. II,
571. mhd. schiveren ſplittern.

schicht, f. 1) Arbeitszeit, Arbeit; schicht machen aufhören
zu arbeiten wie bair. schicht lässen oder machen, Schm. II, 365;
mhd. schiht, ahd. skiht, Mhd. Wb. II², 115, Weig. II, 569.
2) Reihe neben u. über einander gelegter Dinge; davon schichten
ſchichten, über einander legen.

schiffel, schuffel, f. Schaufel; schuffeln, schiffeln
ſchaufeln; nd. schüffel, schüffeln; holl. schuffel, schoffel; engl.
schovel, schwed. skyffel; Schb. 186b, Müll. II, 381. die oberd.
dialekte haben die bildung mit langem vocal.

schille, f. Schelte, Tadel; schilln, st. v. ſchelten, auszanken.
t dem l assimiliert u. das ursprüngliche i nicht zu ë gəbrochen;
ahd. sceltan, mhd. schëlten, schëlden; scëlte, schëlde, s. Weig.
II, 563 u. Mhd. Wb. II², 131 ff.

schîne, f. Scheune, Tenne; mhd. schiune, ahd. scuginna Weig.
II, 568, Mhd. Wb. II² 170. nd. schûne Schb. 187a.

ân-schingen jemand in gehäſſiger Weiſe etwas anraten, ein=
geben zu ſagen oder zu thun, wozu antreiben, anreizen; ver-
schingen verhetzen, verführen; mhd. schünden, verschünden

ebenso, Mhd. Wb. II², 141; bair. schünden, Schm. II, 431; ahd. scundan, scuntan. nd. schünnen Schb. 187. v. Pfister 250 anschingen.

schingelaich, n. Körper eines gefallenen Tieres, enthäuteter, geschundener Tierkörper, dann schimpfwort wie auch bair. schindlaich = aas, luder, Schm. II, 429. dasselbe ist auch nd. schinnelack, schinneleich, das Schb. 184a nicht näher bestimmen kann; vgl. engl. skin Haut, Fell, mhd. schinten, schinden die Haut ab= ziehen; laich ist mhd. lîch, got. leik Fleisch, Körper, nhd. die Leiche. Vilm. 349.

schippe, f. kleine Schaufel; nd. schüppe Schb. 187b, Weig. II, 651 die schüppe u. Schm. II, 438 die schüppen; Vilm. 350: schippe, schippen.

schippe, f. verzogener Mund, dickes Maul; ˈne schippe machen die Unterlippe vorschieben oder hängen lassen als Zeichen der Enttäuschung, des Mißvergnügens u. Schmollens. der ursprung ist mir dunkel. vielleicht hängt es zusammen mit bair. schepp schief oder schoppen etwas Wulstiges, Weiches stecken, s. Schm. II, 436 f.

schirful ganz voll, schlicht voll, bis oben an den Rand voll, von gefässen. schîr ist got. skeirs klar, deutlich; alts. skîri, ags. scîr, altn. skir, nd. schîr Schb. 184a, Weig. II, 571 f., nhd. schier; bair. scheir, scheier, Schm. II, 453. auch sonst ist das wort noch nie nhd. schier rein, hell in gebrauch: schîresz jolt, schîre lennewant reines Gold, Leinwand.

schîrˈn scheuern, reinigen; reflex. sich reiben; nd. schüren, schürn, ndl. schuren, engl. to scour, schwd. scura, mhd. schüren; bair. scheuren, scheuern Schm. II, 456. über die herkunft aus dem lat. excurare, altfr. escurer, fr. écurer, ital. sgurare s. Müll. II, 347 u. Diez I, 382.

schît, n. Holzstück, Holzscheit; schîtholz Holz gespaltener Bäume; mhd. schît, ahd. scît, vom st. v. schîten, spalten, hauen; Mhd. Wb. II², 165, Weig. II, 560; bair. scheiten spalten, Schm. II, 484.

schitz, n. u. m. 1) Schutz= u Schlußbrett vor Schleusen, Fall= thür zum Stauen des Wassers; 2) ein Raum zum Einschließen, Kofen u. dgl., Absperrung; dazu das verb. inschitzen jemand oder ein Tier einschließen, einsperren vgl. engl. to schut schließen, verschließen; ags. scyttan; altengl. schutten. mhd. schützen,

schutzon, ahd. scuzzan ſchießen machen, durch Schwung oder Stoß sich schnell bewegen machen, daher soviel als einen Riegel vor=
ſtoßen, dadurch verſchließen; s. Weig. II, 655 der schutz, Müll. II, 385 shut; bair. schutzen, Schm. II, 494 u. 496 der schutz. Vilm. 375.

schitzel, m. Kuchenbrett; das wort scheint mit dem vorigen desselben stammes zu sein, vgl. ags. scyttel Riegel, altengl. schittil, scuttel, bei Haliwell 734 shittle: the bar of a door, Müll. II, 385 unter shut.

schiszel, f. Schüſſel, mhd. schúszel, ahd. scuszila, Weig. II, 653.

schläcke, f., schläckworscht große, bicke und lange Wurſt; zu mhd. slach, ahd. slah Mhd. Wb. II, 363; bair. schlack ſchlaff, Schm. II. 504; engl. slack träge, ſchlaff, ags. sleac; Mül. II, 399.

schläfitchen, pl. die Rockſchöße, Zipfel am Kleibe; ebenso in der Wetterau schlafitch, henneberg. nordfränk., in der Mark nd. slafitk, Weig. II, 580 f. nhd. schlagûttig Flügel, Kleiberzipfel; ai'n pîn schläfitchen krîn jem. am Flügel erwiſchen; ebenso bair. Schm. II, 518. Schb. 193 a. Vilm. 351.

schläppen geräuſchvoll lecken, eſſen, verſchlingen; Weig. II, 582 schlappen, nd. u. ndl. slabben, bair. schlappen Schm. II, 530. hess. schlabbern Vilm. 351.

schläps, m. hoch aufgeſchoſſener, ungelenker und ſchlaffer Burſche, fetter Hund; nd. slaps Schb. 193 b; es gehört zum adj. schlaff; ahd. slaph, nd. slap.

schläpschlidder, f. 1) Schleuber aus Leber, spielzeug der kinder; 2) dasselbe was oben schläfitchen, gleichsam ſchlaff Schleuberndes, Hängendes; nd. slapslûere Schb. 193 b.

schlârwe, schlurwe, f. ausgetretener Schuh, Pantoffel; mhd. slarfe u. bair. schlarfen, schlarpfen, zum st. v. ich schlirfe gehe die Füße ſchleppend einher u. sw. v. slerfen; Mhd. Wb. II², 405, Weig. II, 583, Schm. II, 533. v. Pfister 257. schlurfen mit den Füßen den Boden ſchleifend gehen.

schlink, pornschlink, m. Brunneneinfaſſung, aus 4 pfosten und planken bestehend; ähnlich nd. råksling Rauchfang, Rauch= mantel Schb. 167 a u. ebenso bornslink, slink 30 a u. 195 a; mhd. slinc, kes, st. m. Riegel, Schlagbaum; bair. die schlinken abziehbare Thürklinke Schm. II, 529, u. vgl. Weig. 592 die schlinke. aber **plingeschlink**, m. Blindschleiche entspricht ahd. blintslinggo, ags. slincan serpere (Schm. II, 527.), engl. to slink schleichen, schwed. slinka, Müll. II, 405 u. oben s. 129.

schlitter, f. gespaltenes Holzstück, Splitter, Span; engl. to slit spalten, schleißen, mhd. sliszen, ahd. slîszan, nhd. schleissen, Weig. II, 587; Müll. II, 406. dazu gehört ferner schlitz, m. Spalt, Ritze, Schlitz; mhd. sliz; schlitzen schlitzen, spalten, trennen. Mhd. Wb. II, 414; Weig. II, 594, Schm. II, 540.

schlou schlau, flect. schlogger, etc.; den ursprüngl. auslautenden guttural zeigt auch bair. schlauh, schlauch Schm. II, 520; schwed. dän. slug; engl. sly; holl. sluw, nd. slû; s. Weig. II, 583; Müll. II, 410 u. 404 zu sleight.

schlôsze, f. Schloße, Hagelkorn; schlôszen hageln, schloßen; mhd. slôsz, slôszen; nd. slâten, slôten; die slâte, slôte Schb. 193b; vgl. engl. sleet Müll. II, 403. Weig. II, 595. dazu gehört wohl auch:

schlôszwisz, verstärkt krîdeschlôszwisz schloßweiß, nd. slâtewit, slôtewit Schb. 193b; bair. schlotteweiss, schnêschlotteweiss, Schm. II, 539. Vilm. 337.

schluck, m. 1) der Schluck, Zug, Trunk; 2) Branntwein; ebenso Schb. sluk; schlucken schlucken u. schlucken, m. der Schlucken, krampfhaftes Aufstoßen wie nhd. Weig. II, 596, Schb. 196. schluft, die Schlucht, mhd. sluft, Weig. II, 596. daneben schlucht wie nhd.

schlump, m. Glückszufall, nd. slump; schlumpwîse von ungefähr, durch einen glücklichen Zufall; schlumpen glücken, sich glücklich treffen; Schb. 196a, Weig. II, 597, Schm. II, 524. Vilm. 357.

schlunk der Schlund, die Gurgel, bair. schlung, Schm. II, 528, nd. slunk Schb. 196a, von schlingen = mhd. slinden, ahd. slintan, s. Weig. II, 592.

schlunzen nachlässig, müßig, das Kleid schleppend gehen; schlunze träges, unordentliches Frauenzimmer; schlunzen, pl. alte Pantoffeln, ebenso hess. nach Schm. II, 529 u. schlenzen; Schb. slunz 196a. Vilm. 357.

schmacken beim Essen mit der Zunge, dem Munde schmatzen; nd. smacken Schb 197a; bair. schmackezen Schm. II, 542 f. vgl. nhd. schmatzen Weig. II, 600.

schmaken bie Thür heftig zuschlagen, so daß es hell tönt, klatscht; dazu in ablautform schmöken schlagen, prügeln, peitschen. zu diesen wörtern finde ich sonst keine entsprechenden formen; Schm. II, 561 führt ein nd. schmecken peitschen, schmecke Peitsche an und vermutet, dass ck = t sein könnte u. das wort zu schmitzen, schmeiszen sich stelle; vielleicht gehört aber engl. to smash zer= schmeißen hierher, das nach Müll. II, 411 freilich erst nach Shakespeare in der schriftsprache erscheint, aber als mundartlich von Haliwell 761 gegeben wird. auch schwed. smiska u. mlt. it. smaccare (Diez I, 257) könnten verglichen werden.

schmet, m. ber Schmied; schmēde bie Schmiede; schmēd'n schmieben; sie haben alle die ursprüngliche kürze, aber zu ē ge- brochen, erhalten: mhd. smit, ahd. smid, smit; mhd. smitte, ahd. smida; got. smithôn, ahd. smidôn, mhd. smiden. altfries. smeth, nd. smed; holl. smeden.

schmēle, schmîle, f. Grasart mit langem Halme; mhd. smelhe; bair. die schmelchen, wetterau. schmelle, Weig. II, 606 die schmiele; nd. smêle Schb. 197b; desselben stammes scheint schmulme, f. langer Halm, hochragendes Gras, zu sein; westerwäld. schmälm, schmölm, bair. schmelme, schmilme, Schm. II, 549 f.; v. Pfister 258 f.

schmêr, n. bas Fett, Bauchfett; schmēre, f. bie Schmiere; schmêr'n schmieren; nhd. Schmier, Schmiere; mhd. smēr, n. ahd. smēro, smēr; mhd. smirn, ahd. smiruau, Weig. II, 602 u. 606; nd. smēr, engl. smear, holl. smeer, Schb. 197 u. 198 smēren. schmêrig schmierlg, fettig.

schmērle, f., schmerlink, m. bie Schmerle, ber Schmerling, s. Weig. II, 604; mhd. smērl ber Schmerling, Grünbling; Mhd. Wb. II, 426.

schmitz, m. Streich mit einer Gerte, Peitsche u. dgl., Strich, Flecken; ebenso mhd. smiz; schmitze bie Endschnur an ber Peitsche; schmitzen, ufschmitzen schlagen mit ber Peitsche, Rute; schmitzig mager, hager, klein. nd. smits, smitze, smitzig Schb. 198b; Weig. II, 607 f., Schm. II, 561 f. kain schmizchen nicht bas Geringste, gar nichts.

schmōk, m. bichter Rauch; schmōk'n, schmêk'n rauchen;

nd. smôk, smóken, smôken; engl. smoke, nhd. schmauchen, ags. smócian, smeócan; Schb. 198b, Müll. II, 414.

schmuck sauber, fein, gut gekleidet u. ausseheud; nd. smuk, engl. smug, schwed. dän. smuck, smuk, nhd. schmuck; Schb. 198b; Müll. II. 415; Weig. II, 609; Schm. II, 544.

schmurjeln mit Schmergel, Schmirgel reinigen, putzen, blant scheuern; v. ital. smeriglio, smerigliare, s. Weig. II, 604.

schmûs Schmauß, leckeres Essen; schmûsen schmausen, s. Weig. II, 601. die herkunft des wortes ist unbekannt. schmûsen sprechen, plaudern jedoch, nhd. Schmus, schmusen, bair. schmusen, Schm. II, 559 u. Weig. 609, kommt vom hebr. pl. sch°mu'oth Erzählungen, Nachrichten.

schnacke, f. Schnecke; mhd. snecke, ahd. snecco, sneggo. Weig. II, 615. schnacken-, schnickenfat sehr fett; nd. snickenfet Schb. 200a.			[199a, Weig. II, 610.

schnacken schwatzen, loses Gerede machen, nd. snacken Schb.

schnaise, f. ausgehauener Waldweg, offene, grade Strecke im Walde, Feuerlinie; nhd. Schneiße, s. Weig. II, 617 u. 616, Schneiße u. Schneide; hess. schneise nach Schm. II, 585 u. Vilm. 361: schnede, schneise. v. Pfister jedoch irrt (s. 261), wenn er meint, dass das wort eben nur hessisch sei; im Harze ist es ganz gebräuchlich.			[Schb. 199a.

schnäksch lustig, drollig, spaßig; nd. snacksch zu snacken, schnälln, schnulln essen, sich mit Essen gütlich thun; bair. schnullen saugen, den Mund zum Saugen bewegen, Schm. II, 565.

schnâp'n weit ausholend schlagen, daß es klatscht; schnâpe, f. Schläge; das wort scheint eine intensivform zu schnippen u. schnappen zu sein; vgl. auch bair. schnebeln umherschlagen, um sich schlagen, Schm. II, 565.

schnäppen wie nhd. schnappen; dann fangen, erhaschen; nd. snappen; opschnäppen kurz abbrechen, -schneiden, -schnellen; in-, zôuschnäppen schnell einfassen, zuschnellen, von federnden haken, schlössern u. dgl. gesagt. Weig. II, 611 f. mhd. snaben, bair. schnappen Schm. II, 576 f. schnäps, m. der Branntwein; schnäps! interj. Weig. II, 613.

schnâr, adj., schlant, hoch und bünn gewachsen, von zweigen, menschen gesagt, nd. snâr Schb. 199a; es gehört vielleicht zu

dem Müll. II, 417 unter snare u. Weig. II, 624 unter schnur
behandelten stamme.

s c h n á r k e n ſdnardçen, nd. snarken, snorken, snörken, suurken;
schwed. snarka, dän. holl. snorken, Schb. 200b, Weig. II, 613.
Schm. II, 582 schnarkeln.

ſchn ärpen, s c h n u r p e n, nagenb, fnirſdçenb an ǧarten Gegen=
ſtäuben eſſen, ʒ. B Dbſt ober Gemüſc, ſo baß eð einen fnarren=
ben Ton ǧiebt; got. atsnarpjan benagen, foſten Col. 2,21; mhd.
ich snirfc; bair. schnerfen, schnarpfen, schnurpfen, Mhd. Wb. II²,
448 f., Schm. II, 582 f.

s c h n ä r r e, f. Sdnarre, kinderspielzeug, eine grössere auch als
instrument des nachtwächters (daher schnärrwadter) gebräuchlich;
s c h n ä r n ſdnarren. s. Weig. II, 613.

s c h n ä w e l ê r n eſſen, nd. snaweln, snawelêren, nhd. ſdnabelieren, von
schnabel mit der endung ieren gebildet, Schb. 199a, Weig. II, 610.

s c h n e p p e, f. ber Sdnabel, Munb ber Kanne, nd. snebbe, eigentlich
ber Sdnabel; Weig. II, 618 schneppe; bair. die schneppen,
schnepp, Sdnabel, ſdnabelförmiges Ding; Schm. II, 577.

s c h n i p p e n in fleinen Stücken abſdneiben, nhd. schnippen, Weig.
II, 620. mhd. ich schnipfe bewege micǧ raſdç; bair. schnipfen,
schnipfeln Schm. II, 578. engl. to snip Müll. II, 419.

s c h n u c k e n ſdlucçzen, von kindern nach dem weinen; nd. snucken,
Schb. 200b; es scheint gleiche wurzel zu haben mit mhd.
snopfezen, ahd. snophizan, bair. schnopfezen, schnupfezen ſdludçzen,
Schm. II, 579.

s c h n u rre Ancfbote; poſſenǧafte Erʒäǧluug; s c h n u u rn 1) ſdnurren,
ʒitternb tönen; 2) lügen, fabeln; 3) bettelnb umǧerʒieǧen; 4) ſicǧ
ʒuſammenʒieǧenb fleiner werben; mhd. snurren, snorren; in allen
bedeutungen ist es dasselbe wort; s. dazu Weig. II, 625 f.; Schm.
II, 580. dazu das adj. s c h n u r r i g beluſtigenb, fomiſdç, ſonberbar.

s c h n ú s z e, f. Sdnauʒe; nd. snúte; über das regelrechte sz steht
das nhd. z s. Weig. II, 615 schnauze und vgl. mhd. snúszen
ſdnauʒen.

schor°p, m. ber Sdorf; mhd. schorf, schorpf, Mhd. Wb. II², 160.

s c h o r s t a i n, m. Sdornſtein; mhd. schorstein Mhd. Wb. II²,
616; Weig. II, 633. über die wahrscheinliche ableitung des
wortes s. Schm. II, 460.

schort, n. Teil, Schar, Haufen von Menschen, Tieren; nd.
schort Schb. 184b. derselbe stellt es fälschlich mit schort
Schurz, Schürze zusammen; es gehört vielmehr zum ahd. scëren,
mhd. schërn abschneiden, abteilen, wovon ahd. scara, mhd. uhd.
schar (so ist z. b. auch mhd. schart, st. f., Stück davon mit t
gebildet, s. Mhd. Wb. II², 149 u. 157), oder man kann es auch
wie bair. schart, scart (Schm. II, 471) zu ital. scorta, fr. escorte
Wache, Begleitung, stellen; zu diesem s. Diez II, 22 f.; zu der
ersteren ableitung vgl. noch engl. shard, ags. sceard fragmen.
Müll. II, 367.   [II, 652 f.

schorz, m.; schorzfal Schurz, Vorleder, Schurzfell, s. Weig.

schosz, m. Schoß, junger Trieb von Bäumen, Sträuchen,
Getreide; schoszen Ähren treiben; mhd. schosz, n. ahd. scosza,
f. Weig. II, 633.

schpän, m. der obere Teil des Fußes, Fußrücken, nd. span.
Schb. 202 b. fêr-schpän, m. Vorspann, Hilfeleistung mit
streckenweise neu zu= oder vorgespannten Pferden. das verb.
schpän hat ausser der gewöhnlichen bedeutung Tiere anspannen
(în-, op-, in-, fêr-, ûszschpän) u. dehnen, spannen noch die:.
scharf aufachten, aufmerksam zuhören, angespannt auf etwas sehen
oder hören; s. Weig. II, 749. in ûszschpän entwenden, stehlen
scheint noch das alte spannen locken, mhd. entspannen weglocken,
abwendig machen, erhalten zu sein.

schpän, schpôn, m., pl. schpaene, Holzsplitter, Span; ahd.
mhd. spän; ags. altfries. spôn. Weig. II, 746, Schm. II, 668.

schpandel, f. Stecknadel, Spenadel, Spenbel; bair. spenel,
spennel Schm. II, 674; mhd. spenel, ahd. spënala, spënila,
spënula vom lat. spinula Dörnchen, Weig. II, 758; fr. épingle,
ital. spillo, Diez I, 394.

schpêl hat ausser der gewöhnlichen bedeutung Spiel in zusammensetzungen die von Menge, großer Haufen; menschen-,
jaltschpêl u. andere. so auch in den meisten mdarten, s. darüber Weig. II, 762, Schm. II, 665. Vilm. 392.

schpêle, f. dünnes Holzspießchen zum Aufspießen der auf=
zuhängenden Würste; nhd. Speiler Weig. II, 756; nd. spile
Schb. 204 b, ndl. die spijl; engl. spill Splitter, Zapfen; hess.
die speile, spiele Schm. II, 662; vielleicht auch bair. speidel

Splitter 659; der eigentliche stamm ist dunkel. Müll. II, 444
verweist auf ahd. spilla, mhd. nhd spille Spindel u. andrerseits
auf spalten, Schb. gar merkwürdiger weise auf griech. σπιλάς.
schpelln, nur in der verbindung: schpelln jaen ausgehen zu
Bekannten zum Plaudern, zu Besuch gehen; hess. spellen gehn
Vilm. 391 u. sonst in vielen mdarten erhalten; es ist das
bekannte got. spillön erzählen, verkündigen, ahd. spellôn, mhd.
spellen, engl. to spell u. nhd. noch erhalten in: beispiel u.
kirchspiel u. im engl. gospel; got. spill, ahd. spël, mhd. spël,
bair. die spelle, das spel; s. dazu Mhd. Wb. II², 490 ff.; Weig.
I, 182; Müll. II, 441, Schm. II, 662. Schb. 203 b vermischt es
mit dem gewöhnlichen spielen.
schpelln spalten; engl. to spell; bair. spellen u. spilden; nhd.
bei Lessing u. Uhland spellen; s. Weig. II, 757. danach wäre
es eine mit assimilation des t-lautes gebildete schwache form
neben spalten; vgl. engl. spall u. spell. Müll. II, 435 u. 441,
Schm. II, 662 u. 666, u. mhd. spilt Mhd. Wb. II², 508.
schpinnefint todfeind, ganz verfeindet. s. darüber Weig. II, 768
u. zu bair. spinnleichefeind Schm. II, 675 u. I, 724 u. 1421.
schpinnewäwe, f. Spinn=, Spinne=, Spinnenwebe; dieses wort,
ursprünglich n., mhd. das spinneweppe, ahd. spinnaweppi, be-
spricht ausführlich Weig. II, 768; die bair. formen s. Schm. II,
675 u. 965.
schpîre, f. ein Geringes, Kleines; 'n schpîrechen ein ganz
wenig, noch öfter mit der verneinung (zu deren verstärkung)
gebraucht; häufig mit deiktischer verdeutlichung an der finger-
spitze; es ist nd. spir, spêr (Schb. 205 a) Keim, Sprößling,
Spitze, Bißchen, engl. spire Müll. II, 446, hess. spir, spier,
Schm. II, 682; bair. der speir Spierschwalbe, nhd. das spier
Weig. II, 763; schwed. spira Spitze; altn. spîra; vgl. auch nd.
sandspîr Sandkorn.
schpît, m. Spott, Hohn, spitze Reden; schpîtsch spöttisch,
höhnisch; s. schpîtern s. 113; nd. spît Schb. 205 a, engl. spite
Ärger, fr. dépit, udl. spijt, spijten, s. Müll. II, 446, Diez II, 273.
das wort geht also auf lat. despectus zurück. aus dem nd.
spîtsname erklärt Schb. 205 a auch vielleicht nicht mit unrecht
das nhd. spitzname. auch ist anzunehmen, dass nhd. spitzen

ironifdj auf etwas anfpielen, spitze ironifdje Anfpielung, unter anlehnung an die nhd. wörter auf jenem nd. spit eigentlich beruhen.

schpòrjràs eine Art ftarfen Grafes; bair. sporgras. Schm. II, 683. schpôud'n, refl. fid) fputen, beeilen; ahd. sich kespuotôn Notk. Ps. 15,4; ags. spêdau, eugl. speed Müll. II, 441, nd. sek spûten Schb. 207a, Weig. II, 786; vgl. bair. die sputtel, hess. spûetig, Schm. II, 691.

schpôuk, schpôuketink, n. Spufgeftalt, Spuferfdjeinung; schpêken fpufen; nd. spoiken, schwed. spöka, Schb. 205b, Weig. 784.

schpôur, f. Spur; schpêrn fpüren, merfen, empfinden; nd. spôr, ags. mhd. spor, spur; ahd. spurjau, mhd. spûrn, Weig. II, 786. schpraen fein regnen, dünn fprühend regnen; mhd. spraejen fprühen, fpritzen, Mhd. Wb. II², 521; bair. spraeen Schm. II, 695; nd. sprei, m., spreilen Schb. 206a; auch vgl. engl. spray Schaum des Meeres, vom ags. sprêgan fundere, Müll. II, 450 u. nhd. sprühen Weig. II, 783.

schprae trocfen, fprôde, leidjtbredjend, vom brote, heu u. dgl. gesagt; bair. sproe Schm. II, 695; vielleicht auch mhd. spör, spöre fehlerhaft trocfen, Mhd. Wb. II², 516, bair. spör, gespör Schm. II, 683 u. Weig. II, 772.

schprenkel, m. gebogene Gerte mit Schlinge zum Vogelfang, Dohne; über die ableitung des wortes von springen, s. Weig. II, 777. schprenkelig, jeschprenkelt geflecft, buntflecfig, s. darüber Weig. II, 778; mhd. sprëckel Hautflecfen, bair. spragk, spregklein Schm. II, 700.

schpritzkôuchen Kudjen mit oben ein= oder aufgefprißtem Zucfer, vgl. nhd. das Sprißgebacfene bei Weig. II, 781. schprusze, f. Leiterfproffe; junger Trieb einer Pflanze; schpruszen emporfprießen, Sproffen treiben; auch schprusz, m. ist gebräuchlich wie nhd. sprusz, sprüszel, Mhd. Wb. II², 551 ff. u. Weig. II, 780 u. 782.

schpunije, f. Bettfponde, Bettgeftell; nd. spunje Schb. 207a, bair. spunde, sponde Schm. II, 678; vom lat. sponda, ital. sponda, Diez II, 70.

schràm' fdjrammen, ftreifend rißen, verleßen; schràmme, f.

Schramme, langer Riß, Streif; mhd. schram, schrame, f. Weig.
II, 625 f. Schm. II, 601. Vilm. 368.

schräpen kratzen, schaben, scharren; nd. schrâpen, engl. to scrape,
schwed. scrapa, bair. schrapen Schm. II, 610; Weig. II, 637.

schräz, m. Riß, Spalt, langer Schlitz, bes. in dünnem zeug;
das wort stellt sich zunächst zu bair. schritzen schlitzen, schritz,
m. Schlitz, Schm. II, 616; got. diskreitan, diskritnan zerreißen, ahd.
(Hildebrandslied) skrîtan. schrenzen Schm. II, 609, Mhd. Wb. II²,
204 u. schrôten scheinen die entfernteren verwandten zu sein.

schroppen schröpfen, s. Weig. II, 642; mhd. schreffen, schrepfen.

schringen schrinden, schmerzen, von der haut, wenn sie auf-
springt u. risse bekommt; mhd. schrinden, st. v.; schrunde, ahd.
scrunta Riß in der Haut; Mhd. Wb. II², 217 ff., Weig. II, 645
schrunde, bair. schrinden Schm. II, 608; nd. schrinnen jucken,
brennen, Schb. 185b.

schritschôu, pl. Schlittschuhe; mhd. schriteschuoch; ahd. scrite-
scuoh; bair. schrittelschuoch Schm. II, 612; über nhd. schlittschuh
s. Weig. II, 594 f. [nd. schrulle.

schrulle, f. böse Laune, Schrulle wie nhd. Weig. II, 645, 641;
schrumpel, f. Runzel; schrumpelig runzlig, verschrumpft;
inschrumpen ein-, zusammenschrumpfen, zu mhd. schrumpfen
Mhd. Wb. II², 217; Weig. II, 645. Schm. II, 602: hess.
schrumpel, schrumpelicht verschrumpeln, Vilm. 370.

schruppen kratzen, schaben; beim Geschäft zu viel Gelb abnehmen, übervorteilen, übertenern; Schb 186a; Schm. II, 610.
Weig. II, 644 schrubben. das wort ist eine ablautform zu obigem
schrâpen. Vilm. 371.

schtâk'n, m. dicker Stock, Stange, Pfahl; nd. stâke(n) Schb.
207a; holl. staak, schwed. stake; ags. staca, engl. stake Müll.
II,] 460; auch ins roman. ist es eingedrungen, ital. stacca, sp.
port. staca Pfahl, s. Diez, II, 396. die wendung: 'n schtâk'n in'
koppe hân bedeutet einen Dünkel haben; schtâkig lang, sperrig
ragend, von pflanzen, die lang emporgeschossen sind ohne blätter,
nd. stâkelig. s. auch zu dem worte Weig. II, 792, Vilm. 394.

schtander, m. Ständer, Pfosten, Stützbalken; nd. stender Schb.
209b, bair. ständer, stender dicker Pflock, Stellfuß Schm. II, 768,
ebenso Weig. II, 795; zu ahd. stantan stehen.

schtannig beständig, stehend, immer wiederkehrend; besonders
in der alliter. verbindung schtëts un schtannig immer, immer=
fort; nd. stennig Schb. 209b; Weig. II, 796.

schtänk Berdruß, Ärger, Zank, ebenso bair. Schm. II, 771;
davon das nhd. Stänker, Stänkerei, stänkern s. Weig. II, 796
u. oben s. 113.   [in gutem Zustande sein.
schtänt, m. Stand, Zustand; in schtänne si n gut genährt,
Schtapchen benennung des teufels, den man bes. im wirbel-
winde, staubwirbel zu sehen glaubt; nd. Stöpke, Stöpken, Stepke,
Schb. 212a; über das wort s. Gr. Mythologie B. 2. p. 955,
2. ausg. Vilm. 395.   .
schtäppen langsam gehen, fest auftretend gehen; mhd. stapfen,
ahd. staplôn, bair. stapfen, staffen; schtäppe, f. in fônszscht.
Fußstapfe, Fußspur; mhd. vuoszstaphe, sw. m., Mhd. Wb. II²,
555 f., Schm. II, 774, Weig. II, 797 f.
sôuschtarwe, f. Stoppelharfe; ein grosses, breites harkenartiges,
mit spitzen pflöcken als zinken versehenes ackerwerkzeug, mit
dem nach der aberutung die liegengebliebenen ähren u. halme
zusammengeharkt werden.   dieses wort ist in seiner bildung
rätselhaft; wahrscheinlich liegt eine enstellung vor; in dem ersten
teile steckt vielleicht ein corrumpiertes spreu, streu oder stroh,
in dem zweiten etwa ein wort wie streben, sträuben oder stauen
in entstellter form; andre mdarten bringen vielleicht aufschluss.
das verb. sôuschtarb'n Getreibereste zusammenharken, ist erst
vom subst. gebildet.
schtawel, f. Stange, Stütze für Rankengewächse, nhd. Stiefel;
das a entspricht ë aus i; mhd. nach Weig. II, 818 stivelen
stützen, ahd. arstifulên, stivel, st. m., u. vgl. got. stiviti Gebulb
u. oben s. 101 zu schtaweln.   [Schm. II, 773.
schtenzen forttreiben, jagen; ebenso hess. Vilm. 399; s.
schtêpel kleiner, dicker Knabe, Knirps, der noch ungeschickt
geht; das wort scheint zu obigem schtäppen stapfen zu gehören.
schtërken, adj. u. subst., weibliches Kalb, junges Rind; nd.
stêrken Schb. 210a; uhd. starke, stärke Weig. II, 798; bair. der
sterch, sterchen, männliches Zuchtschaf oder Schwein; schweiz.
sterchi; ags. stiorc, stirc juvencus; vgl. got. stairo die Unfruchtbare;
mhd. stêr, ahd. stêro Widder.   hess. stärke, Vilm. 395.

schtêrn an ober in etwas ſtören, es in Bewegung, andere
Stellung bringen, anregen, z. b. das Feuer ſtören, anregen; bair.
stüren Schm. II, 780, nd. stôren Schb. 212 b, mhd. stoeren, ahd.
störjan, stôran, Mhd. Wb. II², 659 f.

schtêtsch ſtörriſch, widerſpenſtig, nicht von der Stelle zu bringen,
von zugtieren; von menschen: einer Sache müde, überdrüſſig;
bair. stettig, stettisch, stedisch Schm II, 798; nd. stêsch Schb.
210a. vgl. mhd. staete, staetec. ahd. stâti, stâtig beharrend, feſt.

schtêwel Stiefel; mhd. stival, stivâl, stêvel; stivale von aesti-
vale; schtêweln gehen, rüſtig marſchieren, Weig. II, 818.

schticke, n. Stück, beſ. Brot; mhd. stücke, ahd. stucchi,
stucki, ags. sticce.

schtickel ſteil, abſchüſſig; mhd. stêchel, stêckel, stickel; ahd.
stechal; bair. hess. stickel Schm. II, 727; vgl. Weig. II, 816 u.
808 zu stickel u. steil.

schtif- Stief=bruder etc. den kurzen vocal hat es nur mit dem
engl. gemein: step-father Müll. II, 471. Weig. II, 817.

schtî'm ſtäuben, rauchen, qualmen; nd. stîmen Schb. 211a;
schtîme Staub, feiner Rauch, nd. stîm, m. engl. steam. altengl.
stemen, ags. stêman, stŷman; holl. stoom. vom schnee: ſtark
treiben, wirbeln; nd. stüm Schneetreiben; Müll. II, 469.

schtimmechen, m. oder n.? ein Stummer, Taubſtummer; nd.
stümmeke Schb. 216a; bair. der stumm (ahd. stummo), dem.
stummel, m. f. u. n.; Schm. II, 757 f.

schtimpel, schtumpel, m. u. n., nd. stümpel, stümmel,
stummel, Schb. 216a; nhd. Stummel, Stümmel; Stümpſchen,
kurzes Ende, Reſtſtück. mhd. stumbel, ahd. stumbal truncus;
mhd. stumben. stümbeln, ahd. stumbalôn, stumbilôn verſtümmeln,
s. Mhd. Wb. II², 709, Weig. II, 846; auch bair. der stumpen,
stümpel. Schm. 759.

schtippe, f. Tüpfelchen, Fleck auf der Haut; Brühe, Sauce,
Tunke; dazu das verbum schtippen tupfen, mit der Fingerſpitze
berühren, tunken; inschtippen eintauchen z. b. die feder in die
tinte. das wort ist nd. stippe, stippen, bei Schb. 211, entsprechend nhd. stupf, stupfen, stüpfen, mhd. stupf, ahd. stuph,
stüpfen, stuphan. s. Mhd. Wb. II², 659, Weig. II, 821 u. 849,
Schm. II, 773 f. zu steppen u. stupf. dazu schtuppen ſtoßen,

aurennen mit der Fauſt, den Fingern, einem Stock, mhd. ſtupfen, ahd. stuphan, stupfen.

schtir ſtier, ſtarr, betrunfen; schtir'n ſtieren, ſtarren Auges auf etwas blifen; nhd. stier u. stieren; über eine verwandtschaft mit starr s. Weig. II, 819 u. 799; Mhd Wb. II², 644.

schti wi'tzen ſtehlen, heimlich entwenden; nd. stipitzen; bair. stipitzen, Schm. II, 774; dieser leitet es aus dem slavischen: tschech. schtipati. russ. schtipat fneipen, abpflücken; letzteres lautet jedoch schtschipatj; unser verbum dagegen ist russ. stipatj, stibritj, welches gradezu wegſtibitzen, wegmaufen bedeutet; s. J. Pawlowsky's Russ. Deutsch. Wb. 2. aufl. v. J. Nikolitsch u. N. Asmuss p. 1147 u. 1327.

uf-schtizig frank, unpäßlich, widerſpenſtig; wie Gr. Wb. I, 756 aufstützig; bair. stützig widerſpenſtig, widerſetzlich, u. aufstützig, Schm. II, 800. mhd. stützec ſchen, von pferden; das wort gehört zu stutz, stutzen, s. Mhd. Wb. II², 718 u. Weig. II, 851.

schtîz, m. Rofen, eingehegter Stall für Schweine, Gänſe, Hühner; das wort, das ich sonst nirgends finde, gehört vielleicht zu nhd. stützen oder, was lautlich jedoch nicht recht stimmt, da das z unerklärlich bleibt, zu engl. sty, mhd. stîge, stîe, welche genau dasselbe bedeuten; s. Müll. II, 494, Mhd. Wb. II², 630 u. Schm. II, 743 die steigen.

schtîzel, m. ein aus roggen- oder weizenmehl gebackener, oblonger, kleiner kuchen. das wort ist gleichfalls dunkler wurzel; am nächsten stehen nd. stits, stûts, Schb. 211b, stûten das. 217a, nhd. stutzweck bei Weig. II, 852. diese könnten mit nhd. stutzen beſchneiden, fürzer machen zusammenhängen oder vielleicht mit dem bair. u. sonst weit verbreiteten strutzen, strützel, stritzel nach ausfall des r? s. Schm. II, 822.

schtock- schtocke- in mehreren zusammensetzungen verstärkend: schtockschtille, schtockschtîf, schtockplint, schtocktaup, schtocketîster ſtockſtill, ſtockſteif, ſtockblind, ſtocktaub, ſtockfinſter; s. dazu Weig· II, 824, Schm. II, 729.

schtocken durch Feuchtigkeit faulen, ſchimmeln; schtockig verſchimmelt, verdorben, wie nhd. stocken, stockig, Weig. II, 823, Schm. II, 730.

schtôf, m., demin. schtêwechen Flüſſigfeitsmaß; mhd.

stouf Kelch, Becher; s. Weig. 824 u. 803 stof u. stauf, bair.
stäuff, stouf, Schm. II, 735. Vilm. 405.

schtorjen reden, sich unterhalten, plaudern; nd storjen überlaut
reden, schreien Schb. 212b; hess. storgen plaudern Vilm. 402;
bair. im Lande herumstreichen, Schm. II, 781 u. 779 die stori.

schtotterpock Stammler, Stotterer; nd stôterbock Schb. 213a.

schträm' durch Spannung, Strassheit Schmerz bewirken, schmerzen;
nd. strämen, stramen Schb. 213b; schträmme stramm, fest
angezogen, straff, gespannt; s darüber Weig. II, 830 u. bair.
stremmen, Schm. II, 813 f.

schtranze, f. faule, unordentliche Dirne; mhd. strenze stolze,
faule Dirne, Mhd Wb. II², 676 u. Schm. II, 817 die strenz u.
sich strenzen.

schtraugge, f die Streu; schtrauggen streuen; der umlaut
fehlt, der sonst überall sich zeigt: mhd. ströu, ströuwen, strewen;
nur ahd. strawjan neben strewjan; got. straujan, s. Mhd. Wb.
II, 700, Weig. II. 837.

schtrêwe stark, fest, kräftig gewachsen, von jungen burschen,
bäumen; nd. strêf, stref Schb. 214a; es gehört wohl zu mhd.
straf, nhd. straff, Weig. II, 828.

schtrenzen spritzen, aus einer schtreuzepikse (kleiner Hand-
spritze) mit einem Wasserstrahl spritzen; nd. strenzeln, strenzelbüsse Schb. 214a; daneben schtritzen in derselben bedeutung
und wahrscheinlich von derselben wurzel; ebenso schwäb. stritzen,
stritze, stritzbüchse Schmid 514, Vilm. 821.

schtrik, m. Strick, beliebtes scheltwort für unartige, ver-
schlagene knaben, wie bair. Schm. II, 809 stricksbub, strick.
ebenso Schb. 214b strik.

schtrîme, f. wie bei Adelung, während mhd. strîme, ahd. strîme
sw. m., Streif, Schlagmal. schtrîmel u. schträmel Reihe,
Aneinandergereihtes; bes. von der rede: Hergesagtes, Verschen;
mhd. strimel Streif, ahd. strimel linea; Mhd. Wb. II², 690;
Schm. II. 813. hess. auch stramel, Vilm. 403.

schtrîpe, f. Streifen, schmales Stück, Linie, Zug; schtrîpig
streifig, gestreift; neben diesen nd. formen stehen die hd. schtrîfe
Linie, Strich, u. schtrîfen, opschtrîfen ziehen, abziehen u.
schtraifen. nd. strîpe, strîpen, strîpig, Schb. 215a; engl. strip;

mhd. strîfe, sw. m.; strîfen, mhd. strîfen; schtraifen aber ist
mhd. stroufen, s. Weig. II, 835, Mhd. Wb. II², 689.

schtrippe, f. Strippe, Leberschlinge; mhd. strüpfe; siehe zu
diesem worte Weig. II, 841 die strüpfe u. strüpfen; Schm. II,
818 strupfen u. die strupfen; Diez I, 167 estribo, franz. étrive,
u. Müll. II, 476 zu engl. stirrup. [unbekannt.

schtrîzen quälen, anstrengen, peinigen. die herkunft ist mir
schtrômer, schtrémer Herumstreicher; schtrô'm, schtrê'm,
herumlaufen, herumstreichen; es gehört nach Weig. II, 840 zu
Strom, ist aber durch das Rotwelsche eingedrungen. nd.
strômer, strômen, Schb. 215a.

schtrûb'n, schtraib'n, meistens reflex.; die erste form
ohne umlaut entspricht mhd. strûben, ahd. strûpên, strûbên,
die andere umgelautete dem |nhd. sträuben, nd. sek strüwen; s.
Weig. II, 832.

schtrulle, f. Wasserstrahl aus einer Röhre; schtrulln im
Strahl aus einer Röhre laufen, laufen lassen; nd. ebenso strullen
Schb. 215; bair. stralen, strallen, strullen Schm. II, 813.

schtrunk, bes. kôlschtrunk, wie mhd. strunc, kolstrunc,
Stengel des Kohls; holl. stronk, nd. strunk, Schb. 215b,
Weig. II, 841.

schrunt, nd. strunt, Wertloses, Abfall, schlechtes Zeug; nd.
strunt, holl. stront, nhd. strunt Weig. II, 841 Kot, Dreck; bair.
der strunzen Stück, Schm. II, 813. mhd. strunze. auch das ital.
strouzo, fr. étron Kot, stronzare beschneiden davon; s. Diez II, 72.

schtrûz, m. Strauß, Blumenstrauß; daneben auch schtrûsz;
die form mit z entspricht dem tz im nhd. strotzen, mhd. strotzen
angeschwollen sein, strutzel cylinder- oder wulstförmige Masse, s.
Mhd. Wb. II, 698, Schm. II, 822, während die seltenere mit sz
wohl nur durch das nhd. strauss, das die ältere sprache noch
nicht kennt, sich eindrängt; s. Schb. 215b; Weig. II, 833. die
benennung shtrûzepêrn für Erdbeeren, Waldbeeren geht aber
vielleicht auf ein anderes wort zurück, nämlich mhd. struot, strût,
Gebüsch, Wald, Mhd. Wb. II², 704, Weig. II, 842 die Struth);
bair. die strut, Schm. II, 820 f.

schtruwelig (auch mit û) struppig, rauh, unordentlich; bair.
strobeln struppig sein oder machen, Schm. II, 804, ahd. stropalôn

inhorrere, mhd. strobeln von strûben ſtarren, ſich ſträuben; Mhd. Wb. II², 702.

schtûken, m. Baumſtamm, Stumpf; nd. stûken, stûke m. Schb. 216a. schtûken ſtauchen, ſtoßen, heftig hinſtellen, hinſetzen; nd. stûken Schb. 216a; bair. stauchen Schm. II, 722; Weig. II, 802.

schtulpen, schtilpen wie uhd. ſtülpen, einen Deckel, ein Gefäß ſtürzend umkehren; nd. stülpen Schb. 215a; s. über das wort Weig. II, 845 f.

schtump Stumpf, Reſtſtück; ſtumpf, ſchwach; davon schtimperig ſchwach, gebrechlich, ſtumpf, von alternden leuten. Weig. II, 847.

schtuppe, f. Werg; gr. lat. στύππη, στύπη, stuppa; s. Weig. II, 825.

schtuppel, f. Stoppel, Halmſtumpf; pl. auch verächtlich von kurzen haaren. über die herkunft des wortes vom lat. stipula Halm, Stroh, Stoppel s. Weig. II, 826, Mhd. Wb. II², 659 unter stupfel, Schm. II, 775 die stupfel u. Müll. II, 490 zu engl. stub und stubble u. schliesslich Diez I, 400 zu ital. stoppia, fr. étouble.

schturrn ragen, emporſtehen; nd. sturren Schb. 216b; mhd. nhd. storren, ahd. storrên; bair. storren; davon schturig u. schtursch geſpreizt ragend, ſteif hervorſtehend, von zweigen, haaren etc.; s. Weig. II, 827; Mhd. Wb. II², 645, Schm. II, 778. dazu gehört auch schturn, m. Baumſtamm, trockener Stamm oder Aſt; mhd. storre, ahd. storro, bair. nhd. der storren.

schtutz, m. der Stoß, Prall; uf'n schtutz auf der Stelle, ſofort; mhd. stuz; zu stutze in demſelben Augenblicke, Mhd. Wb. II², 718; nd. up'n stuz, Schb. 217a; Schm. II, 800 auf ein stutz; Weig. II, 851. Vilm. 407.   [Weig. II, 851 die stütze.

schtutzjlâs, n. Stutzglas, Trinkbecher; mhd. stutze Trinkbecher; schucke, f. Pumpe; schuckeporn Brunnen mit einer Pumpe; schucken ſtoßen, Waſſer pumpen; bair. schucken mit kurzem Schwunge in Bewegung ſetzen, werfen, schocken in ſchwingender Bewegung ſein, Schm. II, 369; mhd. schoc, schocke st. m. u. f., ahd. scocga ſchwankende Bewegung, Schaukel; schuc Schwung, Wurf Mhd. Wb. II², 177 f.; engl. shock Stoß, ſtoßen Müll. II, 379; Weig. II, 627 u. 646. von diesem stamme kommt auch

das fr. choc, choquer s. Diez, I, 128. **schucken**, m. der
Schluden, krampfartiges Aufftoßen.

schudderig schaubernd, fröftelnd, von Froft ober Furcht ge=
schüttelt; Weig. II, 555 u. Schb. 186b. s. oben schuddern s. 106.

schül'n lauernb bliden, verftohlen feitwärts bliden; mhd. schülen
verborgen fein; nd. schülen Schb. 186b, Weig. II, 648; Mhd.
Wb. II', 622.

schumerig bämmerig, halbbunfel; Schb. 187a; Schm. II, 421.
es gehört zu mhd. schim, schime; ahd. scimo, got. skeima Strahl,
Schatten; schimen Schatten geben, bunfel fein; nhd. schimmern
Mhd. Wb. II', 137.

schunkel, f. Schaufel, **schunkeln** schaufeln. das wort gehört
offenbar zu dem eben besprochenen schucken u. nhd. schaukel,
(s. Weig. II, 556), ist aber durch den nasal im inlaute auffällig
u. beachtenswert.

schuppen, m. Remife, Wagen=, Holzscheuer; mhd. schupfe,
schuppe, sw. f. m., bair. die schupfen Schm. II, 442. Weig. II,
632 der schoppen. es gehört wie **schuppen** ftoßen, fortbewegen,
burch Stoß, **schups** ber Stoß, zum verb. schieben, mhd. schüpfen,
schupfen; ahd. scuphan bringe in Beweg ng, schleubere, ftoße,
Mhd. Wb. II', 170; bair. schupfen Schm. II, 440.

schur, n. 1) Unwetter, Regen= Hagelschauer; mhd. schur, schure,
st. sw. m., ahd. scûr, got. skûra, f. Mhd. Wb. II', 227; bair.
der schaur Schm. II, 449. 2) Kranfheitsanfall, Krampf, z. b.
's paese schur Epilepfie. s. Weig. II, 555, Schb. 187b;
Schm. II, 450. ganz andern stammes ist **schur**, n. Obbach,
Schauer; in' schur'n unter Obbach. auch ein adj. schure
(hîr is esz schure) scheint davon gebildet zu sein, geschützt,
gefichert; mhd. schûr, ahd. scur, st. m., tugurium, Mhd. Wb. II',
228; Schm. II, 450. ein drittes **schur**, n. endlich bedeutet
Plagerei, Chicane, Poffen, Unrecht; ain' 'n schur ântôun,
ain' wâsz ze schure tôun jemanb einen Ärger anthun, zum
Berbruß etwas thun; bair. die schur bas Scheren, Plage, Schererei,
Schm. II, 460 f., mhd. schuor, st. f. Schur, Plage, Not. das
letztere gehört danach zu nhd. scheeren. bei Schb. 187b sind
diese wörter nicht getrennt. unserer mundart ist eigentümlich,

dass alle drei wörter neutra sind, was in den älteren sprachen
nicht der fall ist.

schurfen fchürfen, kraßen, von der Haut, oberſten Decke ent=
blößen; ohne umlaut wie ahd. scurphen, scurfan, scurfjan; schon
mhd. schürfen, schürpfen mit umlaut; s. Weig. II, 652; Schm.
II, 464; Mhd. Wb. II, 161.

schurn gleiten, rutſchen, über eine glatte oder ſchiefe Fläche ſchnell
fahren, gleiten, ſtürzen, ſich ſchieben; nd. schurren Schb. 187b.
wahrscheinlich zu mhd. scherren, Mhd. Wb. II, 163, s. auch
Schm. II, 452 u. Weig. II, 550 f. anm. zu scharre.

schwâ'n, impers. esz schwânt mich ich ahne, habe ein Vor=
gefühl; nd. swanen, swânden, Schb. 220a swânen; Weig. II, 659
leitet es vom subst. der Schwan, als weissagendem vogel ab,
Schm. II, 624 u. 637 stellt es wohl richtiger zum verb. schwinden.

schwât, n., pl. schwâde, gemähte Strecke, Reihe des abge=
mähten Graſes oder Getreides; nd. swad. swed. u. Schb. 220a;
holl. zwad; nhd. das Schwab, die Schwabe, der Schwabe(n),
Weig. II, 657.

schwâwije, f. seltener schwäwe, f. die Schwebe; nd. swêwige
Schb. 222b, mhd. swebe Mhd. Wb. II, 777 u. Schm. II, 621.

schwel, m. Schwelle, Fußbalken einer Thür, bes. aber auch
Eingangstreppe zum Hauſe, Vorſtufen; auffällig ist das masc.,
denn ahd. ist swelli u. mhd. swelle n. u. später f. wie nhd.,
bair. das geschwell, Schm. II, 630. nur das nd. sül, Schb. 218a,
das wahrscheinlich damit verwandt, ist auch m., Müll. II, 387 sill.

schwêle, f. Schwiele, nd. swêle Schb. 221a, ahd. suil, suilo,
swil, Weig. II, 670, Schm. II, 631.

schwêl'n räuchern, ohne Flamme dampfend brennen, kohlen;
nd. swêlen, Schb. 221a, ags. svêlan glühen, ahd. swelên ardere,
Weig. II, 666. engl. to sweal verbrennen, fengen, Müll. II, 507;
auch to swale 504; dazu vgl. ags. svôl heiß, nhd. ſchwül Weig.
II, 673.

schwengel m. 1) das Querholz neben der Wagenbeichſel, woran
die Ketten zum Ziehen befeſtigt ſind; 2) der Klöpfel der Glocke,
Glockenſchwengel; nd. swengel Schb. 221a, Weig. II, 667. es
gehört zu schwingen, wie mhd. swenkel Mhd. Wb. II, 808, bair.
schwenkel, Schm. II, 640.

uf-schwenzen, refl. fid) puheu, gieren, aud): jum Empfang
von Strafe, Sdlägen fid bereit madjen, gefaßt madjen; bair.
aufschwánzen, Schm. II, 643; mhd. swanzen u. swenzeu, Mhd.
Wb. II, 762b.

schweppe, f. Beitfde; nd. swepe, swêpe Schb. 221b; ags.
svipa, sveopa, altn. svipa Beitfde, nhd. Sdwippe Weig. II, 672;
holl. zweep, engl. swipe Sdwengel, u. to sweep Müll. II, 511
n. 508; nhd. schweifen. Vilm. 379.
schwern fid gitternb u. fdnell, faufenb, fein fdnarrenb bewegen;
nhd. fdwirren, Weig. II, 672; der ursprung ist dunkel; zu vgl.
nd. swiren, holl. zwiereo fdwirren, fdwärmen Schb. 222a, u.
engl. provinc. to swirl fid baljingiefjen, murmeln (von bächen).
schwichtens, adv., gefdweige, ju gefdweigen, ne dicam; es
scheint eine verkürzung des adverb. part. praes. im genit. zu
sein = schwigendes, wie bair. adverb. gen. partic. praet. ge-
schweigons, Schm. II, 629.
je-schwipt, part. adj., förperlid gewanbt, gefdidt, flinf, be-
henbe; nd. swippe pfiffig, gefdidt Schb. 222b; nhd. schwipp Weig.
II, 672. zu grunde liegt ein verb. schwippen, etwa = leidt fid
bewegen; s. dazu Weig. II, 672 unter schwippe, schwippen, u.
673 schwupp.
schwôul, schwêle, adj. fdwül, bumpfig hcißß; schwêle f.
Sdwüle, brüdenbe Hihe; daneben auch scwôuligkait. nd.
swûl Schb. 223a; ags. svôl; s. Weig II, 673. die form schwêle
hat umlaut u. altes i erhalten u. neben beiden formen ist auch
schwôulig, nd. swûlig, gebräuchlich; bair. schwüllig, geschwüllig,
Schm. II, 631.
schwul•ke, f. Welle, Woge; schwul•ken Wellen fdlagen,
wogen; ewerschwul•ken über ben Ranb bes Gefäßes, bas
Ufer bes Teidjes fdlagen, wallen. mhd. swalch, swalk, st. m.
Sdlunb, Flut, Woge, Mhd. Wb. II², 791; nhd. schwalch,
schwalg, Weig. II, 658 u. schwelgen 667; Schm. II, 632. eigentümlich ist unserer mdart (die wohl ursprüngliche) anwendung
der wörter nur auf flüssigkeiten, speciell des wassers, während
die nd. swalk, swulk, swulkeren, swulkig, Schb. 220a u. 223b,
uur von rauch und luft gebraucht werden.
schwum, m. Sdwanm; schwummig fdwammig, vom Sdwamm

angegriffen. das u scheint blosse verdunkelung des a infolge des vorhergehenden w (vgl. den entsprechenden lautvorgang im nhd. köder, komme, mhd. kum, woche, wol, argwohn) zu sein, aber sonst in den mdarten nicht vorzukommen in diesem worte; oder sollte es eine ursprüngliche bildung sein, analog den got. svamfsl, qums, gaqumths?

schwunk, adj. ſchwank, leicht biegſam, elaſtiſch; schwunken ſich leicht, elaſtiſch biegen, bewegen, von ruten, gerten, stäben, brettern u. ä. ges.; nd. swank, swunk Schb. 220a, 223b; zu nhd. schwunk, schwanken, schwenken u. schwingen gehörig, mit dem ablautvocal des praet. pl.; s. Weig. II, 660 u. 671 f. Schm. II, 640.

schwup, schups, m. ſchnelle Bewegung, Sprung, Schwung; dann Augenblick; als interj.: im Nu, s. Weig. II, 673, Schm. II, 644, Schb. 223b swup.

schwurwel, m. Wirbel, Verwirrung, Taumel, Schwindel; in schwurwele ſin angetrunken ſein; schwurwelig wirbelnd, ſchwindelnd, verwirrt, betrunken; auch ein verb. schwurweln kommt vor. das wort gehört zu mhd. ich swirbe, swarp, swurben bewege mich wirbelnd, s. Mhd. Wb. II², 814; bair. schwirbeln, schwurbeln, schwirbel, schwurbel, schwurwelig, Schm. II, 647.

sêchen, praet. sôuchte, ſuchen; der umlaut ist eingetreten, entsprechend got. sôkjan, alts. sôkian, ags. sêcian, engl. seek, nd. soeken, soiken, während er im hd. schon vom ahd. her stockt; s. Weig. II, 854. Schb. 201b.

sêde, f. aus abgebrühtem häckerling bestehendes viehfutter. bair. sôde palea, furfur; gesott, gesött, gesütt, die sütt, süde, Schm. II, 399 f. Weig. II, 864; Mhd. Wb. 360 ff. zu siude, sôt, sutten, nhd. sieden. Vilm. 408: sütte, südde.

sejen, praet. sejete ſeihen, colare; terchsejeu durch-, abſeihen, Flüſſigkeit, beſ. Milch, zur Reinigung durch ein ſiebartiges Gefäß laufen laſſen; abd. sîhôn, mhd. sîhen; das j ist = nd. ind. g, das nach Weig. II, 683 schon im 15. jahrh. im praes erscheint; zugleich ist aber der alte lange vocal in unserm worte gekürzt.

sêitôuch Seihe, Seihtuch, mhd. sîhetuoch, sîetuoch, colatorium, Mhd. Wb. III, 132. Schm. II, 248 f.

senderdas ſeitdem, ſeit der Zeit; sender ist compar. des im

11. jahr. aus sît durch eintritt von n u. verkürzung des î ent-
standenen älteren nhd. sint (hier mit borechnung sēnt), vgl.
sintemal, ndl. sints, engl. since, Weig. II, 720 f., Müll. II, 389.
der compar., entsprechend ahd. sidôr, ags. sidor, mhd. sider, md.
sēder, hat den genit. d as = des bei sich. vgl. Weig. II, 688
zu seit; Mhd. Wb. II', 320 u. besond. 322a zu sint. Schm.
II, 316 zu sint, seint.

senke, f. Einsenkung des Bodes, Mulbe, kleines Thal, Senke;
mhd. senke, Mhd. Wb. II', 306; Weig. II, 698; Schb. 190a.
opsenker, m. Stedling, in die Erbe gestedtes Reis; nhd.
senker Weig. II, 699.

sîfzen, sûfzen seufzen; mhd. siuften, siufzen; md. sûften,
sûfzen, s. Weig. II, 703 f., Mhd. Wb. II², 721 f.

siken, sôken, suchten; alle drei bedeuten schwären, eitern,
Eiter, Flüssigkeit absondern von Geschwüren, heilenden Wunden.
siken entspricht lautlich nd. sûken Schb. 218 a, sôken bair.
sochen Schm. II, 214, mhd. sochen Mhd. Wb. II², 358; suchten,
gebildet von sucht, bair. suchten siech sein, Schm. II, 220. das
nhd. siechen lautet ebenfalls sîchen kränkeln, hinschwinden; sîch,
adj .kränklich, schwindsüchtig; sîchhus Siechhaus, Hospital; sieche,
f. Seuche, ansteckende Krankheit; s. Weig. II, 710.

sîlo, f. 1) Säule; ahd. mhd. sûl, pl. sûli, siule, s. Weig. II, 530.
2) Ort, Pfriemen des Schuhmachers, mhd. siule, ahd. siula, snila,
sûwila (zu siuwan, siwan nähen), s. Weig. II, 531. 3) Riemen,
schmaler Lederstreifen für Zugtiere zum Ziehen oder Lenken;
ahd. silo, mhd. sile, sil, m. u. n., bair. sil, m. n. u. f., uhd.
die siele; s. Weig. II, 713; Schm. II, 260 u. Mhd. Wb. II',
289 u. 287b. Vilm. 385 silen, m.

sil*ken, sw. v., tröpfeln, herabtropfen, rinnen, von gefässen; mhd.
silke, salc, sulken, Mhd. Wb. II', 289b; vgl. bair. sulchen, sulben
in Salzwasser beizen oder gebeizt werden, Schm. II, 267.

sime, f. Schnur, bünner Strick, Faden; nd. sîme Schb. 192a;
alts. sîmo, holl. sim, fries. seem, hess. sîme, Vilm. 385.

simesz, jesim*sze, n. Sims, Gesims; ahd. simisz, mhd.
simesz, simsz, m. s. Schm. II, 281 simess, Weig. II, 717 I. 676.

sinst, sist sonst, andernfalls, wenn nicht, ohne dies; seltener:

früher, anberêwo. die ältere form s i s t (mhd. sus, dann sust
mit unorg. t, u. sûst mit umlaut, engl. thus) ist noch gebräuchlich,
fängt aber schon an seltener zu werden als das jüngere s i n s t =
sunst, sûnst, sonst; s. dazu Weig II, 740; nd. sûst Schb. 219 b;
Schm. II, 314. das nhd. „umsonst" wird wiedergegeben durch:
f e r l â n g e w î l e.

s î p ' n tröpfeln, langſam tropfen, ſintern; nd. sıpen Schb. 192 b;
ags. sipan; davon das itera. sîpern, oben s. 114.

s î r e, f. s î r e c h e n, n. Hautbläschen, Puſtel, Hitzbläschen;
es ist das mhd. siure, ahd. siura Milbe, Krätzmilbe, Mhd. Wb.
II¹, 362 b; bair. seur, seurlein, seurle, schwäb. suirle, Schm. II,
322. mlt. siro, surio, fr. ciron, holl. zier, ziertje; auch russ.
tschirei Eiterbeule, Geschwür, ist zu vergleichen.

s î r ' n ſäuern, ben Brotteig mit Sauerteig zurecht machen, von
sûr ſauer. mhd. siuren, ahd. sûrjan, ſauer machen, ſäuern; Mhd.
Wb. II², 756, Weig. II, 529.

s î t, adj. niebrig, nicht hoch genug, tief liegenb; 'n s î t e s z h u s
ein niebriges Haus; nd. sîd Schb. 191. das wort scheint das
mhd. sîhte ſeicht, nicht tief, eingeſunken, zu sein, Mhd. Wb. II²,
269; Schm. II, 241 seig, wo aus Firmenich siege, sied, soide
verglichen werden; vgl. nhd. seicht Weig. II, 681.

s o c k e n, m. u. s o c k e, f. Socke, kurzer Strumpf, Zeugschuh;
mhd. der soc, sock, socke, ahd. soc, soch vom lat. soccus; Weig.
II, 727. dazu das verb. s o c k e n gehen, ſich begeben, etwas
verächtlich.

s o l e, f. Sohle; hat die kürze bewahrt; mhd. sole, sol; ahd. solâ
sola. ebenso f e r s o l n burchbleuen, ſchlagen, prügeln, Weig. II,
729. Schm. II, 261.   [179 a.

s ô l z, n. Salz; sólzig, sólzerig ſalzig; sólzen ſalzen; Schb.

s ô r ' n trocknen, bürre werben; f e r s ô r n vertrocknen, verkommen;
nd. sôr u. sâr trocken, sôren, sâren austrocknen Schb. 202 a u.
179 a; mhd. sôren, versôren vertrocknen, ahd. arsôrên emarcescere,
Mhd. Wb. II², 469; bair. sôren, versôren Schm. II, 323. ags.
searian, engl. sear Müll. II, 356. dazu s ô r p r e n ', n., neben
s ô t p r e n ', nd. sôr-, sârbrennen Schb. 202 a, ber Sob, bas Sob-
brennen, Weig. II, 727. Schm. II, 228. mhd. sôdem, fervor
stomachi. die ähnlichkeit des brennenden schmerzes des sodes

mit dem des dörrens, austrocknens des halses scheint beide zusammensetzungen identificiert zu haben.

suckelkint, n. Säugling; suckelschwîn säugendes Ferkel,
zu suckeln saugen, oben s. 102; vgl. bair. das suckel junges
Schwein, Schm. II, 223,
suf, m. Trunk, Trunksucht, dann auch Trunkenbold; suffen,
st. v. saufen; siffel, m. Trinker, Trunkenbold. ebenso bair.
der suff Schluck u. Säufer; süfeln schlürfen. Schm. II, 231.

W.

Wâd'n, praet. wâtte, part. jewât, waten, im Wasser gehen;
s. Weig. II, 1060. daneben noch häufiger pâd'n in gleicher
bedeutung, s. oben s. 126.
waen, praet. waete, wehen, mhd. waejen, waeu, waete; got.
vaian. Weig. II, 1066.
in-waichen, sw. v., weich machen durch Einlegen in Wasser,
bes. Wäsche in Lauge legen; vgl. bair. die waich, waeck Weich-
bottich u. der waich, weich, weig die in Reinigung befindliche
Wäsche; Schm. II, 834.
waidepruch, Weidebruch, heisst die durch plötzliche versetzung
in andere weide entstehende, oft tödliche erkrankung des viehes.
waifen im Bogen schwingen; häufiger das demin. waifeln s.
oben s. 103; hess. weifen haspeln, die weife Haspel, Vilm. 444.
wäch, m. Weg; in den zwei wendungen: usz ter wäje jaen aus
dem Wege gehen, u. in der wäje sîn im Wege sein, stehen, die
neben us'n waje u in' wäje bisweilen vorkommen, scheint
das wort femin. geworden sein, wohl durch nd. einfluss: ut der
wêge gân, in der wêge sîn, Schb. 291 a; aber auch bei Vilm.
443 wird es angeführt, s. Schm. II, 874. die wichtigsten adverbiellen bildungen mit wäj sind: âlderwäjen aller Wegen,
überall; mittelwäjes ungefähr auf der Mitte einer Strecke,
der Hälfte des Weges; ungerwäjen, ungerwäjes u. unger-
wäjens unter Wegs, auf der Reise; ungerwäjen loszen unter-
lassen, vermeiden; ze wäje prengen ausführen, zustande bringen;
vgl. diesolben oder ähnliche ausdrücke bei Schm. II, 875 f.

wach, wak, adv. u. interj., weg, fort; nd. wĕg, bair. weck, wack, awack; Weig. II, 1063; Schb. 291a, Schm. II, 845.

wâl•ken, terchwal•ken walken, prügeln, durchhauen, Weig. II, 1046; Schm. II, 906; Vilm. 440.

walle, heckewalle; Welle, Reifigbündel; Weig. II, 1086, Schm. II, 887. schon mhd. wĕlle Bündel von Stroh oder Reifig, Mhd. Wb. III, 674. Schb. 293.

wâmesz, wâmeszt, n. Wams, Oberkleid, Brustkleid; mhd. wambis, wammis; **wâmesen, wâmeszen** wamsen, prügeln; zu der ableitung des wortes s. Weig. II, 1050 u. Diez I, 199 zu gambais; **wâmese, wâmesze,** pl. Schläge, Prügel; bair. wamse Schm. II, 915. Vilm. wammes 440 u. wamschen 441.

wâmme, wâmpe, f. weicher, häutiger Teil am Halse u. Weich-teil am Bauche der Tiere; got. vamba Mutterleib; ahd. wampa, wamba; mhd. wambe, wamme, engl. womb; hess. wampe Vilm. 440; s. Weig. II, 1050; wie im bair. die wamben, wampen, Schm. II, 913, wird es auch als verächtliche bezeichnung eines dicken frauenzimmers gebraucht. von diesem worte stammt das vorige durch vermittelung des fr. gambais.

wan, conj. wann, wenn; **wanaer** wann? **wanaeran?** wann denn? Vilm. 441, v. Pfister 329.

wânken 1) wanken, zu fallen drohen; 2) ab- u. zugehen, gehen u. kommen; ebenso nd. wanken Schb. 285 b; schwed. vanka herumschweifen; auch von gespenstererscheinungen wird es gern gebraucht.

wânst, m. Bauch, Leib, auch schelte für Kind; pl. **wanste** u. **wenste**; ahd. wanast, wanest, mhd. wanst. Weig. II, 1053. Schm. II, 962 wenst.

wânske, wânzke, f. Wanze, Wandlaus; nd. wandje, seltener wanske, m. bei Schb. 285a; s. v. Pfister 329; oben s. 85, Weig. II, 1053 u. Schm. II, 963, wo auch die form wantzke ange-führt wird.

wâpen, n. Wappen; nd. wâpen Schb. 286a; mhd. wâpen.

wark, n. Werk; das wort wird wie sonst in den mdarten, in allgemeiner bedeutung in vielen zusammensetzungen gebraucht, z. b. äckerwark Ackerhof, Bauerngut; mûlwark geschätziger Mund; schlächtewark Fleisch und Wurst von geschlachteten

Tieren; **tâgewark** Morgen Äcker oder Wiesen, was in einem Tage bearbeitet, gemäht werden kann; vgl. Schm. II, 983 ff. u. Mhd. Wb. III, 588 ff. **schoukwark** Fußbekleidung, chaussure; Schb. 287a*).

wâr'n 1) ins Auge fassen, im Auge behalten, beobachten, beachten; mhd. warn, ahd. alts. warôn, ags. variân, engl. to ware; **jewârn** erblicken; s. Weig. II, 1041, 1043 zu wahren, wahrnehmen u. I, 685 gewahr werden. Schb. 286a; Mhd. Wb. III, 505 ff. Schm. II, 968 ff. 2) bauern, währen, nd. wâren Schb. 286b; mhd. wêrn Mhd. Wb. III, 580b, Schm. II, 974. Weig. II, 1042. in dieser bedeutg. lautet es auch **wêrn**.

wâse, f. Base, Tante, allgemeine anrede an verwandte oder befreundete frauen. nd. wâse Schb. 288a; Weig. II, 1056 u. I, 153; mhd. base, ahd. basâ, pasâ.

wecke, f. Weizenbrod, der Weck; mhd. wecke, wegge, ahd. wecki, weggi, m. Keil, vgl. Schm. II, 845 u. Weig. II, 1061.

wêde, f. gebrehte Weidenrute zum Binden von Reisig obər Holzbündeln. nd. wede, wêe, f. u. wed, wet, n· Schb. 290a; nhd. die wiede, wetterauisch die wid; bair. die wide Schm. II, 858; mhd. wide, wit, ahd. wid, wit, widb u. with, f.; engl. with, withe Weibe, Müll. II, 654. schwd. vidja Weidenrute; got. vida Fessel, vidan binden; Weig. II, 1113. Vilm. 452 wide u. v. Pfister 335.

weksen mit Wachs bestreichen, glätten, einen faden o. dgl. von **wâks** Wachs vgl. dazu nhd. wichsen aus wächsen b. Weig. II, 1105 u. Schm. II, 837 f.

welln, trans. u. intr., kochen, sieben, wallen machen, wallen; vgl. Schm. II, 884 u. Vilm. 447.

wêl'n, 1) wählen, aussuchen; ahd. weljan, mhd. wellen, weln; (hierfür auch die form wäln); 2) wühlen, umwühlen; ahd. wuolan, mhd. wüelen. die verflachung des umlautes üe zu ê hat dieses dem ersten gleich gemacht; nur hat letzteres neben wêlte u. jewêlt auch die alten rückumlautenden praeteritalformen: wôulte, gewôult; mhd. wûlte.

---

*) über diese besonders im nd. verbreiteten compos. u. die durch altes genetiv-s davon gebildeten collectiva mit dem nebenbegriff des geringen, verächtlichen s. Korrespblatt des Vereins f. nd. Spfchg. Jahrg. IV, s. 5—7.

wem', sw. v., praes. ich wemme, praet. wemete, heben, schwere
Lasten mit Mühe u. Anstrengung aufheben und (vor sich tragend)
fortschaffen. dies wort scheint einen alten stamm zu enthalten
u. mit isl. hvima cito movere zusammenzugehören (etwa = einem
aus diesem zu erschliessenden hvamjan), womit Schm. II, 912
bair. wimmen, ahd. wimjan, nhd. wimmeln sich regen (Weig. II,
1119) zusammenstellen möchte. auch die engl. wimble Bohrer
u. adj. munter, thätig lassen sich vielleicht vergleichen. im
übrigen ist mir das wort aus keiner mdart sonst bekannt, aber
doch wahrscheinlich noch vorhanden. sollte hess. wembel (v.
Pfister 332) dazu gehören?

wê'n' entwöhnen, Kinder oder junge Tiere vom Säugen entwöhnen,
ablactare. nd. wênen Schb. 293b; alts. wennian anlocken, ge=
wöhnen, ags. wenan, waenian, engl. to wean. auch das nhd.
entwöhnen ist eigentlich entwenen, mhd. entwenen, ahd. intwenjan,
s. Weig. II, 456 u. über die verwandtschaft von gewöhnen damit
I, 691 u. Schm. II, 933.

ewerwentlich naen überwendlich, überwindlings nähen, d. h.
den faden über zwei zusammengelegte zeugsäume windend näben,
dem steppnähen entgegengesetzt; ebenso bei Schm. II, 948: über-
windling(s), überwindlisch, überwendlinks, was fr. coudre en surjet,
surjeter genannt wird.

werjen würgen, erwürgen, sich mühen hervorzubringen; der alte
vocal scheint erhalten, denn mhd. ursprünglich erwërgen, später
erst würgen; ahd. wërkan, s. Weig. II, 1147 u. Mhd. Wb.
III, 741 ff.

werken 1) wirken, allgemein; 2) speciell: Brotteig kneten, Teig
zum Brote wirken; ebenso bair. u. hess.: der beck würcht brod,
würcht den taig aus, s. Schm. II, 987 u. Vilm. 461.

wermete, f. Wermut, absinthium; ahd. wërmuota, wërimuot,
ags. wërmôd; über das geschlecht u. die etymologie s. Weig. II,
1097, Mhd. Wb. III, 596; Schm. II, 1000 u. Müll. 659 zu
wormwood.

wesch, n. Spülwasser, in Wasser zusammengeschüttete Speise=
reste, Zusammengespültes; ebenso auch engl. wash Spülwasser,
Sumpf etc., wovon fr. gâchis Kot. s. Müll. II, 624 u. Diez II.

313 f. bair. gwascb, gwesch, Schm II, 1039. das wort gehört natürlich zu waschen.

wet-fraugge 𝔚itwe; wetmân 𝔚itwer; nd. wed-, widfrûe, wedman, widman, Schb. 290b; der erste teil ist verkürzt u. durch den zweiten verdeutlicht, s. dazu Weig. II, 1131 u. Schm. II, 1056.

je-wîft ſchlau, liſtig, gerieben, burchtrieben; bair. wîf, wiff, gewîft; Schm. II, 864 vermutet darin das fr. vif. jedoch könnte es auch wie nd. gewipt von wippen, Schb. 63b, das partic. des alten verbums wîfen (Mhd. Wb. III, 625) ſchwingen, winben sein; die übertragene bedeutung solcher participien ist bekannt, vgl. ahd. gerieben, durchtrieben, verschlagen, gewandt u. oben s. 212 geschwipt.

wîle, f. 𝔚eile, 3eit, 3eitbauer. adverbielle bildungeu davon sind: âlle wîle jeßt, eben; der wîle unterbes, inzwiſchen; ungerwîle, unterbeſſen; fer lange wîle umſonſt, für umſonſt, gratis. ebenso im bair. der weil, aller weil etc. Schm. II, 889. Mhd. Wb. III, 670.

wilpert, n. 𝔚ilbbret, 𝔚ilb, 𝔚ilbfleiſch; t ist ausgestossen u. im zweiten teile mit abschwächung des alten â, ae, ist metathesis eingetreten; mhd. wiltpraete, s. Weig. II, 1118. Schm. II, 899.

wingelwaich, nur mit schlôn ſchlagen verbunden, ganz weich), mürbe; Schm. II, 947: windelwaich, windlwaech klopfc, nimmt den ersten teil = 𝔚inbel als blosse verstärkung, also weich wie eine 𝔚inbel bedeutend. nach Schb. 299a, der auf ags. wundel, wyndel bie 𝔚unbe verweist u. es gleich wundenweh bei Hebel setzt, würde es eine volksetymologie sein, was sehr ansprechend ist; nd. windelweik.

wint, m. pl. winne, 𝔚inb; der wint jaet, „geht," ist die gewöhnlichste bezeichnuug für das wehen des windes; daneben auch waet, plêst weht, blâſt; s. zu jenem ausdruck Schm. II, 950 u. Gr. Mythol.', 597 ff.

wipjen, n., meistens pl. 𝔓oſſen, poſſenhafte 𝔅ewegungen, 𝔊e= berben, 𝔖treiche; nd. wippen Schb. 300a, nhd. wippchen, Weig. II, 1125, vom verb. wippen auf= unb niederſchnellen, ſchnell emporheben unb wieder faſſen laſſen, intr. auf= unb niederſpringeu, hüpfen; mhd. wipfen ſpringen, bair. wipfezen Schm. II, 965, nd.

wippen Schb. 300a; dazu gehören das oben s. 122 angeführte wupsen, die interj. wups u. wupdich! ſchnell, plötzlich, im Nu; letzteres ist auch substant. = Trunk, Schluck; wie im hess., s. Weig. II, 1146.

wischen, praet. mit rückumlaut: wuschte, jewuscht; 1) wiſchen; 2) ſchnell bewegeu. daher ûszwischon 1) aus-, abwiſchen ; 2) ains ûszw. einen Schlag verſetzen, heimlich, tückiſch ſchlagen; 3) intr. entwiſchen, entrinnen, s. Weig. II, 1128; mhd. wischen, wüschen; Schm. II, 1041 f.

wîsen weiſen, zeigen, („zeigen" ist gar nicht vorhanden); praet. wes, part. jewesen. wiser Zeiger, Uhrzeiger; Weiſel, Bienen= königin. hântwiser Wcgweiſer. ebenso nd wiser Schb. 300b u. 301a; nhd. weiser Weig. II, 1081; mhd. wîsaere.

witjen weißen, weiß machen, tünchen. auch nd. Schb. 301 b, ags. hwitian, engl. to whiten, holl. witten. vgl. ahd. huîszan, mhd. wîszeu Weig. II, 1083.

witschen weißlich, krankhaft blaß, bleich, engl. whitisch; Schb. 302 dasselbe. das mhd. witschenbrûn Mhd. Wb. I, 278 scheint dasselbe wort zu enthalten u. daher wohl nicht „kirschbraun," sondern mattbraun, fahlbraun zu bedeuten. vgl. auch Schm. II, 1058 u. 1039 wisselfarb bei H. Sachs: „du bist sehr wissel- farb u. gelb."

wisznäpern bedeutet ebenfalls krankhaft blaß, fahl, bleich aus= ſehend; der zweite teil des wortes aber ist ganz dunkel. nd. ist witnaepern der name für den feldahorn oder massholder, acer campestre.

wocken, m. Spinnrocken, Spinnrad; über seine verwandtschaft mit nhd. rocken s. Weig. II, 1134 u. 483; nd. wocken Schb. 303 a. dazu: wockenprêf, wie nd. wockenbreif, wockenblad, verzierter pappumschlag der mit einem bande um den flachsflausch zum zusammenhalten u. zur zier gebunden wird. [ja, gewiß.

wol wohl, gut; in entgegnungen: doch, dennoch, allerdings: jawól wônc, wôune, f. cin ins eis gehauenes loch; schwäb. won, Schmid 537, schweiz. wone Eiſſchrunde; schles. bune, Weig. II, 1144 wuhne; Schm. II, 935.

wû? wo? wie? ebenso in allen compos.: wûfêr? wofür; wûhär? woher; wûhen? wohin; wûmet? womit; wûnô? wonach;

wûpî? wobei; wûterch? woburch? wûfon? wovon; wûzôu?
wozu; wûan? wo denn? beide ursprünglich verschiedene wörter
(mhd. wâ wo? ahd. huiêo, wîo, wie etc.) sind also zusammen-
geflossen, indem das schon mhd. bisweilen zu wô verdunkelte wû
ganz zu wû sich verdunkelte u. der alte instrument. ahd. huiû
auch zu û sich verdichtete; vgl. alts. huô, ags. hvû, hû, engl.
how. s. Weig. II, 1112 u. 1132. in der zusammensetzung
wûnechten? wo irgend, wo ungefähr? nd. wûneften, wôneften?
scheint Schb. 304a den zweiten teil als aus neben enstanden
anzunehmen; sollte es nicht vielmehr, wie unsere form zeigt, das
alte iht (irgend ein Ding, irgend etwas, s. Mhd. Wb. III, 652)
enthalten mit eingeschobenem, die verbindung erleichterndem n u.
unorgan. verlängerung en? das nd. hätte dann den ihm gewöhnlichen
wechsel von ch u. f. (vgl. lucht neben luft, schluft, schlucht)
allerdings umgekehrt eintreten lassen; aber neften für neben ist
doch auch schwer erklärlich.
wuchten heben, Schweres emporheben, =schaffen; nd. wuchte, f.
Hebel, Hebebaum Schb. 306a; nhd. wucht, wuchten Weig. II, 1143.
wulle Wolle; willn, wulln wollen, aus Wolle; got. vulla, ags.
vull, engl. wool; altn. u. schwed. ull, dän. uld; mhd. ahd. wullîn,
wüllîn; nd. wulle Schb. 306b; auch oberpfälz. wull, Schm. II,
893. Weig. II, 1138.

Z.

Zâl Zahl; zâl'n zahlen, bezahlen; in zeln zählen, verzeln er=
zählen, ufzeln aufzählen, ist die ursprüngliche kürze bewahrt;
mhd. zeln, zellen, ahd. zeljan, Weig. II, 1155; bair. zellen,
Schm. II, 1111.
zálderî, m. Sellerie; mit z statt s wie oberhess. wetterauisch.
zellerie, Weig. II, 695, u. bair. der zellerer, Schm. II, 1112.
ital. celeri.
zân, zôn, m. Zahn; zâ'n Zähne bekommen, zahnen; Weig. II, 1156.
zê, f. Zehe; pl. zêne die Zehen. mhd. zêhe, zê Weig. II, 1163.
zêdel, m. Zettel; mhd. zêdele, zêdel, aus mlt. cedula, scedula,
schedula, s. Weig. II, 1173. Schm. II, 1160.

zê'm zähmen; in: sich wâsz zê'm ist das wort jedoch = nd
taemen, ags. teamen sibi vindicare, (Schm. II, 1122 u. Schb. 224a)
identisch mit mhd. zēmen; mich zimet eines d. ich finde mir
gemäß, mir gefällt, Mhd. Wb. III, 886 ff. die redensart bedeutet
immer: sich etwas gönnen, zu gute thun, gern für sich nehmen,
genießen.

zeráchen, adv., fast, beinahe, wie man annehmen kann. es ist
eigentlich = zu rechnen; thüring. ze rächen, bair. ze rechnen, z
rèch'n Schm. II, 17.

zerjen zum Zorn reizen, boshaft necken, beläftigen; henneberg.
zärgen, zergen, spätahd. zerjan; Weig II, 1159 unter zarge
hänbelfüchtige Weibsperson; hess. zergen Schm. II, 1130, Vilm.
468; nd. terjen, tarjen, targen, ags. terian Schb. 229; nhd.
zerren; vgl. mhd. gezerge Mhd. Wb. III, 904.

zicke, f. Ziege; ahd. zikkin, n. junge Ziege, Weig. II, 1175,
Schm. II, 1083; nd. zicke, zick Schb. 308b; Mhd. Wb. III, 877.

zinken, m. Zinke, Zinken, Zacken an der Gabel, dem Rechen
u. dgl. mhd. zinke, abd. cinko, Weig. II, 1182, Schm. II, 1137;
nd. tinke, Schb. 230b.

zîp'n zirpen, piepen, piepfen, einen schwachen Ton von sich geben;
zîpig kläglich, schwächlich, hinfällig; nd. zipig Schb. 308b; vgl.
die zipp Zipp= ober Singbroffel bei Schm II, 1142.

zippel, m. Zipfel, Weig. II, 1183. Schm. II, 1144.

zippel, f. Zwiebel; ital. cipolla, sp. cebolla, fr. ciboule aus mlt.
cepula. mhd. zwi'bolle, cibüll, zibolle, Weig. II, 1209, Schm.
II, 1174, Schb. 308 zipel.

zitzen, pl. Euter, Mutterbruft; bair. zitzen, zitzn Schm. II,
1167; ital. tetta, cizza, zizza, fr. tette, gr. τίτθη, τϑιτός; ags.
tit, engl. teat, nd. titte f. u. tis, m., mhd. tutte; Weig II,
1187, Schb. 231a, Mhd. Wb. III, 154.

zitz, m., zitzkâttûn Zit, feiner, bunter Kattun, persisch
tschit; Schm. II, 1167; Weig. II, 1186.

ziwe, f. weibliches Schaf, Ziege, Kaninchen, Hase u. dgl.; nd.
ziweke, f. Weibchen mancher Tiere, Schb. 309a; bei Fr'sch II,
473b zibbe nach Diez I, 449, der ital. sp. zeba, chibo, chiba,
chivo, chiva junger Ziegenbock, junge Ziege als event. damit
verwandt vermutet. hess. ziwwe Hündin, Vilm. 471.

zochen bie Wohnung wechseln, umziehen, das Hausgerät fort=
ziehen; nd. tocheln Schb. 231 a. das wort wie zocken ziehen,
zupfen, an etwas reißen, Büschel, kleine Teile ausziehen ein intensivum oder frequentativum zu ziehen; vgl. bair. zochen Schm. II,
1079 u. 1083. u. nhd. zucken u zücken, Weig. II, 1193 u.
Mhd. Wb. III, 935 zogen.

zoddel, f. Zotte, Haarbüschel, Haarflausch; zoddelig zottig, un=
ordentlich. zoddelpär Zottelbär, schelte für leute, die in ihrem
äussern unsauber sind. Weig. II, 1190: ahd. zata, f. u. zato,
zoto, m. Schm. II, 1166: zottel, zodl, zo'l.

zôujepraedije, auch -predije, n. Zukost, Zugebröte, was
zum Brot gegessen wird: Wurst, Speck, Schinken ꝛc.; der zweite
teil ist ein seltenes collectivum von brot, „das gebrötige;" das
ae, resp. e ist umlaut von ô; vgl. bei Frisch 141: das gebröte
und. nd. taubrôige, taubrôdige, f.

zunt, zunder, auch mit schwach vorklingendem n: n'zunt,
n'zunder, jetzt. (jetzt fängt an durch nhd. einfluss einzudringen); henneb. zont, Schm. II, 1140; bair. ietzunder, Schm.
I, 181. unsere form beruht nach Weig. II, 876 auf älterem
iezunt, iezont (aus mhd. iezuo, ieze mit unorganischer verlängerung
durch nt) mit aphaeresis des ie und nochmaliger unorg. er-
weiterung durch er (diese form auch bei Gellert); Schm. II, 1070
jedoch weist auf ein nunzu hin, wozu unsere form mit anlauten-
dem n stimmen würde u. I, 181 vergleicht er ahd. nz = ags.,
engl. at für den ersten teil u. erinnert auch an „ie ze stunt."

zuppen zupfen, kurz ziehen, reißen, abreißen; davon zuppels
s. 85; Weig. II, 1198.

zûsen zausen, hin= u. herschüttelnd ziehen; mhd. zûsen, ahd.
zûsôn; zerzûsen zerzausen; dazu zûseln s. 104.

zwack, m. Zweck; zwacke, f. die Zwecke, spitzes Holzpflöckchen,
Holznagel der Schuhmacher; mhd. beides zwëc, ckes. m.; ahd.
zwëc Nagel; Weig. II, 1203; bair. der zwack, zweck, Schm. II,
1171 f.; pezwacken bezwecken, beabsichtigen; das simplex
zwacken zwicken, kneifen, plagen entspricht mhd. zwacken, Weig.
II, 1201, nhd. zwicken. das. 1208, bair. zwacken u. zwecken,
Schm. II, 1171. dazu opzwacken abzwacken, abziehen,

abbrücken, von einer zu zahlenden Summe Kleinigkeiten abziehen, durch kleinliches Schachern oder Vorenthalten.

zwaijer, m. Zweier, Zweipfennigstück, wie trejer Dreier, Dreipfennigstück; bair. zwaier Schm. II, 1169.

zwêle, f. Doppel-, Gabelzweig, ein Ast, Zweig, auch Stamm, der sich gabelt, in zwei Arme teilt; nd. twêle Schb. 238a; Brem. niedersä. Wb. twil, twille; vgl. ahd. zwelga Schm. II, 1117; bair. der zweid, das. 1173 u. 1176, u. mhd. zwiesel. Weig. II, 1210 sind ähnliche bildungen.